PARA ALÉM DA ESQUERDA E DA DIREITA

FUNDAÇÃO EDITORA DA UNESP

Presidente do Conselho Curador
Herman Jacobus Cornelis Voorwald

Diretor-Presidente
José Castilho Marques Neto

Editor-Executivo
Jézio Hernani Bomfim Gutierre

Conselho Editorial Acadêmico
Alberto Tsuyoshi Ikeda
Áureo Busetto
Célia Aparecida Ferreira Tolentino
Eda Maria Góes
Elisabete Maniglia
Elisabeth Criscuolo Urbinati
Ildeberto Muniz de Almeida
Maria de Lourdes Ortiz Gandini Baldan
Nilson Ghirardello
Vicente Pleitez

Editores-Assistentes
Anderson Nobara
Henrique Zanardi
Jorge Pereira Filho

ANTHONY GIDDENS

PARA ALÉM DA ESQUERDA E DA DIREITA

O FUTURO DA POLÍTICA RADICAL

Tradução de
Alvaro Hattnher

© 1994 Anthony Giddens
Título original em inglês: *Beyond Left and Right.*
The Future of Radical Politics.

© 1995 da tradução brasileira:
Fundação Editora da UNESP (FEU)
Praça da Sé, 108
01001-900 – São Paulo – SP
Tel.: (0xx11) 3242-7171
Fax: (0xx11) 3242-7172
www.editoraunesp.com.br
www.livrariaunesp.com.br
feu@editora.unesp.br

Dados Internacionais de Catalogação na Publicação (CIP)
(Câmara Brasileira do Livro, SP, Brasil)

Giddens, Anthony
Para além da esquerda e da direita. O futuro da política radical/Anthony Giddens; tradução de Alvaro Hattnher. – São Paulo: Editora da Universidade Estadual Paulista, 1996. – (Biblioteca básica)

Título original: Beyond Left and Right. The Future of Radical Politics.
Bibliografia.
ISBN 85-7139-114-9

1. Conservantismo 2. Direita e esquerda (Política) 3. Estado do bem-estar 4. Radicalismo I. Título. II. Série.

96-1544   CDD-320.53

Índices para catálogo sistemático:

1. Política radical: Ciência política   320.53
2. Radicalismo: Ciência política   320.53

Editora afiliada:

SUMÁRIO

7 Prefácio

9 Introdução
Globalização, tradição, incerteza   Socialismo, conservadorismo
e neoliberalismo   Uma estrutura de política radical
Coda: a questão da atuação

31 Capítulo 1
Conservadorismo: o radicalismo adotado
O velho conservadorismo   Conservadorismo, conservadorismos
Conservadorismo e neoliberalismo   Conservadorismo e mudança
social   Conservadorismo e o conceito de tradição

63 Capítulo 2
O socialismo: afastando-se do radicalismo
O socialismo e a questão da história   Socialismo e democracia
O socialismo revolucionário   Limites do modelo cibernético
Socialismo e o *welfare state*

93 Capítulo 3
As revoluções sociais de nosso tempo
Modernização simples e reflexiva   Consequências estruturais
O advento da política de vida   Mudança social e o papel da
confiança ativa   Incerteza artificial e ambientes de risco global

121 Capítulo 4
Duas teorias de democratização
A popularidade da democracia   Uma visão alternativa
Participação, representação, diálogo   O que é democracia?
Democracias dialógicas   A democracia e o problema da
solidariedade   Democracia, desigualdade e poder

153 Capítulo 5
Contradições do *welfare state*
Fontes estruturais do *welfare state*   Problemas previdenciais:
trabalho e classe   A questão da subclasse   O futuro da previdência:
uma orientação preliminar

173 Capítulo 6
Política gerativa e previdência positiva
Sistemas previdenciais e incerteza artificial   Argumentos da pobreza
global   Um desenvolvimento alternativo   O losango estrutural

199 Capítulo 7
Previdência positiva, pobreza e valores de vida
Trabalho, produtivismo, produtividade   Do *welfare state* à
previdência positiva   Previdência em uma sociedade pós-escassez
Divisões de classes e conflitos sociais   Os afluentes contra os
pobres? Um modelo gerativo de igualdade

225 Capítulo 8
A modernidade sob um signo negativo:
questões ecológicas e política de vida
Pensando sobre a natureza   Natureza: vivendo nela e com ela
Questões de reprodução   A ordem dos riscos de grande
consequência   Meio ambiente, pessoalidade   Conclusão

259 Capítulo 9
A teoria política e o problema da violência
O Estado e a pacificação   Masculinidade e guerra   Violência,
diferença étnica e cultural

279 Capítulo 10
Questões de atuação e valores

287 Índice remissivo

PREFÁCIO

Este livro começou a existir há uns 15 anos, sob a forma de um planejado terceiro volume daquilo que eu, na ocasião, chamei de "uma crítica contemporânea do materialismo histórico". Esse terceiro volume nunca foi escrito, uma vez que meus interesses tomaram direções um tanto diversas. Este trabalho baseia-se nas ideias que esbocei para o terceiro volume, mas também apoia-se extensamente em conceitos que desenvolvi em textos publicados posteriormente.

Eu gostaria de agradecer aos colegas e amigos que leram e comentaram os rascunhos iniciais do livro, ou que de outras formas auxiliaram em sua preparação. Obrigado, portanto, a Ulrich Beck, Ann Bone, Montserrat Guibernau, Rebecca Harkin, David Held, David Miliband, Veronique Mottier, Debbie Seymour, Avril Symonds e Dennis Wrong.

INTRODUÇÃO

O que pode significar ser politicamente radical hoje em dia, uma vez que o espectro que perturbou o sono da Europa burguesa, e que durante mais de setenta anos tomou corpo, retornou a estágios anteriores? As esperanças dos radicais de uma sociedade na qual, como disse Marx, os seres humanos poderiam ser "verdadeiramente livres" parecem ter se transformado em delírios vazios.

Há muito tempo a ideia de radicalismo político está essencialmente ligada ao pensamento socialista. Ser um "radical" era ter uma certa visão das possibilidades inerentes na história – o radicalismo significava romper com o domínio do passado. Alguns radicais foram revolucionários: segundo eles, a revolução, e talvez apenas a revolução, poderia produzir aquela nítida separação que buscavam em relação ao que havia acontecido anteriormente. Ainda assim, a noção de revolução nunca foi o traço definidor do radicalismo político; esse traço consistiu em seu progressivismo. A história estava lá para ser apreendida, para ser moldada aos propósitos humanos, de forma que as vantagens, que em eras anteriores pareciam ser concedidas por Deus e prerrogativa de poucos, pudessem ser desenvolvidas e organizadas para o benefício de todos.

O radicalismo, na sua essência, significava não só a realização da mudança mas o controle dessa mudança de forma a conduzir a história para a frente. E é esse projeto que agora parece ter entrado em declínio.

Como se deve reagir a uma situação dessas? Alguns dizem que as possibilidades de mudança radical foram obstruídas. A história, por assim dizer, chegou a um fim, e o socialismo era uma ponte longe demais. No entanto, longe de as possibilidades de mudança terem sido interditadas, não seria possível afirmar que estamos sofrendo um excesso delas? Isso porque certamente chega-se a um ponto no qual a mudança interminável não só é perturbadora mas verdadeiramente destrutiva – e, poder-se-ia argumentar, em muitas áreas da vida social esse ponto, com certeza, foi alcançado.

Esse exercício de reflexão parece conduzir para muito longe daquilo que é geralmente considerado como as filosofias políticas radicais; na verdade, ele conduz em direção ao conservadorismo. A principal investida do pensamento conservador desde os dias de Edmund Burke foi uma desconfiança em relação à mudança radical em todas as suas formas ou na maioria delas. Mas, nesse sentido, descobrimos algo deveras surpreendente, que requer uma explicação. O conservadorismo, em alguns de seus aspectos mais influentes nos dias atuais, na Europa e, em certa medida, no resto do mundo, passou a adotar quase exatamente aquilo que repudiou em determinada época: o capitalismo competitivo e os processos de mudança espantosos e de longo alcance que o capitalismo tende a provocar. Muitos conservadores atualmente mostram-se radicais atuantes com relação ao mesmo fenômeno que anteriormente mais prezavam: a tradição. "Fora com os fósseis que herdamos do passado": onde é mais comum ouvir esse tipo de sentimento? Não na esquerda, mas na direita.

O conservadorismo tornado radical enfrenta o socialismo que se tornou conservador. Com a queda da União Soviética, muitos socialistas passaram a concentrar suas energias na proteção do *welfare state* diante das pressões que este passou a sofrer. É verdade que alguns socialistas continuam a dizer que o socialismo autêntico nunca foi tentado, argumentando que o desaparecimento do comunismo é um presente inesperado e não um desastre. O comunismo, nessa perspectiva, foi uma forma de dogmatismo autoritário, que derivou de uma revolução traída, enquanto o socialismo reformista do tipo encontrado na Europa ocidental foi arrasado na tentativa de amoldar-se ao capitalismo, em vez de superá-lo. No entanto, essa tese já está bastante gasta, e os socialistas na maior parte das vezes foram colocados na defensiva, com sua posição na "vanguarda da história" reduzida à tarefa mais modesta de proteger as instituições previdenciais.

É claro que os radicais têm outra direção à qual lançar seus olhares: os novos movimentos sociais como os que se interessam por feminismo, ecologia, paz ou direitos humanos. O "proletário universal" não pode carregar o peso das aspirações históricas da esquerda; será que essas outras forças assumirão o comando? Isso porque não só tais grupos parecem ser "progressistas", mas também o modo de organização política que escolheram, o movimento social, é o mesmo que supostamente conduziria o proletariado a sua vitória máxima.

Mas é bastante compreensível que os novos movimentos sociais não possam prontamente ser tomados por socialismo. Embora as aspirações de alguns desses movimentos estejam próximas aos ideais socialistas, seus objetivos são desiguais e, às vezes, ativamente opostos uns aos outros. Com a possível exceção de alguns setores do movimento verde, os novos movimentos sociais não são "totalizadores" como é (ou era) o socialismo, prometendo uma nova "etapa" de desenvolvimento social que transcende a ordem existente. Algumas versões do pensamento feminista, por exemplo, são tão radicais quanto qualquer outra coisa que tenha recebido o nome de socialismo. No entanto, elas não pretendem se apoderar do futuro como fizeram as versões mais ambiciosas do socialismo.

É possível concluir que o mundo do final do século XX não se encontra da forma que os fundadores do socialismo previram quando buscaram direcionar a história por meio da superação da tradição e do dogma. Eles acreditavam, de maneira sensata, que quanto mais nós, enquanto humanidade coletiva, conhecêssemos sobre a realidade material e social, mais seríamos capazes de controlá-las para nossos próprios interesses. Especificamente no caso da vida social, os seres humanos poderiam tornar-se não só os autores mas os senhores de seu próprio destino.

Os eventos não confirmaram essas ideias. O mundo em que vivemos hoje não está sujeito ao rígido controle humano – a essência das ambições da esquerda e, poder-se-ia dizer, o pesadelo da direita. Quase ao contrário, é um mundo de perturbação e incerteza, um "mundo descontrolado". E, o que é perturbador, aquilo que deveria criar uma certeza cada vez maior – o avanço do conhecimento humano e a "intervenção controlada" na sociedade e na natureza – está na verdade profundamente envolvido com essa imprevisibilidade. Há muitos exemplos. Considerem-se, a propósito, os debates sobre o aquecimento global, que diz respeito às possíveis consequências das atividades humanas para a mudança climática. O aquecimento global está acontecendo ou não? Provavelmente, a maioria dos cientistas concorda que sim; mas há outros que questionam tanto a própria existência do fenômeno como a teoria proposta para explicá-lo. Se de fato o aquecimento global está ocorrendo, suas consequências são problemáticas e difíceis de serem avaliadas – por ser algo sem precedentes reais.

Às incertezas assim criadas passarei a me referir genericamente como *incerteza artificial* (*manufactured uncertainty*). A vida sempre foi um negócio arriscado. A intromissão da incerteza artificial em nossas vidas não significa que nossa existência, em um nível coletivo ou individual, seja mais arriscada do que costumava ser. Ao contrário, as fontes e a abrangência do risco mudaram. O risco artificial (*manufactured risk*) é um resultado *da* intervenção humana nas condições da vida social e da natureza. As incertezas (e oportunidades) que ele cria são bastante novas. Não se pode lidar com elas com remédios antiquados; muito menos elas respondem à receita iluminista de mais conhecimento igual a mais poder. Em termos mais precisos, os tipos de reações que elas atualmente poderiam evocar dizem respeito, com frequência, tanto a *controle de danos* e *reparações* como a um processo interminável de controle crescente.

O progresso da incerteza artificial é o resultado de um amadurecimento a longo prazo das instituições modernas; mas ele também tem evoluído em consequência de uma série de desenvolvimentos que transformaram a sociedade (e a natureza) durante um período que não ultrapassou as últimas quatro ou cinco décadas. Determiná-los com precisão é fundamental, se quisermos entender o contexto alterado da vida política. Três conjuntos de desenvolvimentos são particularmente importantes; eles afetam, em especial, os países industrializados, mas seu impacto, em grau cada vez maior, é mundial.

Globalização, tradição, incerteza

Em primeiro lugar, existe a influência da *globalização* intensificadora – uma ideia muito discutida mas até agora pouco entendida. A globalização não é apenas nem primordialmente um fenômeno econômico, e não deve ser equacionada com o surgimento de um "sistema mundial".

A globalização trata efetivamente da transformação do espaço e do tempo. Eu a defino como *ação a distância*, e relaciono sua intensificação nos últimos anos ao surgimento da comunicação global instantânea e ao transporte de massa.

A globalização não diz respeito apenas à criação de sistemas em grande escala, mas também à transformação de contextos locais e até mesmo pessoais de experiência social. Nossas atividades cotidianas são cada vez mais influenciadas por eventos que acontecem do outro lado do mundo. De modo oposto, hábitos dos estilos de vida locais tornaram-se globalmente determinantes. Dessa forma, minha decisão de comprar um determinado artigo de vestuário tem implicações não só para a divisão internacional de trabalho, mas também para os ecossistemas terrestres.

A globalização não é um processo único, mas uma mistura complexa de processos, que frequentemente atua de maneira contraditória, produzindo conflitos, disjunções e novas formas de estratificação. Daí, por exemplo, a revitalização dos nacionalismos locais e uma intensificação de identidades locais estarem diretamente ligadas e em oposição às influências globalizadoras.

Em segundo lugar, e em parte como resultado direto da globalização, podemos falar atualmente na emergência de uma *ordem social pós-tradicional*. Uma ordem social pós-tradicional não é aquela na qual a tradição desaparece – longe disso. É aquela na qual a tradição muda seu *status*. As tradições têm de explicar-se, têm de se tornar abertas à interrogação ou ao discurso. À primeira vista, essa afirmativa poderia parecer estranha. A modernidade e as tradições não estiveram sempre em choque? A superação da tradição não era o primeiro impulso do pensamento iluminista?

Da forma como foi expresso na expansão da modernidade, o pensamento iluminista realmente desestabilizou tradições de todos os tipos. Ainda assim, a influência da tradição permaneceu forte: mais que isso, nas fases iniciais do desenvolvimento das sociedades modernas, um novo enfoque da tradição exerceu um papel fundamental na consolidação da ordem social. Tradições de grande importância foram inventadas ou reinventadas, como as do nacionalismo ou da religião. Não menos importantes foram as tradições, de tipo mais realista, reconstruídas para lidar com a família, o gênero e a sexualidade, entre outras áreas da vida social. Em vez de serem desfeitas, estas foram reformuladas de modo a fixar as mulheres firmemente no lar, reforçar as divisões entre os sexos e estabilizar determinados cânones "normais" de comportamento sexual. Até mesmo a própria ciência, aparentemente tão oposta às formas tradicionais de pensamento, tornou-se uma espécie de tradição. Isto é, a ciência tornou-se uma "autoridade" à qual se poderia recorrer de maneira relativamente inquestionável para enfrentar dilemas ou para lidar com problemas. No entanto, em uma sociedade globalizante, culturalmente cosmopolita, as tradições são colocadas a descoberto: é preciso oferecer-lhes razões ou justificativas.

A ascensão do *fundamentalismo* tem de ser analisada contra o pano de fundo do surgimento da sociedade pós-tradicional. O termo "fundamentalismo" só passou a ser de uso corrente há pouco tempo – até 1950 não havia verbete para a palavra no *Oxford English Dictionary*. Nesse caso, como em outros, o surgimento de um novo conceito assinala a emergência de novas forças sociais. O que é fundamentalismo? Argumentarei que não é nada além de uma tradição defendida de maneira tradicional – mas onde é que esse modo de defesa se tornou tão amplamente questionado? A questão acerca das tradições é que não é preciso realmente justificá-las: elas contêm sua própria verdade, uma verdade ritual, afirmada como correta por todos que nela creem. No entanto, em uma ordem globalmente cosmopolita, essa postura torna-se perigosa, porque é basicamente uma recusa ao diálogo. O fundamentalismo tende a acentuar a pureza de um determinado conjunto de doutrinas, não só porque deseja fazê-las sobressair em relação a outras tradições, mas também por ser uma rejeição de um modelo de verdade ligado ao engajamento dialógico de ideias em um espaço público. É perigosa porque apresenta um potencial para a violência. Os fundamentalismos podem surgir em todos os domínios da vida social onde a tradição torna-se alguma coisa *sobre a qual é preciso tomar uma decisão*, e não algo que se admite como existente. É nesse sentido que surgem não só os fundamentalismos de religião, mas os de etnicidade, família e gênero, entre outras formas.

Hoje em dia, a transformação da tradição está intimamente ligada à transformação da natureza. Tradição e natureza são usadas como "paisagens" relativamente fixas que, por assim dizer, estruturam a atividade social. A dissolução da tradição (entendida da forma tradicional) entrelaça-se com o desaparecimento da natureza ("natureza" aqui refere-se aos meios ambientes e eventos considerados independentemente da ação humana). A incerteza artificial intromete-se em todas as áreas da vida que, assim, abrem-se para o processo de tomada de decisões.

A terceira mudança básica que afeta as sociedades contemporâneas é a expansão da *reflexividade social*. Em uma sociedade destradicionalizadora, os indivíduos devem se acostumar a filtrar todos os tipos de informação relevantes para as situações de suas vidas e atuar rotineiramente com base nesse processo de filtragem. Tome-se, por exemplo, a decisão de se casar. Uma decisão dessas tem de ser tomada com a consciência de que, nas últimas décadas, o casamento mudou em aspectos básicos, os hábitos e identidades sexuais também se alteraram, e que as pessoas exigem mais autonomia em suas vidas do que nunca. Além do mais, isso não significa apenas conhecimento acerca de uma realidade social independente; quando aplicado na prática, esse conhecimento influencia o que a realidade realmente *é*. O crescimento da reflexividade social é um fator fundamental que introduz um deslocamento entre o conhecimento e o controle – uma fonte primária de incerteza artificial.

Um mundo de reflexividade intensificada é um mundo de *pessoas inteligentes*. Não quero dizer com isso que as pessoas sejam mais inteligentes do que costumavam ser. Em uma ordem pós-tradicional, os indivíduos têm, mais ou menos, que se engajar com o mundo em termos mais amplos se quiserem sobreviver nele. A informação produzida por especialistas (incluindo o conhecimento científico) não pode mais ser totalmente confinada a grupos específicos, mas passa a ser interpretada rotineiramente e a ser influenciada por indivíduos leigos no decorrer de suas ações cotidianas.

O desenvolvimento da reflexividade social é a principal influência sobre uma diversidade de mudanças que, sob outros aspectos, parecem ter muito pouco em comum. Por conseguinte, a emergência do "pós-fordismo" nos empreendimentos industriais é geralmente analisada em termos de mudança tecnológica – em especial, a influência de tecnologia de informação. Mas o motivo básico para o crescimento da "produção flexível" e da "tomada de decisões de baixo para cima" é que um universo de alta reflexividade conduz à maior autonomia de ação, que o empreendimento deve reconhecer e ao qual deve recorrer.

O mesmo se aplica à burocracia e à esfera da política. Como esclareceu Max Weber, a autoridade burocrática costumava ser uma condição para a eficiência organizacional. Em uma sociedade ordenada de maneira mais reflexiva, atuando no contexto de incerteza artificial, isso não mais acontece. Os velhos sistemas burocráticos começam a desaparecer, dinossauros da era pós-tradicional. No domínio da política, os Estados não podem mais, tão prontamente, tratar seus cidadãos como "súditos". As exigências de reconstrução política, de eliminação da corrupção, além de um descontentamento muito difundido com relação aos mecanismos políticos ortodoxos, todos esses fatores são, em algum aspecto, expressões de uma reflexividade social aumentada.

Socialismo, conservadorismo e neoliberalismo

É em termos dessas mudanças que devemos procurar explicar os problemas do socialismo. Sob a forma do comunismo soviético (no Oriente) e do "compromisso de bem-estar" keynesiano, o socialismo funcionou razoavelmente bem quando os maiores riscos eram externos (em vez de artificiais) e onde o nível de globalização e reflexividade social era relativamente baixo. Quando essas circunstâncias deixam de ocorrer, o socialismo ou entra em colapso, ou passa para a defensiva – com certeza, deixa de estar na vanguarda da "história".

O socialismo baseava-se no que poderia ser chamado de um "modelo cibernético" de vida social, que reflete de forma vigorosa a perspectiva iluminista mencionada no início. De acordo com o modelo cibernético, um sistema (no caso do socialismo, a economia) pode ser mais bem organizado quando se subordina a uma inteligência diretiva (o Estado, entendido de uma forma ou de outra). Mas ainda que essa estrutura possa funcionar de maneira razoavelmente eficaz em sistemas mais coerentes – nesse caso, uma sociedade de baixa reflexividade, com os estilos de vida mais ou menos fixos –, isso não ocorre com os sistemas mais complexos.

Esses sistemas dependem de uma grande quantidade de entradas de nível baixo (*low-level inputs*) para sua coerência (que, em situações de mercado, é dada por uma multiplicidade de decisões relacionadas a preços locais, produção e consumo). O cérebro humano provavelmente também funciona dessa maneira. Pensava-se que o cérebro era um sistema cibernético, no qual o córtex era responsável pela integração do sistema nervoso central como um todo. No entanto, as teorias atuais enfatizam muito mais a importância de entradas de baixo nível na produção de uma integração neural eficiente.

A proposição de que o socialismo está moribundo é muito menos controversa hoje do que há uns poucos anos. Mais heterodoxa, creio, é uma segunda afirmação que eu gostaria de fazer: a de que o pensamento político conservador dissolveu-se em alto grau, no momento em que havia se tornado especialmente relevante para nossas condições atuais. De que forma isso é possível, se o conservadorismo triunfou no mundo todo diante da desintegração do socialismo? No entanto, é preciso distinguir entre conservadorismo e direita. "A direita" significa muitas coisas diferentes em diferentes contextos e países. Mas uma das principais formas em que o termo é usado atualmente é na referência ao neoliberalismo – e especificamente à conservação da tradição enquanto "sabedoria herdada do passado". O neoliberalismo não é conservador nesse sentido (bastante elementar). Ao contrário, ele dá início a processos radicais de mudança, estimulado pela incessante expansão de mercados. Como já foi dito, a direita tornou-se radical, enquanto a esquerda busca principalmente preservar – tentando proteger, por exemplo, o que sobrou do *welfare state*.

Em uma sociedade pós-tradicional, a preservação da tradição não pode manter o sentido que outrora teve, o de preservação do passado relativamente não reflexiva, visto que a tradição defendida da forma tradicional torna-se fundamentalismo, uma perspectiva dogmática demais para servir de fundamento a um conservadorismo que se volta para a realização da harmonia social (ou "nação una") como uma de suas principais *raisons d'être*.

De outro modo, o neoliberalismo torna-se internamente contraditório, e essa contradição é cada vez mais evidente. Por um lado, o neoliberalismo é hostil à tradição – e, de fato, é uma das principais forças que estão eliminando a tradição em toda parte, como resultado da promoção das forças de mercado e de um individualismo agressivo. Por outro, ele *depende* da persistência da tradição para sua legitimidade e sua ligação com o conservadorismo – nas áreas da nação, da religião, do gênero e da família. Sem possuir um fundamento lógico teórico que seja adequado, sua defesa da tradição nessas áreas geralmente assume a forma de fundamentalismo. A discussão sobre "os valores familiares" é um bom exemplo disso. Supõe-se que o liberalismo individual reine no mercado, e as esferas de ação dos mercados tornem-se muito extensas. Entretanto, a expansão indiscriminada de uma sociedade de mercado é uma força fundamental a estimular as próprias forças desintegradoras que afetam a vida familiar. São essas mesmas forças desintegradoras que o neoliberalismo, usando as vestes do fundamentalismo, diagnostica e contra as quais se opõe de forma tão vigorosa. Trata-se, sem dúvida, de uma combinação instável.

Se o socialismo e o conservadorismo desintegraram-se e o neoliberalismo é paradoxal, seria possível nos voltarmos para o liberalismo *per se* (capitalismo mais democracia liberal, mas despojado dos fundamentalismos da Nova Direita), à maneira de, digamos, Francis Fukuyama? Embora neste livro eu não trate de teoria política liberal em detalhe, creio que a resposta seja negativa, por razões sobre as quais me estenderei mais adiante. Um capitalismo que se expande cada vez mais se defronta não só com limites ambientais em termos dos recursos do planeta, mas com os limites da modernidade sob a forma de incerteza artificial; a democracia liberal, baseada em um sistema partidário eleitoral, que opera no nível do Estado-nação, não está bem equipada para atender às demandas de uma cidadania reflexiva em um mundo globalizador; e a combinação de capitalismo e democracia liberal fornece poucos meios de geração de solidariedade social.

Tudo isso revela de forma bastante clara a exaustão das ideologias políticas recebidas. Sendo assim, será que talvez devêssemos aceitar, como dizem alguns pós-modernistas, que o Iluminismo se esgotou e que temos de mais ou menos aceitar o mundo como ele é, com suas barbaridades e limitações? Com certeza, não. Uma das últimas coisas de que precisamos agora é uma espécie de novo medievalismo, uma confissão de impotência diante de forças que são maiores do que nós. Vivemos em um mundo radicalmente danificado, para o qual são necessários tratamentos radicais.

No entanto, existe uma questão muito real e difícil de ser enfrentada: a relação problemática entre conhecimento e controle, exemplificada pela propagação do risco artificial. O radicalismo político não pode mais inserir-se, como fez o socialismo, no espaço entre um passado descartado e um futuro humanamente produzido. Mas certamente ele não pode se dar por satisfeito com o radicalismo neoliberal – um abandono do passado conduzido pelo jogo inconstante das forças de mercado. A possibilidade e até mesmo a necessidade de uma política radical não pereceu junto com todas as outras coisas que desapareceram – mas uma política desse tipo só pode ser identificada de maneira imprecisa com as orientações clássicas da esquerda.

O que poderia ser chamado de "conservadorismo filosófico" – uma política de proteção, preservação e solidariedade – adquire atualmente nova importância para o radicalismo político. A ideia de viver com imperfeição, antigo ponto de ênfase do conservadorismo filosófico, poderia ter se transformado em proposta radical. Um programa político radical deve reconhecer que o confronto com o risco artificial não pode assumir a forma de "mais do mesmo", uma exploração infinita do futuro à custa da proteção do presente ou do passado.

Com certeza não é por acaso que esses são exatamente os temas dessa força política que pode reivindicar de maneira enfática a herança do radicalismo de esquerda: o movimento verde. Foi exatamente essa reivindicação que ajudou a obscurecer as afinidades, de outra forma bastante óbvias, entre o pensamento ecológico, incluindo-se especialmente a "ecologia profunda", e o conservadorismo filosófico. Em cada um dos casos existe uma ênfase na preservação, restauração e conserto. Entretanto, a teoria política verde torna-se presa da "falácia naturalística" e é atormentada por seus próprios fundamentalismos. Em outras palavras, ela depende, em suas propostas, de uma reivindicação de retorno à "natureza". Mas a natureza não existe mais! Não podemos defender a natureza da maneira natural mais do que podemos defender a tradição da maneira tradicional – no entanto cada uma delas, com frequência, *precisa* ser defendida.

A crise ecológica está no âmago deste livro, mas entendida de uma forma bastante heterodoxa. Essa crise, e os diversos movimentos e filosofias que surgiram em reação a ela são expressões de uma modernidade que, à medida que se torna globalizada e "voltada em direção a si própria", avança contra seus próprios limites. As considerações éticas e práticas assim reveladas não são, em sua maioria, novas, embora estratégias e propostas inusitadas sejam inegavelmente necessárias para esclarecê-las. Elas expressam dilemas morais e existenciais que as instituições modernas, com seu expansionismo arrojado e seu ímpeto de controle, reprimiram ou "sequestraram" de maneira eficaz.

Uma estrutura de política radical

Nossa relação com a natureza – ou aquilo que não é mais a natureza – é uma das grandes dimensões institucionais da modernidade, particularmente ligada ao impacto da indústria, de ciência e de tecnologia no mundo moderno. Embora essa dimensão crie um foco para as preocupações e debates de cunho ecológico, as outras são igualmente significativas enquanto contextos para a reforma da política radical. Uma dessas dimensões é a do capitalismo, definido como um sistema competitivo de mercado no qual as mercadorias e a força de trabalho são artigos de valor. Se a força opositora do socialismo foi neutralizada, um sistema capitalista deveria imperar inconteste? Acredito que não. Os mercados capitalistas desenfreados ainda apresentam muitas das consequências indicadas por Marx, inclusive a predominância de uma ética de crescimento, uma objetivação universal e de uma polarização econômica.

A crítica dessas tendências certamente continua a ser tão importante quanto já foi, mas atualmente ela não pode originar-se de um modelo cibernético de socialismo. No "outro lado" do capitalismo, vemos a possível emergência de uma *ordem de pós-escassez*, definida de uma maneira bastante específica. Analisar os contornos de uma ordem de pós-escassez significa olhar tanto para a influência combinada do conservadorismo filosófico e do pensamento ecológico quanto para o socialismo. A crítica ao capitalismo, que, de alguma forma, eu desenvolvo aqui, continua a enfocar a opressão econômica e a pobreza, mas a partir de uma perspectiva diferente daquelas que caracterizam o pensamento socialista.

O poder político e administrativo, uma dimensão ulterior da modernidade, não deriva diretamente do controle dos meios de produção, não obstante o que Marx tenha dito sobre o assunto. Dependendo das capacidades de vigilância, esse poder pode ser a origem do controle autoritário. Em oposição ao autoritarismo político está o prestígio da *democracia* – a palavra favorita do momento, pois quem não é democrata hoje em dia? Mas que tipo de democracia está sendo discutida? Exatamente no momento em que os sistemas democráticos liberais parecem estar se difundindo por toda parte, descobrimos que tais sistemas estão sob pressão em suas próprias sociedades de origem.

O problema da democracia, e é isso que demonstrarei, está intimamente ligado a uma dimensão adicional da modernidade: o controle dos meios de violência. Hoje em dia, o controle da violência não faz parte das formas convencionais da teoria política, seja ela de esquerda, de direita ou liberal. No entanto, quando muitas culturas são impelidas ao contato umas com as outras, como ocorre nas atuais condições sociais, o embate violento de fundamentalismos torna-se um assunto de grande preocupação.

Com base nos comentários que farei, proponho neste livro o que poderia ser resumido sob a forma de uma estrutura de seis pontos para uma política radical reconstituída, que recorra ao conservadorismo filosófico mas que preserve alguns dos valores centrais que até agora estiveram associados ao pensamento socialista.

1 Deve haver uma preocupação de se restaurar as *solidariedades danificadas*, o que às vezes pode implicar a preservação seletiva – ou, talvez, até mesmo a reinvenção – da tradição. Esse teorema aplica-se a todos os níveis que fazem a ligação das ações individuais, não só a grupos ou mesmo a Estados, mas aos sistemas mais globalizados. É importante que *não* se entenda com isso a ideia de uma restauração da sociedade civil, atualmente tão popular entre muitos grupos da esquerda. O conceito de uma "sociedade civil" que se coloca entre o indivíduo e o Estado é suspeito, por razões que explicarei mais adiante no texto, quando aplicado às atuais condições sociais. Hoje em dia, deveríamos falar mais em condições reordenadas de vida coletiva e individual, que com certeza produzem formas de desintegração social, mas que também oferecem novas bases para a geração de solidariedades.

Nesse sentido, um ponto de partida seria a avaliação adequada da natureza do individualismo nos dias de hoje. O neoliberalismo dá muita ênfase à importância do individualismo, contrastando-o com o desacreditado "coletivismo" da teoria socialista. Entretanto, os neoliberais entendem por "individualismo" o comportamento que é interesseiro e que tende à maximização de lucros do mercado. Na minha opinião, essa é uma maneira errônea de interpretar aquilo que deveria mais adequadamente ser concebido como a expansão da reflexividade social. Em um mundo de alta reflexividade, um indivíduo deve alcançar um certo grau de autonomia de ação como condição que lhe capacite para sobreviver e para moldar uma vida; mas autonomia não é a mesma coisa que egoísmo e, além disso, implica reciprocidade e interdependência. A questão da reconstrução de solidariedades sociais não deveria, portanto, ser vista como proteção da coesão social às margens de um mercado egoísta. Ela deveria ser entendida como *reconciliação de autonomia e interdependência* nas diversas esferas da vida social, inclusive no domínio econômico.

Tome-se como exemplo a esfera da família – uma das principais arenas nas quais a destradicionalização avançou a passo acelerado. De maneira bastante apropriada, os neoliberais demonstraram preocupação quanto às tendências desintegradoras que afetam a família, mas a ideia de que possa haver uma reversão direta para os "valores da família tradicional" não se sustenta. Por um lado, à luz das recentes pesquisas, sabemos que, em tempos mais remotos, a vida familiar com frequência apresentava um lado escuro bastante pronunciado, o que incluía abuso físico e sexual de crianças e a violência de maridos contra suas esposas. Por outro lado, é improvável que as mulheres e as crianças renunciem aos direitos que conquistaram e que, no caso das mulheres, também estão associados ao grande envolvimento com a força de trabalho assalariada.

Tendo em vista que, mais uma vez, não existem precedentes históricos reais, não sabemos até que ponto a vida familiar pode ser reconstruída eficazmente, de forma a promover o equilíbrio entre autonomia e solidariedade. No entanto, alguns dos meios pelos quais tal objetivo poderia ser alcançado tornaram-se razoavelmente claros. A solidariedade ampliada em uma sociedade destradicionalizadora depende do que poderia ser chamado *confiança ativa*, acompanhada de uma renovação de responsabilidade pessoal e social em relação aos outros. A confiança ativa é a confiança que tem de ser conquistada, em vez de vir da efetivação de posições sociais ou de papéis de gênero. A confiança ativa pressupõe autonomia em vez de posicionar-se contra ela. Além disso, ela é uma fonte poderosa de solidariedade social, uma vez que a transigência é livremente oferecida em vez de ser imposta pelas coerções tradicionais.

No contexto da vida familiar, a confiança ativa envolve o comprometimento em relação ao outro ou aos outros, sendo que esse comprometimento também implica o reconhecimento de obrigações que se estendem pelo tempo. O fortalecimento de comprometimentos e obrigações familiares, desde que baseado em confiança ativa, não parece ser incompatível com a diversidade das formas familiares que atualmente estão sendo exploradas em todas as sociedades industrializadas. As altas taxas de separação e divórcio vieram para ficar, mas podem-se perceber muitas maneiras pelas quais elas viriam a enriquecer a solidariedade social em lugar de destruí-la. Por exemplo, o reconhecimento da importância primordial dos direitos das crianças, junto com as responsabilidades em relação a elas, poderia fornecer os próprios meios de consolidarmos os novos laços de parentesco que vemos ao nosso redor – entre, digamos, dois grupos de pais e mães que também são padrastos ou madrastas e as crianças que possuem em comum.

2 Deveríamos reconhecer a centralidade daquilo que chamo *política de vida* em relação aos domínios formais e menos ortodoxos da ordem política. A perspectiva política da esquerda sempre esteve intimamente ligada à ideia de emancipação. Emancipação significa liberdade, ou melhor, liberdades de diversos tipos: liberdade em relação ao controle autoritário da tradição, ao poder arbitrário e às coerções advindas da privação material. Política emancipatória é uma política de oportunidades de vida e, portanto, fundamental para a criação da autonomia de ação. Como tal, ela obviamente permanece vital para um programa de política radical. No entanto, hoje em dia ela é acompanhada de uma série de preocupações provenientes das dificuldades analisadas anteriormente – a transformação da tradição e da natureza, no contexto de uma ordem cosmopolita e globalizadora. A política de vida é uma política não de *oportunidades de vida*, mas de *estilo de vida*. Ela está relacionada a disputas e contendas sobre a maneira pela qual nós (enquanto indivíduos e enquanto humanidade coletiva) deveríamos viver em um mundo onde aquilo que costumava ser fixado pela natureza ou pela tradição está atualmente sujeito a decisões humanas.

3 Em conjunção com a generalização da reflexividade social, a confiança ativa implica uma concepção de *política gerativa*. A política gerativa existe no espaço que liga o Estado à mobilização reflexiva na sociedade em geral. Por razões já discutidas, o Estado só pode atuar como inteligência cibernética em um grau limitado. No entanto, as limitações do neoliberalismo, com sua ideia de Estado mínimo, tornaram-se muito evidentes. A política gerativa é uma política que busca permitir aos indivíduos e grupos *fazerem as coisas acontecerem*, e não esperarem que as coisas lhes aconteçam, no contexto de preocupações e objetivos sociais totais.

A política gerativa é uma defesa da política do *domínio público*, mas ela não se situa na velha oposição entre Estado e mercado. Ela opera fornecendo condições materiais e estruturas organizacionais para as decisões de políticas de vida tomadas por indivíduos e grupos na ordem social mais ampla. Uma política dessas depende da construção de confiança ativa, nas instituições do governo ou nas agências que a elas estão ligadas. Um dos principais argumentos deste livro é o de que a política gerativa é o principal meio de se abordar com eficiência os problemas de pobreza e de exclusão social nos dias de hoje.

A política gerativa não é uma panaceia. O caráter inconstante do Estado e o fato de que mais ou menos toda a população vive no mesmo "espaço discursivo" que o Estado e as agências governamentais cria novos dilemas e novas contradições políticas de grande importância. Por exemplo, nos lugares onde o governo nacional tornou-se apenas um entre outros pontos de referência para a vida de um indivíduo, muitas pessoas poderiam não "ouvir" o que está se passando no domínio político, ainda que possam manter-se mentalmente "em contato" em uma base mais consistente do que antes. O "desligamento" pode expressar uma aversão pelas momices dos políticos, mas pode também estar ligado a uma vigilância específica em relação às questões que a pessoa considere importantes. Nesse ponto a confiança poderia se misturar ao cinismo em uma combinação incômoda.

4 As deficiências da democracia liberal em uma ordem social reflexiva e globalizadora sugerem a necessidade de incrementar formas mais radicais de democratização. Nesse sentido, eu enfatizo a importância da *democracia dialógica*. Entre as muitas formas e aspectos de democracia debatidos atualmente na literatura, pode-se distinguir duas dimensões principais de uma ordem democrática. Por um lado, a democracia é um instrumento para a representação de interesses. Por outro, é uma maneira de criar uma arena pública na qual assuntos controversos – em princípio – possam ser resolvidos, ou, pelo menos, abordados por meio de diálogo e não por formas preestabelecidas de poder. Embora o primeiro aspecto tenha provavelmente recebido mais atenção, o segundo é, no mínimo, igualmente significativo.

A extensão da democracia dialógica representaria uma parte (embora não a única) de um processo ao qual poderíamos nos referir como a *democratização da democracia*. Quando o nível de reflexividade social permanece bastante baixo, a legitimidade política continua a depender, em alguns aspectos básicos, de simbolismo tradicional e de formas preexistentes de se fazer as coisas. No entanto, em uma ordem mais reflexiva – em que as pessoas também são livres para mais ou menos

PARA ALÉM DA ESQUERDA E DA DIREITA

ignorar a arena política formal, se assim o desejarem – é possível que essas práticas passem a ser postas em dúvida.

Maior transparência do governo ajudaria a democratização da democracia, mas esse também é um fenômeno que se estende a outras arenas que não a da esfera política formal. Seria possível sugerir que, fora da arena do Estado, a democracia dialógica pode tornar-se estimulada em diversos contextos essenciais. Na área da vida pessoal – relações entre pais e filhos, relações sexuais, relações de amizade –, a democracia dialógica avança até o grau em que tais relações são ordenadas por meio do diálogo e não por meio do poder arraigado. Aquilo que chamo de uma "democracia das emoções" depende da integração entre autonomia e solidariedade mencionada anteriormente. Ela pressupõe o desenvolvimento de relacionamentos pessoais nos quais a confiança ativa é mobilizada e sustentada por meio da discussão e do intercâmbio de ideias, e não por um poder arbitrário de um tipo ou de outro.

À medida que passa a existir, uma democracia das emoções tem implicações maiores para o fomento da democracia pública e formal. Os indivíduos que têm um bom entendimento de sua própria constituição emocional, e que são capazes de se comunicar de maneira eficiente com os outros em uma base pessoal, provavelmente estão bem preparados para as tarefas e responsabilidades mais amplas da cidadania.

A democracia dialógica também pode ser mobilizada por meio das atividades de grupos de autoajuda e movimentos sociais. Tais movimentos e grupos expressam e também contribuem para a reflexividade intensificada da atividade social local e global. Nas sociedades contemporâneas, um número muito maior de pessoas pertence a grupos de autoajuda do que a partidos políticos. As qualidades democráticas dos movimentos sociais e dos grupos de autoajuda advêm, em muito, do fato de eles abrirem espaços para o diálogo público com relação aos assuntos pelos quais se interessam. Eles podem empurrar, para dentro do domínio discursivo, aspectos de conduta social que não eram discutidos anteriormente, ou que eram "resolvidos" por práticas tradicionais. Podem ajudar a contestar definições "oficiais" das coisas; os movimentos feminista, ecológico e pela paz obtiveram esse resultado, da mesma forma que inúmeros grupos de autoajuda.

Alguns desses movimentos e grupos são intrinsecamente globais em escopo, e por isso poderiam contribuir para uma difusão maior das formas de democracia. Uma vez que a ideia de um governo mundial é implausível, os mecanismos da democracia dialógica que atuam não só por meio dos Estados e das agências internacionais, mas por meio de uma variedade de outros grupos, tornam-se de importância fundamental.

5 Deveríamos estar preparados para fundamentalmente *repensar o welfare state* – e em relação a questões mais amplas de pobreza global. Em muitos países, o que ainda resta de ideologia socialista concentrou--se na proteção do *welfare state* contra os ataques dos neoliberais. E, de fato, pode muito bem haver características do *welfare state* que devam ser preservadas contra os danos dos cortes ou das privatizações. Em termos de confiança e solidariedade, por exemplo, as medidas e serviços previdenciais com frequência incluem comprometimentos que simplesmente se desgastariam caso uma orientação mais direcionada ao mercado e aos "negócios" fosse introduzida.

No entanto, o *welfare state* foi formado como um "compromisso de classes" ou "acordo" em condições sociais que, atualmente, se alteraram de maneira bastante acentuada, e seus sistemas de seguridade foram projetados para enfrentar muito mais o risco externo do que o artificial. Alguns dos aspectos mais importantes e problemáticos do *welfare state* já foram identificados de maneira suficientemente clara, em parte como resultado das críticas neoliberais. O *welfare state* tem sido quase que totalmente eficiente tanto na oposição à pobreza como na produção de renda em grande escala ou na redistribuição de riqueza. Ele estava ligado a um modelo implícito de papéis de gênero tradicionais, pressupondo a participação masculina na força de trabalho assalariada, com uma "segunda fila" de programas direcionados para as famílias sem um provedor do sexo masculino. As burocracias do *welfare state*, da mesma forma que as burocracias em toda a parte, tenderam a se tornar inflexíveis e impessoais; e a dependência previdencial é, provavelmente, um fenômeno real em alguns aspectos, e não apenas uma invenção do neoliberalismo. Por fim, o *welfare state* consolidou-se no período pós-guerra, num momento em que parecia improvável a volta de níveis cronicamente altos de desemprego. Um novo "acordo" se faz urgentemente necessário hoje, porém ele não pode mais assumir a forma de uma distribuição de benefícios de cima para baixo. Ao contrário, as medidas previdenciais destinadas a se opor aos efeitos polarizadores daquilo que, afinal de contas, continua a ser uma sociedade de classes devem possibilitar a aquisição de poder e não ser meramente "distribuídas". Elas devem se preocupar exatamente com aquela reconstrução de solidariedade social mencionada anteriormente, no nível da família e no de uma cultura cívica mais ampla. E um acordo desses deve dar a devida atenção ao gênero, e não apenas às classes.

O enfrentamento da incerteza artificial cria toda uma nova série de problemas – e, como sempre, oportunidades – para a reforma previdencial. Poder-se-ia pensar aqui em reconstrução nas linhas de modelos de *previdência positiva*. O *welfare state* cresceu como um modo de proteção contra os infortúnios que "acontecem" às pessoas – com certeza, no que diz respeito à seguridade social, ele basicamente recolhe os pedaços depois que as adversidades ocorreram. A previdência positiva, em contraste, deposita uma ênfase muito maior na mobilização de medidas de políticas de vida, direcionadas mais uma vez à ligação da autonomia com as responsabilidades pessoais e coletivas.

6 Um programa de política radical deve estar preparado para enfrentar o papel da *violência* nas questões humanas. O fato de eu deixar esse assunto para o fim do livro de modo algum significa que ele seja o menos importante. No entanto, esse é um dos problemas mais difíceis de se lidar, em termos de teoria política herdada. Nem o pensamento socialista nem o liberalismo estabeleceram perspectivas ou conceitos relevantes para a criação de uma teoria política normativa sobre a violência, embora o pensamento direitista tendesse a pensar na violência como uma característica necessária e endêmica da vida humana.

Este tópico é muito importante. Afinal de contas, a influência da violência estende-se desde a violência masculina contra as mulheres até a guerra em grande escala, passando pela violência casual das ruas. Existiriam fios ligando essas diversas situações e que, portanto, poderiam ser relevantes para uma teoria da pacificação? Acredito que sim, e eles nos levam de volta aos temas do fundamentalismo e da democracia dialógica.

Em quaisquer circunstâncias sociais, existe apenas um número limitado de formas para se lidar com o conflito de valores. Uma delas é por meio de segregação geográfica; os indivíduos de tendências conflitantes, ou as culturas que são hostis umas às outras, podem, é claro, coexistir se tiverem pouco ou nenhum contato direto. Outra forma, mais ativa, é por meio do distanciamento. Um indivíduo ou grupo que não convive bem com o outro pode, simplesmente, desligar-se ou mudar-se, como aconteceria em um divórcio. Uma terceira forma de enfrentar a diferença cultural ou individual é por meio de diálogo. Aqui um embate de valores pode, teoricamente, funcionar sob um signo positivo – pode ser um meio de autoentendimento e comunicação ampliados. A melhor compreensão do outro conduz a uma melhor compreensão de si mesmo, ou da própria cultura, o que, por sua vez, leva à maior compreensão e mutualidade. Finalmente, um embate de valores pode ser resolvido pelo uso da força ou da violência.

Na sociedade globalizante em que vivemos atualmente, as duas primeiras opções dessas quatro tornam-se drasticamente reduzidas. Nenhuma cultura, Estado ou grupo numeroso pode isolar-se da ordem cosmopolita global com muito sucesso; e embora, para os indivíduos, a saída seja possível em algumas situações, ela geralmente não está disponível para entidades sociais maiores.

A relação entre diálogo e violência, que caminha no limite dos fundamentalismos possíveis, torna-se particularmente acentuada e tensa para nós. Essa redução de opções é perigosa, mas também apresenta fontes de esperança. Sabemos que o diálogo pode, às vezes, substituir a violência, e sabemos que isso pode acontecer tanto em situações da vida pessoal como em cenários sociais maiores. O "fundamentalismo de gênero" que os homens violentos nutrem em relação a suas parceiras, e talvez em relação às mulheres em geral, pode, ao menos nos casos individuais, ser transformado por meio de maior autoentendimento e comunicação. O diálogo entre grupos culturais e Estados é uma força que age diretamente contra as doutrinas fundamentalistas e um meio de substituir o uso da violência pela conversa.

O lado obscuro de tudo isso é óbvio. A violência geralmente provém de choques de interesse e lutas pelo poder; em consequência, existem muitas condições estritamente materiais que teriam de ser alteradas a fim de contestá-la e reduzi-la. Além disso, as forças centrífugas de dispersão dentro das sociedades e entre elas atualmente demonstraram ser grandes demais para serem controladas sem explosões de violência, em maior ou menor escala. No entanto, as conexões entre autonomia, solidariedade e diálogo que investiguei são reais; e elas correspondem a mudanças observáveis nos cenários locais de interação e também na ordem global.

Coda: a questão da atuação

Por fim, e a questão da atuação? Se concordarmos que ainda existe um programa para a política radical, quem irá implementá-lo? E o que, aparentemente, é até mais difícil: que valores representariam a orientação desse programa? Muitos têm a impressão de que agora precisamos lidar com um universo de valores irremediavelmente pluralista e que, de fato, a suspensão de todos os julgamentos de valor, exceto os contextuais e locais, é a condição do cosmopolitismo. Por outro lado, os críticos do relativismo do valor pensam sobre o termo "cosmopolita" com uma certa desesperança: se todos os modos de vida são tolerados como igualmente autênticos, de que maneira quaisquer valores positivos poderão permanecer?

Entretanto, em oposição a essas duas perspectivas, poder-se-ia dizer que esta é provavelmente a primeira vez na história em que podemos falar da emergência de valores universais – valores compartilhados por quase todos e que em nenhum sentido são inimigos do cosmopolitismo. Tais valores talvez sejam, em primeiro lugar, conduzidos por aquilo que Hans Jonas chama de "heurística do medo" – nós os descobrimos sob um signo negativo, as ameaças coletivas que a humanidade criou para si mesma.[1]

Os valores de santidade da vida humana, os direitos humanos universais, a preservação das espécies e o cuidado com as gerações presentes e futuras de crianças talvez tenham sido alcançados de maneira defensiva, mas certamente não são valores negativos. Eles implicam ética de responsabilidade coletiva e individual, que (como afirmação de valores) são capazes de passar por cima das divisões de interesses. Responsabilidade não é dever, e algumas pessoas sugeriram que por isso lhe falta o poder imperativo que o chamado do dever extrai do "verdadeiro fiel".[2] No entanto, se comparada ao dever, a responsabilidade implica o detalhamento de motivos, e não a lealdade cega. Ela corre em sentido contrário ao do fanatismo, mas tem sua própria força de impulsão, uma vez que os comprometimentos assumidos de maneira

---

1 JONAS, H. *The Imperative of Responsibility*. Chicago: University of Chicago Press, 1984. p.27, 31.
2 LIPOVETSKY, G. *Le crépuscule du devoir*. Paris: Gallimard, 1992.

livre com frequência têm maior força de ligação do que os que são simplesmente dados de modo tradicional.

Responsabilidade também é uma das chaves para a atuação. Hoje é preciso que repudiemos o providencialismo – a ideia de que "os seres humanos só se propõem problemas que podem resolver". Junto com ele, temos de descartar a ideia de que existem agentes enviados para cumprir as finalidades da história, incluindo-se a ideia metafísica de que a história é "feita" pelos despossuídos. O reconhecimento do caráter irredutível do risco significa possuir uma teoria crítica sem garantias. No entanto, esse reconhecimento também é uma fonte de liberação. Não existe um único agente, grupo ou movimento que, como o proletariado de Marx deveria fazer, possa conter as esperanças da humanidade; mas existem muitos pontos de engajamento político que oferecem bons motivos para otimismo.

CAPÍTULO 1

CONSERVADORISMO:
O RADICALISMO ADOTADO

A palavra "conservadorismo" atualmente evoca uma diversidade de associações ao mesmo tempo peculiar e interessante. Ser um conservador significa, em um sentido ou noutro, querer preservar. No entanto, nas atuais circunstâncias, não são apenas, ou principalmente, aqueles que se denominam conservadores os que desejam fazer isso. Os socialistas, usualmente, descobrem-se tentando preservar instituições existentes – de modo mais notável o *welfare state* – em vez de tentar abalá-las. E quem são os atacantes, os radicais que desejam desmantelar as estruturas existentes? Ora, com muita frequência eles não são outros senão os conservadores – os quais, ao que parece, não desejam mais preservar.

Como isso foi acontecer? Como é que o pensamento conservador, que, poder-se-ia pensar, opõe-se por definição ao radicalismo, acabou adotando-o? Será que a chamada Nova Direita, a progenitora desse radicalismo, tem alguma coisa em comum com a velha?

Neste capítulo, não vou tentar apresentar algo como um relato abrangente do desenvolvimento ou da situação atual do pensamento conservador. Embora não tão complexo e diverso quanto o socialismo, o conservadorismo apresenta grande variação em países diferentes e inclui diversos elementos contrastantes. Por exemplo, em muitos países da Europa continental, "conservadorismo" sugere a influência política do catolicismo. Os partidos democráticos cristãos e as influências

32 ANTHONY GIDDENS

intelectuais que os instruíram têm, às vezes, favorecido perspectivas e políticas geralmente associadas apenas aos partidos de esquerda nos países de língua inglesa.

Exatamente no início desta análise, é preciso que se faça especial menção à posição característica do conservadorismo nos Estados Unidos. O "excepcionalismo" norte-americano tem sido frequentemente discutido em relação à não existência de um partido socialista de peso nos Estados Unidos. Mas, é claro, como a maioria dos intérpretes reconheceu, no mínimo desde a época de Louis Hartz, a ausência de socialismo foi acompanhada também por uma ausência relativa de um certo estilo de conservadorismo – estilo esse que passarei a chamar de Velho Conservadorismo.

O conservadorismo americano, pelo menos em algumas de suas formas mais importantes, tem sido agressivamente pró-capitalista quase desde seus primórdios, sob formas que não ocorreram com seus correlatos europeus. Por outro lado, a luta para o estabelecimento de determinados tipos de sistemas de *welfare state* encontrados há muito tempo na maioria das outras sociedades industriais, mais especialmente os programas oficiais de assistência à saúde, ainda está acontecendo nos Estados Unidos.

Uma vez que pretendo situar minha discussão neste capítulo e no próximo dentro do contexto das relações inconstantes entre conservadorismo e socialismo, não analisarei a posição do pensamento conservador e sua prática nos Estados Unidos. Também não quero discutir a história da democracia cristã europeia. Neste capítulo e no seguinte vou me concentrar principalmente, embora não totalmente, nas perspectivas inglesas sobre conservadorismo e socialismo. Ainda assim, espero que os leitores norte-americanos e europeus continentais continuem a ler. Embora possa haver importantes divergências entre as histórias políticas de diferentes países industriais, os dilemas básicos enfrentados atualmente pelos pensamentos conservador e socialista são semelhantes em toda parte.

Um importante comentário de ordem terminológica tem de ser feito. Ao falar daqueles conservadores que são favoráveis à expansão indefinida das forças de mercado, usei os termos genéricos Nova Direita ou, com maior frequência, "neoliberalismo". Nenhum desses termos significa a mesma coisa em um contexto norte-americano ou em um contexto europeu. A Nova Direita nos Estados Unidos tende a ser associada à direita religiosa protestante. Os "liberais" nos Estados Unidos não foram os liberais de Manchester, mas sim aqueles que, durante o New Deal e posteriormente, mostraram-se favoráveis à expansão do *welfare state*. No livro, eu não adoto esses usos dos termos, mas sim aqueles que são mais ou menos universais fora dos Estados Unidos.

O velho conservadorismo

Diz-se, com frequência, que o conservadorismo se opõe ao racionalismo, com sua defesa de princípios claros e definidos; portanto, o pensamento conservador resiste à exposição. Ele está fortemente ligado a sentimentos e práticas, e não à imposição da lógica em um mundo social complexo e refratário. Como afirma um autor, "O conservadorismo raramente proclama a si próprio por máximas, fórmulas ou propósitos. Sua essência é inarticulada, e sua expressão, quando compelida, é cética. É capaz de expressão... [mas] nem sempre com muita certeza de que as palavras que encontra irão condizer com o impulso que as determinou."[1]

Tendo em vista que isso não é apenas uma evocação ao obscurantismo, existem dois sentidos pelos quais uma observação dessas pode ser entendida. Um deles é um pouco técnico, e voltarei a ele mais tarde. O outro sentido é sugerir que o conservadorismo não pode se desenvolver como uma filosofia sistemática – e assim interpretado o comentário é certamente incorreto, pelo menos quando investigamos a história das doutrinas conservadoras.

É verdade que o conservadorismo na Grã-Bretanha e nos Estados Unidos raramente foi excessivamente "teórico", mas isso igualmente pode se aplicar a outras perspectivas políticas em um contexto anglo-saxônico. A aversão à teorização em assuntos políticos era uma expressão daquele amor pelo empirismo que, até há pouco tempo, era uma espécie de característica da cultura de língua inglesa como um todo. Em outros lugares, na França e na Alemanha por exemplo, os conservadores não se mostraram mais relutantes do que quaisquer outras pessoas no que

---

1 SCRUTON, R. *The Meaning of Conservatism*. London: Macmillan, 1980. p.11.

se refere a teorizar. O que o conservadorismo significou nesses países, se retrocedermos a seu ponto de origem?

Em muitos aspectos, sem dúvida, o conservadorismo foi uma defesa do *Ancien Régime*, e especialmente do catolicismo, contra as forças exacerbadas da Revolução Francesa. Mas o conservadorismo foi mais do que apenas uma reafirmação de como as coisas costumavam ser antes de o progressivismo assumir o controle. Em suas formas mais elaboradas, o conservadorismo discordou do Iluminismo e desenvolveu teorias sobre a sociedade que desafiaram as teorias do liberalismo emergente. As formas mais sofisticadas do pensamento conservador não só rejeitaram o novo em favor do velho; elas se opuseram ao progressivismo com teorias contrastantes sobre história, tradição e comunidade moral.

Louis de Bonald e Joseph de Maistre, por exemplo, apresentaram uma interpretação da verdade revelada da tradição ao contrapor a harmonia perdida dos tempos medievais com a desordem da sociedade revolucionária. O indivíduo humano é intrinsecamente social e deriva essa existência social da história sedimentada e da comunidade cultural mais ampla. Não existe um Estado da natureza na forma postulada por Rousseau. A sociedade, incluindo o ser social do indivíduo, é de origem divina e reflete a autoridade de Deus; sendo assim, as obrigações sempre têm precedência em relação aos direitos.[2] A verdade moral é intrínseca à ordem social e transmitida ao indivíduo por meio da linguagem, que é uma criação de Deus, e não dos humanos. A continuidade da ordem social é garantida pelas comunidades morais da família, Igreja e Estado. Bonald rejeitou as ideias de contrato social, soberania popular e governo representativo. Ele criticou a expansão do comércio e da indústria e elaborou uma crítica severa da sociedade burguesa. A produção industrial conduz à desintegração social e à ruptura da integridade orgânica característica de uma ordem agrária.

Quanto mais o capitalismo e a democracia se difundiram, tanto mais o Velho Conservadorismo engendrou o radicalismo – embora este sempre fosse, acima de tudo, um radicalismo de restabelecimento, voltado para o passado. Nesse sentido, são evidentes as ligações entre o conservadorismo francês e o alemão: como diz o aforismo alemão,

---

2 BONALD, L. de. *Démonstration philosophique du principe constitutif de la société*. In: *Oeuvres*. Paris: Le Clerc, 1840. v.12.

"conservador demais para não ser radical". Não surpreende que liberais progressistas como Émile Durkheim tenham se apoiado em Bonald e De Maistre da mesma forma que Marx fez com Hegel, ou que, durante um período de mais de um século, a esquerda e a direita tenham usado muitas fontes em comum.

O que o Velho Conservadorismo defendia? De maneira sucinta, ele defendia a hierarquia, a aristocracia, a primazia da coletividade, ou do Estado, sobre o indivíduo, e a importância proeminente do sagrado. Todos esses traços estão presentes em Burke, embora ele mantivesse desconfianças em relação a sistemas filosóficos fechados. Na obra de Burke encontramos muito do mesmo descrédito acerca do indivíduo que aparece nas obras de seus correlatos continentais. Os textos de Burke são complexos e, da mesma forma que os escritos dos autores continentais mais polêmicos, não apresentam, de modo algum, uma visão retrógrada. A tradição nunca é estática e precisa ser equilibrada pela correção ou pela reforma: "Um Estado que não possui os meios de mudança não possui os meios de preservação".[3]

No entanto, o olhar para a frente sempre deve basear-se no olhar para trás: "as pessoas que nunca olharam para seus ancestrais nunca olharão para a posteridade". A inovação, em oposição à reforma, é perigosa porque escarnece da "estupenda sabedoria" contida no interior das instituições que resistiram ao teste dos tempos. "A raiva e o frenesi derrubam mais em meia hora do que a prudência, a ponderação e a precaução podem construir em cem anos." A ideia de sociedade enquanto comunidade orgânica é bastante desenvolvida em Burke, e também em Bonald e De Maistre. A ideia de que o indivíduo e os valores individuais deveriam ser valores fundamentais é, para eles, um absurdo. O Estado não pode se fundar em um contrato, e o indivíduo não possui direitos abstratos; os direitos, e os deveres que os acompanham, vêm da coletividade, que representa uma interminável cadeia de gerações. A sociedade é "uma parceria não só entre aqueles que estão vivos, mas entre aqueles que morreram e os que vão nascer". A democracia trai essa parceria. A ideia de "uma maioria de homens, contados um a um" que determinaria as decisões políticas seria nada menos do que desastrosa.

---

3 Citações de Edmund Burke tiradas de: HAMPSHER-MONK, I. *The Political Philosophy of Edmund Burke*. London: Longman, 1987. p.168.

O que aconteceu ao Velho Conservadorismo? Falando sem rodeios, ele está morto. Como se fosse o caso, os pensadores conservadores gostam de remontar suas ideias a uma herança estabelecida – em outras palavras, a Burke e seus contemporâneos. Isso pode ser feito de maneira razoavelmente plausível com alguns dos temas de Burke, tais como o organicismo, o "teste de tempo" e a ênfase em relação a reformas; mas em muitos aspectos básicos esse procedimento tem pouco sentido. O Velho Conservadorismo, ao menos em suas formas mais íntegras, é, como já foi muito adequadamente dito, o "outro Deus que falhou", junto do comunismo e do socialismo radical.[4] O Velho Conservadorismo foi destruído porque as formas sociais que procurou defender desapareceram quase que por completo; e, na Europa continental, devido a seus laços com o fascismo.

É fácil apresentar uma lista das crenças que de fato desapareceram com a desintegração do Velho Conservadorismo. Ninguém mais vê no feudalismo uma ordem social que seja instrutiva para o mundo moderno. De maneira análoga, ninguém apresenta, a sério, uma defesa da aristocracia, da primazia da propriedade fundiária ou das formas de hierarquia ligadas ao domínio aristocrático. O que talvez seja mais relevante para o debate atual é que pouquíssimos autores insistem na ideia do Estado supremo ou nas concepções românticas do *Volksgeist*. Atualmente, entre os conservadores, se ainda se supõe que os Estados sejam "fortes", eles são considerados (em princípio) "mínimos" em vez de sobrepujantes. Os conservadores têm se reconciliado com a democracia (de uma forma ou de outra) ou, em alguns casos, são seus ardorosos defensores. A hierarquia é justificada em termos de desigualdade funcional e não de uma aptidão herdada para governar, muito embora alguns conservadores continuem a apoiar a ideia de uma "classe política" com qualidades distintas de estadística.

O Velho Conservadorismo – de modo geral – era hostil não só ao comércio, mas ao capitalismo de maneira mais genérica. Quanto mais os processos de objetivação avançam, mais solidariedades orgânicas são destruídas; a sociedade burguesa, na qual "tudo que é sólido desmancha no ar", citando a famosa metáfora de Marx, destrói essas mesmas

---

4 MULLER, J. Z. *The Other God that Failed*. Princeton: Princeton University Press, 1987.

continuidades por meio das quais o passado é colocado em contato com o presente. Isso inclui o domínio do sagrado. O individualismo econômico, de acordo com o Velho Conservadorismo, é o inimigo daquela difusa percepção do religioso, tão importante para a vida social pré-moderna – ele é uma força secularizante. Muitos conservadores dos dias de hoje continuam a ver a religião como básica para suas visões de mundo; mas a maioria deles não mais propõe que a própria ordem social seja divinamente estabelecida.

Conservadorismo, conservadorismos

Conservadorismo filosófico

Na ausência do Velho Conservadorismo, de que forma o pensamento conservador deveria ser caracterizado? O conservadorismo no período pós-guerra teve de reinventar-se e, com alguma supersimplificação necessária, três perspectivas variantes podem ser reconhecidas. Em primeiro lugar, existem aqueles que tentam algo como uma defesa filosófica do conservadorismo, mesmo quando são contrários a sistemas filosóficos perfeitos. Um segundo grupo consiste naqueles que poderiam ser chamados, e que às vezes chamam a si mesmos, de neoconservadores. Embora nem todos sigam essa denominação, vou distinguir os neoconservadores da Nova Direita ou neoliberalismo. Cada uma dessas perspectivas influenciou as outras, mas as diferenças entre elas são razoavelmente claras.

O conservadorismo filosófico afirma ter afinidades com o pensamento do Velho Conservadorismo, mas na verdade ele introduz uma variedade de inovações. Na Inglaterra, a principal inspiração desse conservadorismo pode ser encontrada nos escritos de Michael Oakeshott, embora autores que o sucederam tenham retomado, no desenvolvimento de suas próprias ideias, diferentes partes dos argumentos daquele autor.

Segundo Roger Scruton, que presta a devida deferência à obra de Oakeshott, o conservadorismo depende de três principais conceitos organizadores: *autoridade, lealdade* e *tradição*. "O conservador", diz ele, "coloca sua fé em acordos que são conhecidos e que já foram tentados, e deseja imbuí-los de toda a autoridade necessária para constituir um domínio público objetivo e aceitável".[5] Scruton opõe a autoridade ao contrato e a todos os acordos sociais baseados em "escolha consciente"; a autoridade vem das qualidades "transcendentes" das instituições estabelecidas.

Lealdade é o que o membro de uma coletividade – seja uma família, outra comunidade corporativa, ou o Estado – deve à autoridade. A lealdade expressa o caráter orgânico da sociedade; os seres humanos só conseguem agir como "indivíduos" pelo fato de poderem identificar-se com coletividades que são maiores do que eles mesmos. Tais coletividades são específicas, com uma natureza histórica particular: "É um país *particular*, uma história *particular*, uma forma *particular* de vida que comanda o respeito e a energia do conservador, e, embora ele possa ter uma compreensão imaginativa de outros acordos reais ou ideais, ele não está imerso neles da mesma maneira que está imerso em sua própria sociedade."

Lealdade não é uma questão de decisão individual, mas surge do social e moralmente transcendente, dando-lhe expressão; a transcendência também está no âmago da tradição. A tradição refere-se aos costumes e cerimoniais por meio dos quais o passado fala com o presente. Ela fornece as razões para as ações do indivíduo: essas razões derivam do que já foi e não do que será. As tradições relacionam a lealdade à autoridade, armazenando a sabedoria sedimentada das gerações anteriores. Na esfera política, o Estado congrega autoridade, lealdade e tradição, "a fim de definir o cidadão enquanto *sujeito*". Scruton aceita a importância da democracia, mas só com alguma relutância e evasivas, já que a democracia implica tomada independente de decisões e a existência de algum tipo de acordo contratual. A democracia, diz ele, "certamente não é dominada por alguma legitimidade *a priori* inexistente em seus rivais".[6]

Para Scruton, assim como para outros autores atuais, uma postura crítica em relação aos ideais de perfectibilidade humana é um componente fundamental do conservadorismo.[7] Oakeshott fornece boa parte das ideias para essa questão em sua famosa crítica ao racionalismo. Ao se

---

5 SCRUTON, op. cit., 1980, p.33.
6 Ibidem, p.33, 36, 40, 55.
7 Por exemplo, QUINTON, A. *The Politics of Imperfection*. London: Faber, 1978.

opor às ideias liberais ou esquerdistas de "razão soberana", Oakeshott faz uma distinção entre conhecimento de técnica – expresso em termos de regras ou princípios abstratos – e conhecimento "particular", que também é "tradicional". Na política, como em qualquer outra área, o racionalismo pressupõe a superioridade de soluções "universais" aos problemas em relação às respostas advindas da tradição ou da prática "encaixada". A crítica de Oakeshott ao racionalismo, que tem afinidade com o Wittegenstein ulterior e com Hans-Georg Gadamer, não se dirige contra a "razão" enquanto tal, mas contra a identificação da razão com a técnica. Todas as formas de conhecimento, não importando o quão genéricas pareçam ser, estão saturadas pela prática, por aquilo que não pode ser colocado em palavras porque é a condição da comunicação linguística.

Aí temos uma explicação muito mais sofisticada da "resistência à exposição" do pensamento conservador do que a versão mencionada anteriormente, uma vez que as ideias de Oakeshott a esse respeito estão em sintonia com alguns dos principais temas da filosofia moderna. O racionalismo faz mais do que se levar ao fracasso: ele abala as próprias condições (por ele mesmo ignoradas) que o tornam possível em primeiro lugar. "A viciosidade peculiar do racionalismo é que ele destrói o próprio conhecimento que possivelmente viria a salvá-lo de si próprio, ou seja, o conhecimento concreto ou tradicional. O racionalismo serve apenas para aprofundar a inexperiência a partir da qual ele foi originalmente gerado."[8]

O tema de que "sempre se trabalha a partir de uma tradição" está mais elaborado aqui do que em sua afirmação original, feita por Burke. O "tradicionalismo" de Oakeshott tem pouco a ver com a glorificação do passado ou com a apresentação de asserções vagas a respeito de coisas que passaram no teste do tempo. O racionalista precisa da disciplina do conservadorismo porque, caso contrário, esse indivíduo é como alguém em um país estrangeiro, perplexo com costumes vistos apenas de forma superficial; "um mordomo ou um criado observador tem a vantagem sobre ele".[9] Ideais arrancados do contexto da tradição tornam-se incapazes de guiar as ações de uma pessoa.

---

8 FRANCO, P. *The Political Philosophy of Michael Oakeshott.* New Haven: Yale University Press, 1990. p.62.

9 OAKESHOTT, M. Rationalism in Politics. In: *Rationalism in Politics and Other Essays.* London: Methuen, 1962.

As tradições de comportamento, diz Oakeshott, nunca são fixas ou completas e não possuem uma essência imutável à qual a compreensão possa estar ancorada. "Tudo", observa ele, "é temporário", um comentário que o coloca a certa distância das posturas do Velho Conservadorismo. Sempre. Sempre haverá, e deve haver, continuidades na tradição, mas a imagem delas deveria ser como a de um rio em movimento, e não como um conjunto de pontos de referência fixos. É exatamente pelo fato de a tradição não apresentar normas ou princípios inequívocos que a política – até mesmo a política revolucionária – é considerada por Oakeshott como a busca de "aproximações", "uma conversação, não uma discussão".

A imagem da política como conversação tem sido muito comentada e apresenta algumas afinidades com as ideias desenvolvidas por Richard Rorty e outros (com destaque novamente para Gadamer). Oakeshott diz:

> A civilização (especialmente a nossa) pode ser considerada uma conversação realizada entre uma diversidade de atividades humanas, cada uma delas falando com uma voz ou língua próprias ... E eu chamo de conversação a essa multiplicidade composta de maneiras diferentes de pensar e falar, porque as relações entre elas não são de afirmação e negação, mas sim relações recíprocas de reconhecimento e acomodação.[10]

Neoconservadorismo

O neoconservadorismo, na forma por mim definida aqui, é mais sociológico do que filosófico. Seus principais protagonistas não serão encontrados na Inglaterra, mas sim na Alemanha e nos Estados Unidos. Os neoconservadores aceitam a influência difusa que o capitalismo e a democracia liberal passaram a ter em nossas vidas nos dias atuais; no entanto, veem a ordem burguesa como destruidora dos símbolos e práticas tradicionais dos quais depende uma existência social significativa.

Na Alemanha, os autores neoconservadores mais importantes foram aqueles que escreveram durante as primeiras duas décadas depois da Segunda Guerra Mundial, como Hans Freyer e Arnold Gehlen. Vários

---

10 Ibidem, p.304.

desses escritores, inclusive os dois mencionados, ficaram marcados por suas associações com o nacional-socialismo, mas recuperaram sua reputação por meio de seus textos do pós-guerra. Segundo os neoconservadores alemães, a modernidade tende a dissolver as instituições de continuidade histórica que fornecem uma estrutura moral para a vida. Em comparação ao Velho Conservadorismo, Freyer e Gehlen não acreditam que os efeitos "desmoralizadores" da sociedade capitalista possam ser superados por meio do Estado ou da ação coletiva em larga escala. A tarefa do conservadorismo é preservar as instituições fora das esferas da política e da economia (tais como a família ou a Igreja) nas quais o significado moral ainda pode ser acessível.

Segundo Freyer, nas sociedades pré-modernas, o indivíduo possuía um *status* simples que especificava a maioria dos domínios de sua atividade; esse *status* estava associado a um grupo de direitos e deveres. As ordens sociais pré-modernas estavam *auf gewachsenen Gründen* – próximas dos ritmos orgânicos da experiência histórica.[11] Tais ordens, de maneira semelhante ao que diz Oakeshott, estavam ligadas a aspectos específicos da história coletiva e até mesmo de sua paisagem e, assim sendo, não poderiam ser facilmente transferidos para outros povos e lugares. Esse é o motivo de haver tanta diversidade cultural. No entanto, as instituições modernas possuem um efeito homogeneizador, apagando as particularidades de lugar. Para Freyer, o capitalismo, incluindo o *welfare state*, chegou para ficar, mas na verdade depende, para sua estabilidade, de significados morais que ele mesmo não pode reproduzir. Os conservadores devem, portanto, buscar defender as "resistências" ou "forças de suporte" que fornecem as fontes de significado.

O neoconservadorismo nos Estados Unidos tem de ser interpretado contra o pano de fundo das observações feitas anteriormente sobre o excepcionalismo norte-americano. Em sua maioria, os neoconservadores norte-americanos não vêm de uma experiência do antigo direitismo, mas, pelo contrário, eles vêm da experiência do velho esquerdismo – com a qual logo no início se desiludiram. O neoconservadorismo norte-americano, na forma desenvolvida, por exemplo, nos textos de Irving Kristol, é menos cauteloso em relação às atrações do capitalismo e da democracia do que os autores alemães. No entanto, os neoconservadores norte-americanos

---

11 FREYER, H. *Theorie des gegenwärtigen Zeitalters*. Frankfurt: Fischer, 1954.

defendem a ideia de uma crítica cultural e moral das instituições modernas. Embora o neoconservadorismo deseje proteger ou mesmo reviver as tradições, ele está, nas palavras de Kristol, "decididamente livre de nostalgia". O neoconservadorismo não procura contestar o pensamento progressista, mas, em vez disso, quer criar uma combinação mais sutil entre presente e futuro. Como afirma Kristol, de maneira um tanto lacônica, "ele também reivindica o futuro".[12]

Na versão de Kristol, o neoconservadorismo possui uma esfera de características distintas. Ele se opõe à maioria das formas de socialismo, mas também é impulsionado por um descontentamento em relação ao liberalismo (no sentido norte-americano do termo). Diferente do Velho Conservadorismo, ele é especificamente antirromântico. Sua ancestralidade remonta não ao *Ancien Régime*, mas a um período anterior, nos tempos clássicos. A filosofia política clássica distinguia entre *praxis* e *techne*, e preocupava-se com os dilemas éticos que surgiam quando ambas ficavam em más condições – como aconteceu no capitalismo contemporâneo.

O neoconservadorismo, diz Kristol, possui um "entusiasmo moderado" pelo capitalismo democrático liberal e vê uma economia "predominantemente" de mercado como condição necessária, mas não suficiente, para uma boa sociedade. Os neoconservadores acreditam na conveniência do crescimento econômico, mas não como um fim em si mesmo; o crescimento é necessário para a estabilidade social e política nas condições sociais modernas. Kristol "não se opõe ao governo enérgico", mas entende essa energia fluindo, na verdade, do Estado limitado. Segundo ele, os neoconservadores são a favor da intervenção moderada do governo na economia. Eles se opõem ao liberalismo (norte-americano) não só porque os liberais querem – aos olhos dos neoconservadores – a intromissão maciça do governo no mercado, mas porque os liberais combinam esses programas de intervenção com uma postura de *laissez-faire* em relação aos costumes e à moral.

Essa última ideia é um ponto de contato entre o neoconservadorismo norte-americano e o alemão. É um dos principais argumentos dos quais se origina a importância da renovação social e moral. Assim sendo, segundo Kristol, os neoconservadores não são apenas patrióticos, mas

---

12 KRISTOL, I. *Reflections of a Neo-Conservative*. New York: Basic, 1983. p.xii.

PARA ALÉM DA ESQUERDA E DA DIREITA

também nacionalistas, porque o patriotismo origina-se de um apego ao passado de um país, enquanto o nacionalismo brota da esperança no futuro desse país. Eles enfatizam o papel fundamental da família e da religião como "os pilares indispensáveis de uma sociedade decente".[13] Uma ideia muito semelhante é apresentada por Allan Bloom, que contesta aquilo que chama de "relativismo moral" – a aceitação de padrões de valor diferentes como igualmente autênticos. A "educação da abertura" é desleal com os valores que descreve e tolera, porque, para ser aglutinadora, a moralidade precisa ser etnocêntrica. As pessoas hoje em dia estão "nuas espiritualmente, sem vínculos, isoladas, sem nenhuma ligação herdada ou incondicional seja com o que ou quem for"; elas "podem ser tudo o que quiserem ser, mas não têm um motivo específico para serem isto ou aquilo em particular".[14]

Daniel Bell separou-se do neoconservadorismo e considera-se um conservador apenas no que diz respeito a um aspecto da sociedade moderna – seu sistema cultural. No entanto, nesse sentido, ele desenvolveu de maneira interessante a obra dos neoconservadores alemães e norte-americanos. Desde o declínio da índole puritana que inspirou o desenvolvimento inicial do capitalismo, diz ele, a vida moral da modernidade ficou sem diretrizes transcendentais. A cultura agora tornou-se desligada da economia e do Estado. O capitalismo depende de um "puritanismo secular" na esfera da produção, mas cedeu terreno aos imperativos do prazer e do lazer na área do consumo. O liberalismo (mais uma vez, no sentido norte-americano) apoia a liberdade individual e a experimentação na arte e na literatura da mesma forma que na vida econômica. No entanto, aos olhos de Bell, quando essa experimentação entra nas áreas da vida familiar, sexualidade e atividade moral de maneira mais genérica, produz um individualismo feroz que ameaça a estrutura social e cria o vazio. "Nada é proibido" e "tudo deve ser explorado": "a falta de um sistema de crenças morais arraigado é a contradição cultural da sociedade, o desafio mais sério a sua sobrevivência".[15]

---

13 Esta citação e as anteriores foram tiradas de KRISTOL, op. cit., 1983, p.77.
14 BLOOM, A. *The Closing of the American Mind.* New York: Simon and Schuster, 1988. p.87. [Ed. bras.: *O declínio da cultura ocidental.* Trad. de João Alves dos Santos. São Paulo: Best-Seller, 1989.]
15 BELL, D. *The Cultural Contradictions of Capitalism.* London: Heinemann, s.d. p.480.

Neoliberalismo

O neoconservadorismo pode "reivindicar o futuro", mas é a Nova Direita que, nos últimos anos, tem sido a verdadeira força radical na política conservadora. As ideias da Nova Direita são mais bem descritas como neoliberalismo do que como neoconservadorismo, uma vez que os mercados econômicos possuem um importante papel nelas. Para os neoliberais, o empreendimento capitalista não é mais considerado como a origem dos problemas da civilização moderna. Muito pelo contrário: ele é o centro de tudo de bom que nela existe. Um sistema de mercado competitivo não só maximiza a eficiência econômica; ele é o principal fiador da liberdade individual e da solidariedade social. Em contraposição ao Velho Conservadorismo, os neoliberais admiram o individualismo econômico e o encaram como a chave para o sucesso da democracia dentro do contexto de um Estado mínimo. Seu principal pensador, F. A. Hayek, recusou-se explicitamente a se autodenominar conservador. Alguns de seus seguidores, no entanto, quiseram fazer duas coisas ao mesmo tempo, referindo-se às ideias de Hayek como "liberalismo conservador".[16]

Para os autores neoliberais, a origem da ordem na sociedade não pode ser encontrada na tradição, nem no cálculo e no planejamento racionais, feitos pelo Estado ou por qualquer um. A sociedade possui, de certa maneira, uma qualidade orgânica; no entanto, essa característica vem da coordenação espontânea e involuntária de muitos indivíduos que atuam por suas próprias motivações. Os mercados com bom funcionamento são o principal exemplo, e a principal âncora institucional, da ordem social espontânea. Essa ordem social não se limita à área econômica; como afirmam Milton e Rose Friedman, "a atividade econômica não é, de maneira alguma, a única área da vida humana na qual uma estrutura complexa e sofisticada surge como consequência involuntária de um grande número de indivíduos que cooperam ao mesmo tempo em que cada um busca seus interesses pessoais".[17]

---

16 GISSWARSON, H. H. *Hayek's Conservative Liberalism*. New York: Garland, 1987.

17 FRIEDMAN, M., FRIEDMAN, R. *Free to Choose*. S.l.: Secker and Warburg, 1980. p.25. [Ed. bras. *Liberdade de escolher*. Trad. de Ruy Jungmann. Rio de Janeiro: Record, 1980.]

PARA ALÉM DA ESQUERDA E DA DIREITA 45

A ideia de coordenação espontânea – coordenação sem comando – na forma retratada por Hayek apresenta uma clara ligação com a concepção de tradição de Oakeshott. A indispensabilidade de "conhecimento acumulado em hábitos e na prática" significa, para Hayek, uma razão fundamental pela qual as economias sob comando não podem funcionar. Os sinais de informação fornecidos pelo sistema de preços em condições econômicas competitivas não podem ser gerados por autoridades centrais. A explicação para isso não é, ou não é apenas, o fato de a informação necessária ser excessivamente complexa ou variável; é, sim, porque o conhecimento necessário é essencialmente prático e local, "de praxe". Ainda assim, de acordo com Hayek, esse conhecimento local não é realmente tradicional; ele é o *know-how* tácito que os indivíduos desenvolvem por meio da experiência de lidar com problemas de imediato. Hayek é um universalista, acreditando que os benefícios da sociedade liberal podem ser estendidos a toda a humanidade.

O papel restrito dado ao governo nas doutrinas da Nova Direita deriva diretamente da teoria da ordem espontânea. A principal finalidade do governo não é "produzir quaisquer produtos ou serviços específicos para serem consumidos pelos cidadãos, mas sim cuidar para que o mecanismo que regula a produção de mercadorias e serviços funcione bem".[18] A mensagem da economia competitiva aos governos é: afastem-se! Mesmo quando impelida pelo mais nobre dos motivos, a intervenção do governo é passível de criar, se não a tirania (embora esse tenha sido o caso nos regimes comunistas), no mínimo a ineficiência burocrática. A essa análise, os neoliberais com frequência adicionam as conclusões da escola de Virgínia sobre a teoria da escolha pública. Na era do *welfare state*, os governos tendem a se tornarem sobrecarregados ou superampliados; nessas situações, a atividade governamental é acompanhada pelo equivalente do fracasso nos negócios, sem os mecanismos disciplinadores que os mercados estabelecem para eliminar os menos eficientes.

Quais são exatamente as ligações entre os mercados e a democracia, vistas segundo o neoliberalismo? Existem diversas ideias diferentes, mas o principal tema é o de que os mercados criam as condições básicas da liberdade individual e são mais importantes para a democracia do que a constituição do próprio Estado. Tentativas de "corrigir" as forças de

---

18 HAYEK, F. A. *Rules and Order*. London: Routledge, 1973. p.47.

mercado suprimem as liberdades promovidas pelas relações de mercado. Dizem que o socialismo em lugar nenhum foi democrático, mesmo nos países escandinavos, e que nunca poderá se tornar assim. Isso porque no cerne do socialismo, nas palavras de Arthur Seldon, está a crença de que "o governo sabe mais que os indivíduos. A essência do capitalismo ... é que ele permite aos indivíduos correrem o risco de viver suas vidas da maneira que julgarem melhor".[19] O capitalismo, baseado em forças de mercado inexoráveis, não leva em consideração as origens sociais das pessoas, cor de pele ou sotaque. Longe de incentivar o egoísmo, a simples busca de lucro é uma fonte de força moral porque exclui a parcialidade política e o preconceito social. Expressão e saída são possíveis nos cenários de mercado sob formas que podem ser imitadas, mas não reproduzidas, por processos políticos.

A justiça social, afirmam Hayek e outros, não pode ser alcançada por meio do Estado – na verdade, Hayek afirma que a ideia de justiça social é incoerente. Sejam quais forem as virtudes de alguns tipos de instituições de bem-estar, as limitações do *welfare state*, segundo os críticos neoliberais, são evidentes para todos. Entre outras falhas, ele beneficia os mais ricos e não os menos ricos e cria uma horrível mistura de monstruosidades burocráticas e dependência previdencial.

No pensamento da Nova Direita, a propriedade e a hierarquia possuem uma fisionomia diferente daquela presente nas primeiras versões do conservadorismo. O Velho Conservadorismo via essas questões como meios de resistência à objetivação, ao avanço do comércio – e à democracia. Para os neoliberais, a posse de propriedade (casas, ações) deve ser encorajada exatamente como um modo de garantir a participação no sistema de mercado. A hierarquia persiste, mas não é aquela (apreciada pelo Velho Conservadorismo) que permite a transmissão de privilégios herdados ao longo das gerações. O movimento ascendente na escala social em uma sociedade de mercado, incluindo a aquisição de propriedade, deve estar aberto a todos que tenham vontade de vencer e a determinação para competir.

No entanto, o individualismo competitivo, segundo os neoliberais, não pode se expandir infinitamente. Determinados contextos de vida social ficam de fora, e, ao identificá-los, os autores da Nova Direita

---

19 SELDON, A. *Capitalism*. Oxford: Blackwell, 1990. p.103.

PARA ALÉM DA ESQUERDA E DA DIREITA 47

tendem a se basear livremente no neoconservadorismo norte-americano. Um Estado mínimo tem de ser um Estado forte, a fim de fazer cumprir as leis das quais depende a competição, proteger contra os inimigos externos e fomentar sentimentos de nacionalismo que sejam integradores. A Nova Direita vê muitas evidências da decadência moral na vida familiar. A família, assim como o Estado, tem de ser forte e, quando se torna fraca, os laços familiares devem ser restabelecidos. Atribui-se o declínio da família a diversas origens: a permissividade sexual introduzida na década de 1960, a indulgência dos pais, a ascensão do feminismo e a difusão pública do homossexualismo. Entretanto, com frequência é estabelecida uma ligação entre o crescimento do *welfare state* e a desintegração da família. Dizem que as instituições previdenciais acostumam as pessoas a esperar do Estado formas de sustento que, em gerações anteriores, eram supridas pelos grupos familiares; os dispositivos previdenciais permitem que aumente o número de famílias com um único provedor, em oposição à família tradicional.

Embora o declínio da autoridade moral da família, segundo os autores da Nova Direita, seja geral – e precise ser revertido –, ele afetou a autoridade do pai em particular. As responsabilidades da família são uma fonte de regulação moral dos homens, que, do contrário, tendem a vadiar – esquivando-se não só das responsabilidades domésticas, mas também daquelas referentes ao mercado. Ao menos na esfera da família, as consequências involuntárias não produzem a ordem beneficente e espontânea que produziriam em outros lugares. O *welfare state* tem permitido que alguns pais abandonem a responsabilidade do sustento de suas mulheres e filhos. Os homens sem mulheres, nas palavras de George Gilder, são "destrutivos para si mesmos e para a sociedade"; se os homens "não podem ser os provedores, eles têm de recorrer aos músculos e ao falo".[20] O desenvolvimento de uma subclasse excluída, com muitos "machos em circulação" e muitas mulheres que são chefes de família, junto com os níveis cada vez mais altos de criminalidade, são expressões da desintegração familiar e, ao mesmo tempo, são por ela causalmente influenciados.

---

20 GILDER, G. *Naked Nomads*: Unmarried Men in America. New York: Quadrangle, 1974. p.114.

Conservadorismo e neoliberalismo

Os defensores das ideias da Nova Direita veem a si mesmos como os herdeiros de dois séculos de pensamento conservador – não só como atualizadores do conservadorismo (se isso não for um oxímoro), mas também como tendo triunfado sobre perspectivas rivais de teoria e prática políticas. Afinal de contas, a ascensão à proeminência dos neoliberais coincidiu com – e, afirmariam alguns, ajudou a causar – a extinção do keynesianismo no Ocidente e do comunismo no Oriente.

Mas teriam as ideias da Nova Direita alguma coisa a ver com o conservadorismo? Essa pergunta tem, com toda a razão, preocupado muitos conservadores, além de críticos da esquerda, e ultrapassa o interesse histórico e semântico. Para os neoliberais de alguns países, há pouca necessidade de descobrir legitimidade no pensamento conservador precedente – ao contrário, existe uma reivindicação de que sejam dissociados desse pensamento sempre que ele estiver associado ao fascismo. No entanto, na Grã-Bretanha, tais considerações não se aplicam; lá, a Nova Direita, que desfrutou de um ininterrupto período no poder, possui um sólido interesse em reivindicar a continuidade nas perspectivas mais antigas. E dedicou-se uma boa quantidade de tinta, ou de formulário contínuo, para demonstrar isso. Uma das mais sofisticadas dessas discussões é aquela apresentada por Shirley Letwin – que trata do thatcherismo –, e vou considerá-la como paradigmática. Isso porque Letwin não só estabelece uma interessante caracterização do neoliberalismo, mas também preocupa-se em refutar os críticos que se agarraram a alguns de seus paradoxos.

Letwin distingue o thatcherismo[21] da postura tóri de "meio-termo", mas também das ideias dos liberais do verdadeiro *laissez-faire*. O tóri de meio-termo não é um Velho Conservador. O que ele deseja preservar é o resultado do movimento socialista: o planejamento, os controles econômicos e os gastos em larga escala com a previdência social. O thatcherismo é uma cruzada para libertar as "virtudes ativas" da autoconfiança e da iniciativa individual das mãos enjoativas da burocracia e do *establishment*.

---

21 Citações extraídas de LETWIN, S. R. *The Anatomy of Thatcherism*. London: Fontana, 1992. p.104, 342-3, 310.

Existem algumas "semelhanças superficiais", admite Letwin, entre essa perspectiva e as ideias dos liberais ligados ao *laissez-faire*. Ambos não veem com bons olhos os diversos direitos adquiridos que fomentaram a dependência, e depositam grande confiança na influência libertadora do empreendimento capitalista. Mas os liberais posicionam-se a favor de um mercado livre em qualquer lugar – segundo a queixa de Bell, o liberalismo torna-se, então, livre-arbítrio moral, desdenhando todas as formas de autoridade. O adepto do thatcherismo rejeita essa associação: o que ele deseja ver é a regeneração moral do indivíduo, ou das famílias, e da comunidade nacional. Os valores implicados aqui, diz Letwin, sempre fizeram parte do conservadorismo – é a postura tóri de meio-termo que, no auge do *welfare state*, foi uma interrupção de tradições conservadoras mais duradouras.

Segundo Letwin, as considerações econômicas são secundárias em um programa de regeneração moral. A privatização de indústrias estatais, por exemplo, ajuda a aumentar a eficiência econômica; porém, e mais importante, as "virtudes ativas" são promovidas pela privatização, que torna a propriedade de ações uma possibilidade para milhares de pessoas. A difusão da posse de propriedade amplia "a energia pessoal e a ousadia, componentes fundamentais das virtudes ativas". A extensão da posse também ajuda a promover o bem-estar da família. Marx execrava o fato de, em uma sociedade burguesa, a família ser reduzida a uma "relação de propriedade"; mas, para o neoliberal, isso representa exatamente a fonte de sua força. A posse de propriedade, e sua transmissão ao longo das gerações, dá à família sua continuidade. Além disso, uma família que possui interesses conjuntos em propriedade de posse comum também tem maior probabilidade de apresentar um forte sentimento de solidariedade.

Esse modo de pensar sobre a família, diz Letwin, é um dos pontos de ligação entre as virtudes ativas e os temas estabelecidos do conservadorismo. Ela argumenta que o elo entre o sentimento familiar e a posse familiar de propriedade foi há muito aceito como um lugar--comum na postura tóri – que remonta aos tempos medievais. Mas existem outras formas de demonstrar que a Nova Direita reviveu o conservadorismo em vez de afastar-se dele – por exemplo, no que diz respeito ao papel do Estado.

O thatcherismo, argumenta Letwin, não procura minimizar toda a intervenção do Estado na vida econômica e social, como fazem os liberais do *laissez-faire*. Mais exatamente, ele faz a distinção entre dois sentidos de intervenção: um a ser rejeitado e o outro a ser considerado de maneira positiva. Uma economia de mercado é incompatível com a intervenção do Estado sob a forma de planejamento total ou de corporativismo; mas ela necessita da mão forte do Estado no que diz respeito à manutenção da lei e da ordem, à promoção dos ideais nacionais e à capacidade de defesa. O thatcherismo foi um programa de mudança radical em muitas áreas – mas ele reconheceu a importância da tradição em outros contextos. Buscava atacar as "práticas arraigadas" e não as tradições. As virtudes ativas, na forma retratada por Letwin, passam a ser elas mesmas parte dessas tradições, em especial quando entendidas no contexto da história inglesa. Assim, o neoliberalismo está supostamente em uma linha direta de continuidade com o Velho Conservadorismo do tipo britânico, que há muito tempo enfatiza a importância de um individualismo moral inflexível. É estranho, afirma Letwin, que essa moralidade "tenha persistido por tanto tempo sem ser identificada": foi necessário o advento do thatcherismo para torná-la (retrospectivamente) bem definida.

Esse individualismo bastante britânico, segundo ela, não significa egoísmo. De acordo com "a moralidade britânica ... não precisa haver conflito entre a sociedade e os indivíduos dedicados a desenvolver sua individualidade ... A sociedade é ... o berço e não o caixão da individualidade". Desse ponto de vista resulta uma rejeição da hierarquia, do preconceito segundo o qual alguns tipos de profissão seriam inferiores a outros. Quando os neoliberais afirmam que a habilidade para os negócios possui tanto valor quanto as dos advogados e dos poetas, eles voltam à "moralidade tradicional britânica".

Qual a plausibilidade desse tipo de tentativa para distanciar a Nova Direita do liberalismo, vinculando-a às tradições conservadoras? A resposta é: muito pouco plausível. Em primeiro lugar, nem na Grã-Bretanha nem em qualquer outro lugar o Velho Conservadorismo esteve a favor do individualismo moral, que era entendido como o inimigo da solidariedade social. Essas "virtudes ativas" eram a base para aqueles que combatiam o Velho Conservadorismo, em nome dos valores burgueses ou, na verdade, como defensores do sindicalismo. Um Estado forte era apreciado pelos conservadores porque protegia a hierarquia, e não porque criasse condições sob as quais todas as formas de trabalho fossem consideradas de igual valor. Pode muito bem ser verdade que "a sociedade é o berço da individualidade", mas foram os críticos dos conservadores – e do liberalismo *laissez-faire* –, e não os próprios conservadores, que defenderam essa ideia.

É ilógico aceitar boa parte dos ensinamentos do liberalismo clássico, como fazem os neoliberais, e ainda insistir no papel essencial dos sentimentos nacionais e de um Estado forte. Os mercados não possuem uma ligação intrínseca com os Estados-nação, cujas fronteiras eles constantemente transgridem. Se os mercados ignoram as diferenças sociais e culturais entre os indivíduos, eles também ignoram as diferenças entre as nações. A difusão do capitalismo transnacional (esperada por muitos pensadores liberais) deveria, segundo a teoria liberal, acabar com a necessidade da guerra. Se a "defesa" é uma necessidade inerente ao "Estado forte", isso nada tem a ver diretamente com os mercados, mas sim com a posição dos Estados dentro do sistema de Estados-nação.

Os autores da Nova Direita gostam de atribuir o suposto declínio da família e de outras instituições morais à permissividade difundida por intelectuais ou esquerdistas. No entanto, como explicação da "desintegração familiar", essa ideia é ilusória. As mudanças estruturais que afetam a família, e outras áreas da vida social fora da esfera do trabalho assalariado, são estimuladas pelas próprias influências promovidas pela Nova Direita, em seu disfarce neoliberal. Se a questão é defender o individualismo e a iniciativa individual na esfera econômica, não faz sentido não estender esses aspectos também a outros domínios, incluindo-se o da família. Existe uma contradição danosa no âmago do pensamento neoliberal. Por um lado, ao encorajar o livre jogo das forças de mercado, a filosofia política neoliberal desencadeia as influências destradicionalizadoras que possuem um alcance relativamente longo. Por outro lado, os próprios símbolos tradicionais que essas influências ajudam a desfazer são considerados essenciais para a solidariedade social. Não surpreende que as doutrinas da Nova Direita misturem as liberdades e o autoritarismo dos liberais – até mesmo o fundamentalismo – de maneira incômoda e instável. A afirmação de Letwin de que "nada nas formas de organização humana é inevitável, o que parece irreversível hoje pode ser reversível amanhã" – uma das mais claras expressões do princípio de que tudo que é sólido desmancha no ar – situa-se em oposição direta a uma adesão declarada às formas sociais tradicionais.[22]

---

22 GRAY, J. *Beyond the New Right*. London: Routledge, 1993. p.vii.

O "Estado forte" deveria supostamente sancionar as regras legais que facultam o livre jogo aos mercados; no entanto, dentro do próprio sistema econômico, a Nova Direita aceita o "economismo" do pensamento liberal clássico. Dessa forma, ela ou ignora ou não consegue enfrentar o "elemento não contratual no contrato" que Durkheim identificou há muito tempo, baseando-se, na verdade, em ideias conservadoras. As instituições de mercado, como também argumentaria um conservador da linha de Oakeshott, não conseguem prosperar de maneira autônoma. Elas implicam normas e mecanismos de confiança, que podem ser protegidos pela lei mas até um certo limite criado pelas formulações legais. Com certeza elas não são inerentes ao próprio contrato econômico, visto isoladamente de um nexo mais amplo das instituições sociais.

Existe um outro aspecto básico no qual o neoliberalismo diverge dos pressupostos do pensamento conservador. De acordo com a maioria das formas de conservadorismo, o mundo evita nossas tentativas de sujeitá-lo à regra abrangente da razão humana – e é por isso que temos de contar com a tradição de maneira tão frequente. Nesse sentido, a Nova Direita reconhece a imperfectibilidade no âmbito do governo, pelo menos no que diz respeito ao planejamento econômico. No entanto, isso não acontece em relação aos mercados, que são entendidos como máquinas concordantes que garantem o interminável crescimento econômico.[23]

Conservadorismo e mudança social

Por que o neoliberalismo se tornou tão proeminente nos últimos anos? Os autores da Nova Direita, sem dúvida, possuem uma interpretação de seus próprios sucessos. Suas ideias, dizem, diagnosticaram as deficiências do coletivismo de inspiração socialista e, o que é mais significativo, mostraram quais soluções seriam necessárias para superá-las. As doutrinas socialistas conduziram a uma superextensão do governo e a uma mutilação das virtudes ativas. Para opor-se a esses problemas seria necessário o livre desenvolvimento de mercados, além de uma renovação das principais instituições morais da família e do Estado.

---

23 Ibidem, p.ix.

A Nova Direita de fato recorreu a mudanças que afetaram as sociedades industrializadas nas últimas décadas. No entanto, por razões que posteriormente desenvolverei com mais detalhes, ela não apresentou uma interpretação precisa do que eram essas mudanças, e nem poderia fazê-lo. Ao concederem nova respeitabilidade às ideias durante tanto tempo ignoradas de Ludwig von Mises e Hayek, os neoliberais acreditavam que haviam percebido as falhas intrínsecas a todos os tipos de coletivismo. De fato, se se entende por coletivismo o *welfare state* mais planejamento econômico, estes funcionaram bem à sua própria maneira durante um período considerável. Na "época de ouro", houve um extenso período de crescimento econômico total, no qual as tendências do capitalismo em direção a ciclos de desenvolvimento e depressão, e em direção à polarização econômica, eram razoavelmente bem controladas.

Essa situação mudou quando, e porque, aquilo que veio a ser chamado (de maneira um tanto imprecisa) de keynesianismo chegou ao fim. O keynesianismo tornou-se ineficiente em decorrência das influências interligadas da globalização intensificada e da transformação da vida cotidiana. A globalização significa muito mais do que a internacionalização da competição econômica, ainda que esta seja importante. Influenciada pelo desenvolvimento da comunicação eletrônica instantânea, a "nova globalização" criou uma nova ordem nas comunicações. Mercados financeiros globais em atuação 24 horas por dia, somados à "informatização do dinheiro", entre outras grandes mudanças nos sistemas globais, pertencem a esse período.

As influências globalizadoras ligaram-se diretamente a mudanças extensas que ocorriam no tecido da vida social. Elas ajudaram a colocar em jogo os processos difusos de destradicionalização na atividade social do cotidiano. Por sua vez, destradicionalização significa uma aceleração da reflexividade das populações leigas. O keynesianismo funcionou toleravelmente bem em um mundo de *modernização simples*; mas não poderia sobreviver em um mundo de *modernização reflexiva* – um mundo de reflexividade social intensificada.[24] Cidadãos reflexivos, que reagem a um novo universo social de incertezas globais, tornam-se conscientes dos incentivos econômicos que supostamente mobilizam seu comportamento, podendo, inclusive, subvertê-los. O keynesianismo, como algumas

---

24 Cf. BECK, U. *The Risk Society*. London: Sage, 1992.

formas de política que ajudaram a estruturar o *welfare state*, pressupõe uma cidadania com hábitos mais estáveis de estilo de vida do que os característicos de um universo globalizado de alta reflexividade.

As teorias da Nova Direita abordam essas transmutações básicas de uma forma parcial e paradoxal. O impacto da globalização, com suas incertezas artificiais, é entendido em termos da necessidade de desregulamentar os mercados. A transformação da vida cotidiana é entendida apenas por meio de uma ênfase dogmática em valores tradicionais na família e em outras áreas. A destradicionalização nesses domínios é duramente condenada, ainda que o endosso incondicional das forças de mercado ajude ativamente a promovê-la. Dadas as aporias do neoliberalismo, faz sentido voltar a uma ou outra versão do conservadorismo filosófico? Algumas pessoas sugeriram que sim, e não só com base na proposição de um restabelecimento da postura tóri de "meio-termo" ou de "uma nação". John Gray argumentou que a Nova Direita havia sucumbido a um racionalismo deslocado, herdado do pensamento liberal clássico, e a um "dogmatismo não histórico", combinado a uma "negligência ignorante das verdades de uma filosofia conservadora mais antiga". Os neoliberais imaginam que podem estabelecer princípios universais de vida política; e eles rejeitam o *insight* de Oakeshott de que a atividade política é uma conversação e uma arte. As teorias da Nova Direita não percebem que a sociedade civil depende da manutenção de uma "cultura comum". "É apenas por meio do fortalecimento dos recursos de uma cultura comum ... que podemos esperar renovar as instituições da sociedade civil através das gerações. Supor que possamos contar com um regime de regras abstratas é a menor das tolices."

O argumento neoliberal para o mercado é, nas palavras de Gray, não só que "ele permite inovação e novidade na teoria e na prática de uma forma impossível para as decisões coletivas", mas que "ele permite aos praticantes de diferentes tradições e valores viverem em coexistência pacífica". O conservador filosófico, no entanto, reconhece que os mercados possuem limitações características. A Nova Direita suprime "os *insights* dos mercados como processos 'calêndicos', caóticos às vezes, suscetíveis de deslocamento endógeno maciço por meio de pânicos especulativos e da subjetividade das expectativas".

Gray enfatiza as ligações entre o conservadorismo filosófico e as questões ecológicas. O pensamento conservador tem sido, de maneira geral, hostil à política verde, vista como "propaganda anticapitalista sob outra bandeira". No entanto, sem estar ligada à esquerda, diz Gray, uma preocupação com a integridade da natureza está próxima aos temas conservadores. Tanto a filosofia conservadora quanto a ecológica são caracterizadas por um ceticismo a respeito do progresso e uma crença de que o crescimento econômico em si é perigoso, ou até mesmo desastroso; pelo entendimento de que os vivos têm a responsabilidade de estabelecer perspectivas que relacionem as gerações mortas do passado com aquelas ainda por nascer; e pela convicção de que os indivíduos só podem se desenvolver dentro das formas comunais de vida.

Aceitar essas ideias, reconhece Gray, implica repensar as políticas e a filosofia conservadoras, em especial na forma apresentada pelas perspectivas da Nova Direita. "A necessidade mais profunda" que as pessoas têm é de "uma rede de práticas comuns e tradições herdadas para conferir-lhes a bênção de uma identidade estabelecida". O pensamento conservador precisa se aliar ou se integrar aos ideais políticos verdes se quisermos ser capazes de lidar com um mundo no qual o crescimento econômico contínuo não é mais sustentável – um mundo que não está longe, ou que talvez seja iminente, no que diz respeito às sociedades economicamente desenvolvidas.

Para Gray, os princípios do mercado continuam fundamentais, mas deveriam ser separados, argumenta ele, de um endosso do capitalismo enquanto tal. Isso porque o capitalismo (como Marx muito bem afirmava) depende da interminável acumulação econômica; qualquer hesitação do crescimento econômico é interpretada como uma falha no sistema. Além disso, continua ele, a legitimidade da ordem política moderna está intimamente ligada ao crescimento contínuo para seu próprio bem, algo que ressalta seu caráter frágil:

> Essa é uma característica das instituições ocidentais que deveria ser profundamente desagradável para todos os verdadeiros conservadores, para os quais a legitimidade das instituições e a autoridade do governo têm (ou deveriam ter) bases éticas e espirituais, por meio das quais podem suportar até mesmo períodos prolongados de adversidade econômica. A dependência do capitalismo ocidental em relação ao crescimento econômico constante para sua legitimização política possibilitou que ele deixasse de abordar seus principais defeitos, aqueles que explicam sua tendência sistemática para a instabilidade: a insegurança que gera para as pessoas comuns por meio de sua prodigiosa virtuosidade tecnológica e inerentemente inovadora; e a má distribuição de capital por meio da qual essa insegurança se

compõe ... Os conservadores precisam investigar, com os verdes e com outros, os dilemas da vida ainda não discutidos em sociedades que não são mais sustentadas pela perspectiva de crescimento econômico contínuo ou por pseudorreligiões modernistas de interminável aperfeiçoamento do mundo.[25]

Essas, de fato, são ideias radicais – e, como o autor apropriadamente afirma, bastante diferentes, em muitos aspectos, do radicalismo da Nova Direita. No entanto, o quão válida é essa interpretação do conservadorismo? Ela evita os paradoxos das teorias da Nova Direita?

Conservadorismo e o conceito de tradição

Embora se possa concordar que os conceitos de autoridade, lealdade e tradição são vitais para o conservadorismo, seria difícil ver cada um deles como se estivessem no mesmo nível. A tradição certamente é a ideia mais básica, em cuja ausência as outras ideias perderiam sua irrefutabilidade. Não é qualquer forma de autoridade que interessa aos conservadores, mas autoridade informada e legitimada por símbolos tradicionais. E lealdade não significa simplesmente pertencer a um ou outro grupo corporativo; ela diz respeito a uma filiação a grupos organizados muito mais em tradição do que em associação racional e consciente.

Embora a ideia de tradição esteja tão intimamente ligada ao conservadorismo, é surpreendente que o conceito tenha sido tão pouco discutido pelos próprios conservadores. Ele provavelmente ocupa uma posição mais central na maior parte do pensamento conservador do que virtualmente se supõe. O que é a tradição e por que, segundo os conservadores, ela deve ser defendida?

Quando os conservadores discutem por que o passado deveria ter um ponto de apoio firme no presente, e por que os símbolos e modos de vida estabelecidos deveriam ser protegidos, eles com frequência falam – como já foi dito – no teste do tempo.[26] Scruton, por exemplo, diz que

---

25 Citações aqui e acima extraídas de GRAY, op. cit., 1993, p.xi, xiii, 15, 125, 152, 173.
26 Para uma discussão bastante crítica das crenças conservadoras a esse respeito, ver: HONDERICH, T. *Conservatism*. London: Penguin, 1991.

PARA ALÉM DA ESQUERDA E DA DIREITA

as práticas que merecem ser preservadas "devem ter o peso de uma história bem-sucedida ... de alguma coisa que tenha se desenvolvido". Ele também apresenta dois outros critérios. Tais práticas devem "envolver a lealdade de seus participantes, no sentido profundo de moldar-lhes a ideia sobre o que são e o que deveriam ser", e "deveriam apontar para alguma coisa durável, alguma coisa que sobrevive e dá significado para os atos que dela emergem".[27] Essas considerações, diz ele, excluem a ideia de que poderia haver tradições de tortura, crime ou revolução.

Mas, na verdade, isso não acontece. As execuções públicas, que com frequência envolveram torturas extremas, existiram durante muitos séculos na Europa e em outros lugares. Elas certamente estavam ligadas à criação de lealdade e a normas e valores acerca da maneira pela qual uma pessoa deveria agir, formando parte da estrutura da lei e da ordem; e tinham muito a ver com a manutenção de padrões duradouros de significado. No que diz respeito às revoluções, a União Soviética, durante um período considerável, foi uma sociedade que se baseou nesses critérios – e aqueles na Rússia de hoje que desejam voltar aos velhos métodos são comumente, e talvez corretamente, chamados de conservadores. Pelo menos um livro foi escrito tentando evocar o conservadorismo filosófico para defender tanto o comunismo quanto o *welfare state*.[28]

Às vezes o teste de tempo envolve um tipo de evolucionismo mais ou menos explícito. Itens de comportamento ou símbolos que sobreviveram durante muito tempo (mas quanto é muito tempo?) fizeram-no por uma razão, ou seja, a de corresponderem a necessidades individuais e sociais de algum tipo. No entanto, as interpretações funcionalistas que se baseiam na ideia de necessidades sociais são, para dizer o mínimo, logicamente suspeitas.[29] E, de qualquer forma, elas não excluem aquelas sobrevivências com as quais os conservadores não quereriam estar associados.

Oakeshott não apresenta muita orientação a esse respeito. Para ele, a tradição está ligada ao conhecimento tácito, conhecimento que é arte e que não pode ser expresso por palavras porque é essencialmente prático.

---

27 SCRUTON, op. cit., 1980, p.42.

28 TÄNNSJÖ, T. *Conservatism for Our Time*. London: Routledge, 1990. Tännsjö também assinala a convergência do conservadorismo com as preocupações ecológicas.

29 Ver ELSTER, J. *Logic and Society*. Chichester: Wiley, 1978.

ANTHONY GIDDENS

Esse *insight* é inegavelmente importante, mas não fornece uma definição suficiente de tradição, ou do porquê de certas tradições serem valiosas. Muitas habilidades, como saber datilografia ou andar de bicicleta, envolvem conhecimento tácito de um tipo prático, mas não são tradições. Quando Oakeshott compara conhecimento "técnico" com "tradicional" em vez de simplesmente conhecimento "prático", ele atrai uma ideia de continuidade ou herança; e isso não se ajusta muito facilmente com sua observação de que tudo é temporário.

Para investigarmos ainda mais esses problemas, será útil se olharmos mais diretamente para o conceito de tradição em si. No processo de entendimento do que é tradição, deveríamos, em primeiro lugar, tentar compreender de onde vem sua autoridade, os meios pelos quais ela pode reivindicar lealdade. A qualidade característica da tradição, que a separa do costume ou do hábito e também do conhecimento técnico ou especializado, é o fato de ela pressupor uma ideia de *verdade ritual* ou *revelada* – e esse traço definidor também é a origem de sua autoridade.[30] Aquilo que é "consagrado" nas tradições não é o passado, mas a sabedoria que incorporam. Essa sabedoria pode ou não ser funcionalmente eficiente ou "tecnicamente precisa"; essas características não a particularizam como tradicional. A verdade ritual é mostrada em seu estatuto, na repetição da fórmula prática.

Não é o enclave na prática que torna algo tradicional, mas o fato de que determinadas ações rituais especificam sua verdade. A tradição sempre tem guardiões de um tipo ou de outro: sacerdotes, sábios, anciãos, patriarcas, todos têm um acesso privilegiado à verdade ritual, à sabedoria da tradição. O passado é essencial para a tradição, mas não porque, para ser tradicional, um traço de comportamento deve persistir por um período indefinido de tempo. Ao contrário, a razão é que a sabedoria tradicional tem de ser passada adiante de uma maneira prática, sob a forma de um aprendizado.

No período atual, os processos de destradicionalização têm dentes mais afiados do que nunca, afetando, em especial, as áreas industrializa-

---

30 GIDDENS, A. *Living in a post-traditional society.* In: BECK, U., GIDDENS A., LASH, S. *Reflexive Modernization.* Cambridge: Polity, 1994. [Ed. bras. *Modernização reflexiva.* Trad. de Magda Lopes. São Paulo: Editora UNESP, 1996.] Acredito que essa definição seja mais precisa do que a apresentada na obra clássica de Edward Shils, *Tradition*, London: Faber, 1981, que é mais abrangente.

das do mundo, mas fazendo-se sentir em toda parte. A transformação da tradição não só é paralela ao desaparecimento da "natureza", mas também converge para ele. A natureza – um ambiente físico de ação humana que existe independentemente dessa ação – por pouco não desapareceu; os problemas de degradação ambiental que nos perturbam hoje em dia vêm da transformação do natural em social e cultural. Considere--se, por exemplo, a reprodução, intimamente ligada à família enquanto instituição. Como resultado da introdução de diversas tecnologias de reprodução, muitos eventos que costumavam ser pressupostos – parte da maneira pela qual a natureza, e as formas tradicionalmente determinadas, fazem as coisas – tornam-se sujeitos à tomada independente de decisões. Eles não são mais o "horizonte" da atividade humana, mas tornam-se enredados no mundo social. As tradições costumavam ser os "horizontes" de nossa atividade de forma semelhante.

Qual é mais "natural", uma situação na qual uma mulher tem vinte gestações, e algumas das crianças morrem no parto ou pouco tempo depois, ou uma na qual ela tem duas gestações e as duas crianças sobrevivem? Temos de decidir hoje, na condição de indivíduos e humanidade coletiva, o que é a natureza e como devemos organizar nossas vidas em relação a ela.

Vou colocar essa ideia de uma maneira provocadora. Nós não mais podemos – ou não deveríamos ter como objetivo – defender as tradições da maneira tradicional, porque isso gera o fundamentalismo. Uma vez que essa situação se tenha estabelecido, até mesmo a forma mais sofisticada de conservadorismo, o conservadorismo filosófico, torna-se incoerente. Em um mundo de comunicação instantânea, afetado por poderosas influências globalizadoras, o cosmopolitismo cultural é uma parte inevitável de nossas vidas. Defender a tradição da maneira tradicional significa afirmar sua verdade ritual – sua separação e especialidade –, ao passo que a comunicação moral e cultural são as únicas bases sobre as quais o cosmopolitismo pode se estabelecer.

Eu proporia que o fundamentalismo, na verdade, não é *nada além* do que a tradição defendida de maneira tradicional – mas em reação às novas circunstâncias da comunicação global. Ele, portanto, não se limita à esfera da religião: os fundamentalismos podem surgir em quaisquer lugares nos quais as tradições estejam sendo ameaçadas ou desgastadas. Pode haver, por exemplo, fundamentalismos da família, de gênero e de etnicidade (e até mesmo fundamentalismos ecológicos). O fundamentalismo em um mundo de comunicação cosmopolita é sempre potencialmente perigoso, visto que é uma recusa de diálogo em circunstâncias nas quais tal diálogo é o único modo de acomodação mútua. Nesse sentido, existe uma ligação direta entre as formas de violência que, à primeira vista, parecem totalmente heterogêneas. Boa parte da violência pública e privada de homens contra mulheres origina-se de um tipo de fundamentalismo de gênero – uma recusa de comunicação e condições sociais na quais as tradições patriarcais são contestadas. Nesse sentido, ela não é, em princípio, muito diferente da violência entre grupos étnicos excludentes.

Aqueles que não se tornam fundamentalistas têm de concordar com o desaparecimento da tradição? Acredito que não; a tradição, em alguns aspectos e contextos, com certeza tem de ser defendida hoje em dia, mesmo que isso não seja feito da maneira tradicional. As tradições precisam ser preservadas, ou recuperadas – é o que vou sugerir à frente – na medida em que fornecem fontes generalizáveis de solidariedade. A tradição protegida a serviço de valores sociais mais amplos ainda é tradição? É e não é – da mesma forma que é verdadeiro falar na naturalidade da natureza degradada. Socorrer as tradições significa preservar uma continuidade com o passado que, caso contrário, estaria perdida, e fazê-lo significa também alcançar uma continuidade com o futuro. No entanto, salvaguardar as tradições, assim como salvaguardar a "natureza", assume uma nova feição quando sua defesa não pode mais ser principalmente intrínseca.

Em uma situação na qual a mudança há muito deixou de estar totalmente relacionada ao progresso, se é que já esteve, e na qual a definição de progresso tornou-se claramente discutível, a preservação e a renovação da tradição, e também dos recursos ambientais, revestem-se de especial urgência. A tradição, assim como a natureza, costumava ser, digamos assim, uma estrutura externa para a atividade humana que "tomava" muitas decisões por nós. Mas agora temos de decidir *sobre* a tradição: o que devemos defender e o que devemos desconsiderar. E a própria tradição, embora frequentemente importante e valiosa, pode ajudar muito pouco nisso.

Assim sendo, nas formas em que geralmente é entendido, o conservadorismo entrou em colapso ou tornou-se autocontraditório. No entanto, algumas de suas principais ideias adquirem uma nova relevância quando retiradas de seus contextos originais. Todos nós deveríamos nos tornar conservadores agora, é o que vou argumentar – mas não de uma forma conservadora. A observação trivial de que não existe mais uma direita ou uma esquerda assume um novo poder intelectual e prático nas atuais condições sociais. É claro que as distinções entre a direita e a esquerda sempre foram, em certa medida, confusas ou ambíguas, e o radicalismo nunca foi característica exclusiva da esquerda. No entanto, a diferenciação entre as duas teve algum poder de persuasão no decorrer da longa fase de desenvolvimento das instituições modernas marcadas pela modernização simples.

Colocando-se a questão de forma tosca, a esquerda – e a maioria dos liberais – era favorável à modernização, uma ruptura com o passado, prometendo uma ordem social mais humana e igualitária, e a direita era contra ela, voltando aos regimes anteriores. Nas condições de reflexividade desenvolvida que existem atualmente, essa divisão clara não ocorre. Não é a necessidade de um programa político radical que desaparece – esse não é o "fim da história". Quando feito de maneira crítica, pode-se recorrer positivamente ao conservadorismo sob a forma de neoconservadorismo e de conservadorismo filosófico, para ajudar a dar forma a esse programa. Em um novo contexto, e sob formas não conservadoras, poderíamos reafirmar o velho *slogan* citado anteriormente: conservador demais para não ser radical! Ou, ao contrário, radical demais para não ser conservador!

Liberto de uma ligação intrínseca com a direita ou com a esquerda, o radicalismo retorna a seu significado original de ousadia: ele significa estar preparado para contemplar soluções audaciosas para os problemas sociais e políticos. No entanto, não se está valorizando o radicalismo por si mesmo, mas, ao contrário, ele está temperado por aquela consciência da importância da continuidade na qual insiste o conservadorismo filosófico.

CAPÍTULO 2
O SOCIALISMO:
AFASTANDO-SE DO RADICALISMO

O socialismo nasceu da dissolução do *Ancien Régime*, da mesma forma que o conservadorismo foi criado a partir da tentativa de protegê-lo. A partir desse momento, e durante uns dois séculos, o socialismo foi o porta-estandarte do "progressivismo", a ideia de que existe uma direção para a história e que tipos apropriados de intervenção política podem nos ajudar a demarcá-la e acelerar a jornada. A literatura do socialismo está repleta de falas sobre "o caminho a ser seguido", "a marcha para a frente do socialismo", a "estrada para o socialismo" e assim por diante. As formas mais radicais de pensamento socialista há muito têm argumentado que só existe o movimento para a frente ou para trás: ou a humanidade avança em sua jornada ou provavelmente cairá na barbárie. Para os socialistas, o passado não é confortador; ele é valorizado, no máximo, por ter propiciado os meios pelos quais podemos nos mover ativamente no sentido de alcançar o futuro e dele nos apropriarmos.

Assim sendo, que extraordinária é a situação em que se encontram os socialistas hoje! Isso porque mesmo se discordassem radicalmente uns dos outros sobre como seria a sociedade do futuro, os socialistas compartilhavam a convicção de que estavam na vanguarda da história. Para os socialistas, os outros ou olhavam para trás desejosamente, para formas sociais que o mundo nunca mais veria novamente, como faziam os conservadores, ou defendiam tipos de ordem política e social que eram apenas pontos de passagem a caminho da emancipação total.

Com a queda do comunismo, mas certamente não só por isso, tudo se reduziu a farrapos. Há muito acostumado a pensar sobre si mesmo como a vanguarda, o socialismo de repente tornou-se arcaico, lançado ao passado que desprezava. "A ideia de 'enterrar o socialismo'", comentou alguém, "é uma fantasia de alguns políticos conservadores".[1] No entanto, talvez essa fantasia tenha se tornado real.

Diferentemente dos conservadores, os socialistas nunca relutaram em colocar suas ideias no papel, nem nunca foram impedidos de fazê-lo por razões filosóficas. Pelo contrário, as ideias socialistas com frequência foram expostas de maneira detalhada. Apesar da existência dessa enorme quantidade de literatura, ou mais provavelmente em consequência dela, a identidade do socialismo é de difícil compreensão. O socialismo, disseram, "defende os valores de liberdade, igualdade, comunidade, fraternidade, justiça social, bem como a sociedade sem classes, a cooperação, o progresso, a paz, a prosperidade, a abundância, a felicidade". Uma diversidade tão grande de valores também pode ser encontrada quando os ideais socialistas são formulados negativamente. Os socialistas "se opõem à opressão, à exploração, à desigualdade, ao conflito, à guerra, à injustiça, à pobreza, à miséria e à desumanidade".[2]

Não é de surpreender, então, que alguns comentaristas tenham concluído que o socialismo significa tudo para todas as pessoas; ou, como Schumpeter, tenham argumentado que o socialismo é tão "culturalmente indeterminado" que não pode ser definido a não ser em termos puramente econômicos.[3] Em vista de sua grande diversidade, qualquer esforço para caracterizar o pensamento socialista com pinceladas largas é problemático, mas tentarei fazê-lo mesmo assim. Não vou tentar cobrir todas as dimensões importantes das doutrinas socialistas, mas apenas destacar determinados elementos relevantes para o *status* do socialismo hoje.

---

1 BOTTOMORE, T. *The Socialist Economy*. London: Harvester, 1990. p.101.

2 BERKI, R. N. *Socialism*. London: Dent, 1987. p.9.

3 SCHUMPETER, J. A. *Capitalism, Socialism and Democracy*. London: Allen & Unwin, 1987. p.170-1.

O socialismo e a questão da história

Da mesma forma que o liberalismo, o socialismo coloca-se contra a tradição e, nesse sentido, é um herdeiro do Iluminismo. O socialismo depende de uma recuperação do humano em relação ao domínio do transcendente, e, desse ponto de vista, não é difícil ver por que Marx seguiu imediatamente, e de maneira tão próxima, a Hegel. A história não expressa o desejo de Deus, mas é o resultado das lutas ativas, e da criatividade, dos próprios seres humanos. No entanto, a autoria humana da história foi ocultada pelo dogma religioso e pela mão morta da tradição. A tarefa que aguarda a humanidade é a de assumir o controle de seu próprio desenvolvimento social e dirigi-lo de maneira consciente.

Essa postura envolve uma visão *da* história e também da natureza. A história é um recurso, a ser moldado para as finalidades humanas, mas também o é a natureza. Devido à importância atual das questões ecológicas, muitas pessoas têm olhado para o pensamento socialista de maneira retrospectiva, de forma a perceber nele algumas preocupações ecológicas básicas; mas, provavelmente deve-se aceitar de início que as formas dominantes da doutrina socialista não têm um lugar para a natureza como "parceira" da humanidade. A natureza é vista, acima de tudo, de uma forma instrumental.

A relação do socialismo com a história é descrita em sua forma mais essencial em um dos aforismos de Marx. Os seres humanos, diz ele, "só apresentam a si mesmos aqueles problemas que podem resolver". Simples em sua formulação, o teorema ajudou a dar ao marxismo seu enorme poder intelectual, além do apelo prático que manteve durante tanto tempo. Marx, por assim dizer, incitou a Coruja de Minerva a um voo prematuro. Para Hegel, a história tem um padrão, uma teleologia; mas isso só pode ser percebido de maneira retrospectiva. Marx projetou essa teleologia em direção ao futuro. Ele fez isso de uma maneira que ligava a metafísica, a sociologia e a política. A ideia metafísica era a de que a história, em seus momentos mais importantes e revolucionários, é feita pelos oprimidos. Marx deu à dialética de senhor e escravo uma roupagem sociológica, baseando-a na luta de classes. Por sua vez, a luta de classes, promovendo a vitória do proletariado como "classe universal", tornou-se o instrumento de uma emancipação geral dos fardos do passado – de uma história feita pelos seres humanos, mas não de uma maneira consciente.

O esquema histórico de Marx foi interpretado de formas muito diferentes por seus seguidores e amplamente rejeitado por muitos socialistas, em especial aqueles que defendiam o socialismo evolucionário e não o revolucionário. Ainda assim, a ideia de que os problemas humanamente criados deveriam ser humanamente resolvíveis era comum a todos. (Não só o conservadorismo mas também o liberalismo tenderam a ser mais céticos em relação a essa ideia.)

Durante séculos, argumentaram os socialistas, os seres humanos foram "separados" de sua história, não sendo isso um resultado humano, mas algo que lhes acontecia; e a natureza era como uma força estranha, porque seus poderes motrizes eram entendidos apenas como a ação de deuses ou espíritos. Aos socialistas parecia ser uma ideia totalmente razoável a de que quanto mais entendemos nossa própria vida social, e quanto mais entendemos adequadamente a natureza, tanto mais (enquanto humanidade coletiva) seremos capazes de controlar ambas.

O fato de os socialistas afirmarem ser uma vanguarda apresentou uma série de consequências políticas e teóricas. Essa ideia tem frequentemente endossado um eurocentrismo mais ou menos aberto, ou a convicção de que as únicas coisas pelas quais vale a pena lutar são as "modernas". Algumas vezes ela engendrou uma desumanidade característica que, de outra forma, é incompatível com os valores que os socialistas afirmam ter. Da mesma forma que no domínio da arte, a vanguarda pode vir a desprezar as atitudes e a conduta das massas, que, de maneira quase inevitável, têm de ser "conduzidas" na "estrada" para o socialismo. A ideia do "partido de vanguarda" – da mesma forma que a vanguarda, uma duvidosa metáfora militar – foi criticada como um acréscimo não democrático ao socialismo pelo qual Lenin foi responsável. No entanto, parte dessa ideia é certamente intrínseca ao socialismo, devido a sua pressuposição de que ele está na "linha de frente da história". É um dos aspectos de uma relação tensa que existe entre o pensamento socialista e a democracia, à qual precisaremos voltar mais tarde.

Um dos principais elementos do socialismo – que deu origem a uma variedade de diferentes doutrinas – é o tema da igualdade. A esse respeito, o socialismo radicaliza algumas das ideias introduzidas nas revoluções francesa e norte-americana; mas ele também recorre a estilos de radicalismo que possuem uma história mais antiga. A clássica análise que Durkheim faz do socialismo nos fornece um bom sentido do porquê e como isso acontece. Durkheim mostrou que o socialismo preocupa-se com dois grupos diferentes de questões, um que existe há muito tempo e outro muito mais recente. Por um lado, o socialismo enfatiza a primazia da comunidade em relação ao indivíduo e recorre àquilo que Durkheim chama de "comunismo". O comunismo é um conjunto de ideias cujas origens podem ser encontradas na época clássica. Ele caracteristicamente assume a forma dos escritos utópicos, como os criados por Platão, Thomas More ou Tommaso Campanella. Segundo os escritores comunistas, a propriedade privada é um mal social; a acumulação de riqueza pessoal é um perigo moral que deve ser minimizado tanto quanto possível. Assim, da mesma forma, Durkheim apresenta Platão, "a riqueza e tudo aquilo que a ela se relaciona é a fonte primária da consumpção pública. É o fator que, estimulando os egoísmos individuais, coloca os cidadãos em luta e liberta os conflitos internos que arruínam os Estados".

O comunismo faz do igualitarismo radical uma virtude. Ele busca, usando-se uma terminologia mais recente, "nivelar por baixo" e inspira-se no ascetismo: o particular não pode estar acima do comum e o egoísmo deveria ser eliminado quase completamente. O comunismo baseia-se na regulamentação do consumo, não da produção. É essencialmente uma ordem ética, que busca o igualitarismo menos como um fim em si mesmo do que como fonte do controle moral necessário que protege os fracos contra os fortes. "Regulamentar o consumo individual de forma que ele seja igual e moderado em todo lugar – esse é o preceito do comunismo."

O socialismo, argumenta Durkheim, foi o herdeiro do comunismo, que ele parcialmente absorveu, mas do qual também permaneceu distinto. Isso porque o socialismo, ao contrário do comunismo, foi produto de um tempo e de um lugar específicos, uma reação às revoluções políticas e industriais do final do século XVIII e posteriores. O socialismo tem suas origens intelectuais no Iluminismo, e os *philosophes* estavam interessados na razão e não na igualdade. Nas palavras de Peter Gay: "Buscando diferenciar-se, os *philosophes* não tinham muita vontade de nivelar todas as distinções; buscando ser respeitados, eles não tinham a intenção de destruir a respeitabilidade."[4]

Existe aqui uma linha de descendência direta, aponta Durkheim, dos *philosophes* até os teóricos políticos liberais e os economistas liberais do século XIX. Para estes, a produção de riqueza passou a ser vista como

---

4   GAY, P. *The Enlightenment*. London: Weidenfeld, 1967. v.1, p.26.

fundamental para a felicidade individual e, de forma mais genérica, para a vida social. Emancipação passou a significar a libertação das forças produtivas das amarras da tradição, de maneira semelhante à libertação da razão das limitações dos dogmas e preceitos estabelecidos. No entanto, segundo os socialistas, embora os teóricos liberais estivessem certos ao enfatizar o papel central da atividade econômica na ordem social, eles não conseguiram entender que a atividade industrial deve ser coordenada de maneira direta. O socialismo preocupa-se acima de tudo com a produção e não com o consumo. Ele defende "a ligação de todas as funções econômicas, ou de algumas delas que atualmente estão disseminadas, aos centros diretores e conscientes da sociedade".[5] Isso não implica, ressalta Durkheim, que a economia deva estar subordinada ao controle político; ao contrário, a economia e o Estado se fundem, de forma que a "política" acaba por desaparecer.

A tensão diagnosticada por Durkheim entre os ideais de igualdade e o controle diretivo da atividade econômica volta à tona constantemente na história do socialismo. Marx localizou o problema anteriormente – e condenou veementemente todos os tipos de "socialismo utópico" –, mas essa solução para ele era ambígua. Ele rejeitava a ideia de que a riqueza ou a renda deveriam ser igualadas e sempre viu a produção de fartura material como algo desejável e não como fonte de prejuízo moral.

No entanto, se o controle centralizado de produção não é primordialmente direcionado para a redistribuição, isso significa que o socialismo nada tem a ver com o igualitarismo? Em alguns de seus escritos, Marx procurou enfrentar a dificuldade introduzindo lemas de segunda mão cujas implicações totais nunca foram elucidadas; por exemplo, "de cada um segundo sua capacidade, a cada um segundo sua necessidade!" Ele presumivelmente acreditava que o desaparecimento das classes, e, portanto, da propriedade privada, em uma sociedade socialista diminuiria *ipso facto* as desigualdades. Mas ele não resolveu adequadamente a questão.

A análise de Durkheim sugere que o tema da igualdade está "solto" no desenvolvimento das doutrinas socialistas. Ela é inspirada por ideais, e inclusive concepções de justiça, que não têm ligação genérica com a noção central da substituição de forças de mercado "irracionais" por

---

5 Citações de DURKHEIM, É. *Socialism*. London: Routledge, 1967. p.22, 56, 85.

motivo econômico. A divisão de classes não pode fornecer o elo perdido, pelo menos não completamente, porque, da maneira entendida na maioria das formas de socialismo, e especialmente na versão de Marx, classe não tem essencialmente a ver com igualdade econômica, mas sim com exploração. A teoria de classes de Marx tende a ligá-la mais ao polo de "controle consciente" do socialismo do que ao "igualitário"; a principal questão de uma sociedade de classes em comparação a uma sem classes é que a primeira não permite o controle racional da vida econômica.

Para todas as ramificações do socialismo, o controle consciente da produção tende a ser promovido pelo próprio amadurecimento do capitalismo, embora alguns tenham visto isso de uma forma muito mais determinista do que outros. O *locus classicus* é mais uma vez Marx, no mínimo porque Marx apresentou uma explicação técnica da socialização incipiente do mercado. Em suas fases iniciais de desenvolvimento, admitia ele, a economia capitalista envolve a concorrência entre os muitos produtores independentes. Nas sociedades pré-modernas havia um vínculo consciente e direto entre a produção e o consumo – os produtos eram permutados ou comprados e vendidos no mercado local, onde produtor e consumidor entravam em contato direto. Com o desenvolvimento do capitalismo moderno, esse vínculo entre produtores e consumidores é rompido; eles estão ligados basicamente pela interação entre preço e lucro. A própria força de trabalho torna-se uma mercadoria a ser comprada e vendida no mercado; aqueles que são forçados a vender sua força de trabalho a empregadores para poder ganhar a vida são limitados pelas condições do contrato de trabalho no que diz respeito ao retorno econômico que podem obter. Dependendo da interpretação de Marx que se faz, o capitalismo produz o empobrecimento absoluto ou relativo da classe trabalhadora.

Ao mesmo tempo, embora não pelas mesmas razões, a economia capitalista está sujeita a períodos recorrentes de expansão e de crise. Durante períodos de depressão econômica existe o desemprego em grande escala. Embora Marx argumentasse que a existência do "exército de reserva industrial" representa um importante fator de estabilização no capitalismo, ele também considerava-o claramente irracional quando visto contra o pano de fundo de uma possível sociedade socialista, que não apresentaria esse caráter flutuante. Não é uma forma eficiente de condução de uma economia industrial se centenas de milhares, até mesmo milhões de pessoas ficarem sem trabalho, e as instalações ociosas, enquanto muitos ficam sem as mercadorias que desejam ou aquelas de que precisam.

Segundo Marx, a própria tendência da economia capitalista à crise conduz a sua socialização – embora, sem uma revolução, não conduza ao socialismo. Em situações de crise, as grandes empresas tendem a sobreviver, e às vezes até a crescer, à custa das pequenas, que são afastadas dos negócios. A socialização da produção apresenta dois tipos. Por meio de um processo de concentração de capital, surgem firmas gigantescas que têm controle monopólico ou oligopólico sobre seu setor da indústria, em uma escala nacional e talvez até mesmo mundial. O capital também passa a ser centralizado: os mercados estão cada vez mais sujeitos à intervenção por bancos estatais e por outros órgãos governamentais. À medida que esses processos avançam, vínculos ainda mais conscientes entre produção e consumo são reintroduzidos: as grandes corporações e as organizações financeiras centralizadas são capazes de influenciar as condições sob as quais os mercados atuam. Essa situação é chamada por Marx de "capitalismo sem o capitalista"; é o capitalismo no momento em que suas contradições se tornam claras e a ponto de ser transcendido pelo socialismo.

Os socialistas têm discutido interminavelmente os detalhes da proposta de Marx, mas a perspectiva por ele apresentada do processo característico do desenvolvimento do capitalismo, ou algo parecido, é indispensável para a política socialista. O próprio Marx considerava o triunfo do socialismo sobre o capitalismo "inevitável" com base no que foi dito anteriormente – a escolha é entre o socialismo ou um colapso retrógrado em direção à barbárie. Ele também afirmava que, quando associada à teoria do proletariado revolucionário, essa análise representava sua principal contribuição original, uma vez que, de resto, ele recorria à economia política ortodoxa. O impulso motriz do capitalismo no sentido de expandir-se, destruindo outros sistemas econômicos e sociais, produz suas tendências polarizadoras e limita sua vida histórica.

O controle consciente significa planejamento econômico, que, para ser eficiente, mesmo em princípio, tem de ser bastante centralizado. Na teoria socialista, isso forma um "modelo cibernético" de organização econômica. A economia socialista (não o Estado, que "desaparece") é regulada por meio de "uma inteligência de ordem superior", o cérebro econômico, que controla insumo e produção econômicos de "ordem

PARA ALÉM DA ESQUERDA E DA DIREITA 71

inferior". Como afirma um proeminente autor do início do século, a produção e a distribuição serão reguladas pelos "comissários locais, regionais e nacionais", que "moldam, com percepção consciente, toda a vida econômica das comunidades das quais foram nomeados representantes e líderes, de acordo com as necessidades de seus membros".[6]

Os socialistas têm argumentado que esse arranjo irá incentivar, em vez de inibir, a diversidade. Nas palavras de Karl Kautsky, "existirá maior diversidade e possibilidade de mudança ... As mais variadas formas de propriedade nos meios de produção – nacionais, municipais, cooperativas de consumo e produção, e particulares – podem existir lado a lado em uma sociedade socialista".[7]

Desde o início, alguns críticos previram que as coisas não iriam funcionar dessa maneira. O capitalismo, escreveram Max Weber e Eugen Böhm-Bawerk, usa os mercados como dispositivos sinalizadores; as tentativas de controle consciente da vida econômica, ao menos além de um certo ponto, criam não só a ineficiência econômica, mas também o domínio dos burocratas. Versões mais radicais desses argumentos foram, mais tarde, desenvolvidas por nomes como Mises, Lionel Robbins e Hayek, com nomes como Oskar Lange do lado oposto, falando abertamente a favor do socialismo. Nas palavras de Von Mises, "logo que se desiste da concepção de um valor monetário livremente estabelecido para mercadorias de ordem superior, a produção racional torna-se completamente impossível. Cada passo que nos afasta da propriedade privada dos meios de produção e do uso do dinheiro também nos afasta da economia racional".[8]

Muitos socialistas, em especial aqueles de índole mais reformista, aceitaram que o planejamento central apresenta importantes limitações e perigos se levado longe demais – seja lá qual for a definição de "longe demais". A maioria deles tornou-se defensora da "economia mista". Enquanto o keynesianismo dominava no Ocidente e o comunismo soviético no Oriente, as ideias de Mises e outros que pensavam de forma

---

6 HILFERDING, R. *Finance Capital*. London: Routledge, 1981. p.27. [Ed. bras. *O capital financeiro*. Trad. de Reinaldo Mestrinel. São Paulo: Nova Cultural, 1985. (Col. Os Economistas).]
7 KAUTSKY, K. *The Social Revolution*. Chicago: Kerr, 1902. p.166.
8 MISES, L. von. Economic calculation in the socialist commonwealth. In: HAYEK F. A. (Ed.) *Collectivist Economic Planning*. London: Routledge, 1935. p.104.

semelhante foram consideradas por eles tão radicais que chegavam a ser extravagantes. Como escreveu um entusiasta no final da década de 1940, "nós todos somos *planejadores* agora ... O colapso da fé popular no *laissez-faire* aconteceu com espetacular rapidez ... por todo o mundo desde a Guerra".[9] Como havia declarado Marx, o direcionamento consciente da vida econômica parecia simplesmente a substituição do irracional pelo racional.

Socialismo e democracia

Como convém a uma doutrina influenciada tão fortemente pelas revoluções norte-americana e francesa, o socialismo está intimamente ligado aos ideais de democracia. No entanto, a relação do socialismo com a democracia é ambígua e paradoxal. Na maioria das versões de socialismo, a "democracia" claramente não significa apenas a democracia liberal, já que os socialistas têm normalmente criticado as deficiências das instituições políticas "burguesas". Daí em diante, como se poderia estar tentado a dizer, como no caso da igualdade, tudo é confusão. As ideias de Marx sobre democracia, por exemplo, foram submetidas a interpretações notoriamente divergentes.

Entretanto, alguns pontos principais podem ser destacados de maneira razoavelmente rápida. A crítica de Marx à democracia burguesa era basicamente dupla. Ele via a democracia de sua época como uma impostura porque ela deixava muito a desejar em relação a suas próprias reivindicações à universalidade. Os direitos democráticos supostamente abertos a todos existiam, na verdade, apenas para uns poucos privilegiados – adultos, proprietários, do sexo masculino. A partir dessa perspectiva, foi um passo teórico relativamente fácil para Marx ligar essa situação ao poder da classe capitalista. O Estado capitalista, na visão dele, só poderia tolerar a emancipação "dos seus" – a classe capitalista e seus sequazes. Uma generalização completa das prerrogativas democráticas simplesmente não poderia ser alcançada em uma sociedade capitalista. Desse modo, alguns dos seguidores de Marx puderam depreciar a importância

---

9 DURBIN, E. F. M. *Problems of Reconomic Planning.* London: Routledge, 1949. p.41.

da democracia na busca de uma perspectiva de "a revolução primeiro". O socialismo reformista, por definição, rejeitava esse caminho, afirmando que os direitos democráticos universais poderiam e teriam de ser alcançados como parte do próprio processo de transformação do capitalismo.

De fato, o socialismo reformista via uma filosofia antirrevolucionária como uma defesa necessária contra a potencial corrupção do socialismo em um sistema autoritário de governo. Aos olhos de Sidney Webb, por exemplo, o socialismo era inerentemente gradualista: "Nenhum filósofo atualmente procura qualquer outra coisa que não a evolução gradual da nova ordem a partir da antiga, sem quebra de continuidade ou mudança abrupta de todo o tecido social em qualquer momento durante o processo." E acrescentou: "as mudanças orgânicas importantes só podem ser ... democráticas e, portanto, aceitáveis para a maioria das pessoas".[10] Algum tempo depois, T. H. Marshall fez dos direitos políticos, entendidos basicamente do mesmo modo, uma parte fundamental de sua proposta da formação progressiva de direitos de cidadania com o avanço do socialismo.

O fato de os direitos democráticos burgueses terem se generalizado dentro de uma sociedade capitalista (embora certamente, como previram os socialistas reformistas, mudando essa sociedade durante o processo) não uniu a teoria socialista e a liberal. Para entendermos o porquê disso, devemos nos voltar para o outro aspecto da crítica de Marx à democracia, que é aproximadamente o que vou apresentar. Ainda que universalizadas, as prerrogativas da democracia burguesa ainda são, no máximo, parciais – enquanto direitos de participação política, elas deixam muito a desejar. Aqui entra o tema da desigualdade. Como pode uma sociedade ser democrática quando a distribuição de recursos é tão desigual que os direitos formais perdem boa parte de seu significado? A célebre "liberdade para que todos vivam em Mayfair", se assim o desejarem, não é uma liberdade generalizável.

Mais socialistas reformistas divergem de Marx a esse respeito. As liberdades formais de participação política, argumentam eles, podem conduzir à verdadeira mudança na distribuição de recursos, e no poder,

---

10 WEBB, S. The basis of socialism: historic. In: BERNARD SHAW, G. *Fabian Essays in Socialism*. London: Fabian Society, 1931. p.27, 30.

em situações que são quase revoluções, visto que tais liberdades são a base da ação coletiva que pode compensar as desigualdades preexistentes; essa é a ideia, por exemplo, de Marshall.

A democracia liberal é a democracia representativa e não admite qualquer forma de participação direta, daqueles que são governados, nos processos de governo. Ela está confinada ao domínio político: no âmbito da produção, o trabalhador não tem direitos sobre seu destino depois que adentra os portões de seu local de trabalho, a cada dia. Embora Marx não tivesse uma teoria desenvolvida sobre a democracia participativa, suas reflexões sobre o programa da Comuna de Paris de fato contêm algumas sugestões a esse respeito. Marx parece ter intuído que, em uma sociedade socialista, as formas de democracia participativa poderiam ser estabelecidas lado a lado com uma mistura de democracia política e industrial, ou, mais provavelmente, como parte dessa mistura.

Apesar das observações favoráveis que às vezes fez sobre ela, Marx provavelmente não esperava que uma democracia multipartidária sobrevivesse em uma ordem socialista. Afinal de contas, para ele e, posteriormente, para muitos de seus seguidores, os partidos políticos são expressões de interesses de classe; eles deveriam desaparecer quando a sociedade de classes fosse superada. Apesar das tentativas de alguns intérpretes de Marx no sentido de reduzir-lhe a importância, o elemento rousseauniano em suas ideias sobre democracia parece forte, e é difícil, se não impossível, reconciliá-lo com o pluralismo político. Para Marx, a democratização em uma sociedade socialista é um dos aspectos do desaparecimento do Estado. Uma democracia substantiva devolveria o poder à sociedade civil, mas, como resultado, iria "aboli-lo" junto com o próprio Estado. As dificuldades que esse tipo de posição originam são bem conhecidas e não precisam ser exploradas com detalhes aqui. Muito antes de a União Soviética ter tentado traduzi-la em termos práticos por meio do desenvolvimento do sistema de *sovietes*, suas limitações e paradoxos haviam sido indicados por Durkheim. Quem vai proteger os direitos democráticos ou definir obrigações de uma forma democrática, perguntava Durkheim apropriadamente, se o Estado é rebaixado à condição de sociedade civil? Isso é a receita de um populismo impotente e vacilante – como acabou acontecendo na URSS – ou de autoritarismo.

As críticas socialistas à democracia liberal não perderam o interesse ou a relevância nos dias de hoje. A tese de que "a democracia liberal não é suficiente" continua a ser importante – processos ulteriores de democratização, que serão discutidos mais à frente, são possíveis e até mesmo exigidos nas sociedades modernas, quando a coesão social deve ser eficientemente preservada e harmonizada com o avanço dos direitos e deveres individuais.

No entanto, como acontece em outras áreas, o pensamento socialista – revolucionário ou mais reformista – está mais bem preparado para a crítica do que para a reconstrução. Nesse sentido, a tensão entre coordenação econômica e igualitarismo revela-se fundamental. As características rousseaunianas do pensamento de Marx, com todas as inadequações às quais dão origem, enredam-se estreitamente com a ênfase que ele dá à ideia de que o socialismo significa a substituição das irracionalidades da empresa econômica capitalista pelo controle diretivo da vida econômica. Por outro lado, aqueles socialistas que propenderam para o polo igualitário ou favoreceram o anarquismo em relação à democracia, ou viram o poder político como um instrumento a ser usado para produzir a nivelação socioeconômica – levada a extremos, poder-se-ia argumentar, nas políticas de Pol Pot.

O socialismo reformista, quase por definição, aceitou a importância da democracia para os objetivos socialistas, mas a tensão entre a regulamentação econômica central e a igualdade aparece de maneira intensa tanto entre os socialistas reformistas como entre seus colegas mais revolucionários. A democracia é entendida como de importância central para o socialismo, mas é teoricamente estranha a ele. A democracia oferece basicamente uma estrutura dentro da qual os partidos socialistas podem pacificamente ascender ao poder e implementar seus programas de mudança. Ampliar a democracia significa "envolver o povo" dessa forma; mas permanece o dilema sobre como reconciliar a "direção racional" da vida econômica com a igualdade. As ambiguidades do *welfare state*, como procurarei mostrar mais tarde, refletem essa tensão.

O socialismo revolucionário

A questão "revolução *versus* reforma" foi uma das principais falhas do socialismo durante muitos anos – na verdade, durante a maior parte de sua história. Marx certamente era um revolucionário, mas ele não estava muito interessado na revolução em si; o verdadeiro processo revolucionário era, a seus olhos, apenas o ponto de transição que confirmava as mudanças básicas que já haviam ocorrido na sociedade. Outros viram a revolução como uma experiência catártica, alguns até mesmo argumentando que uma revolução sangrenta é preferível às mais pacíficas transições, porque ela acabaria completamente com os restos da história passada. A influência da ideia de revolução, com ou sem derramamento de sangue, tem de ser entendida em relação ao Iluminismo, no qual o projeto de "remoção do passado" é fundamental. A revolução socialista deve completar o processo iniciado pelas revoluções burguesas anteriores, uma fuga do passado em direção a um futuro humanamente determinado.

Alguns críticos dizem que o atrativo da ideia de revolução para aqueles que caíram sob seu domínio origina-se em suas qualidades quiliastas e em um certo romantismo. No entanto, seria possível argumentar exatamente o oposto. O que chama a atenção no conceito de revolução – uma vez interpretado não no velho sentido de um retorno, mas de um salto à frente – é que ele é um momento concentrado de liberação iluminista da tradição e da autoridade herdadas. Nas formas menos arrebatadoras de socialismo revolucionário, inclusive os próprios escritos de Marx, existe uma clara explicação teórica sobre a importância da revolução. Quer aconteça ou não em batalhas ativas nas ruas, a revolução é a expressão de uma "mudança *Gestalt*", uma transição de um tipo de sociedade para outro.

É por isso que, para o socialista revolucionário, o reformismo é sempre suspeito e pode até mesmo ser contraproducente, uma vez que reformas parciais podem atuar como um paliativo, desviando energias que, de outra forma, poderiam produzir transições mais radicais. Toda uma geração de ativistas revolucionários viu o *welfare state*, por exemplo, nesses termos. Durante as duas últimas décadas nos tornamos tão acostumados às críticas ao *welfare state* vindas da direita, e sua defesa por parte da esquerda, que quase foi esquecido que o *welfare state* costumava lançar a esquerda contra a esquerda. A história desses entrechoques remonta, no mínimo, a Marx e Engels, que se sentiram abandonados não só pelo acanhamento da maioria dos socialistas em seu país de adoção, a Inglaterra, mas também pelo grande número de integrantes da classe trabalhadora que resolutamente se afastaram da revolução.

Para muitos socialistas, a revolução era a principal força do socialismo, da mesma forma que o socialismo estava supostamente na "vanguarda da história". A perda da ideia de revolução, enquanto revolução socialista – uma vez que é uma aspiração que certamente desapareceu –, é um dos principais fatores responsáveis pelo "encolhimento" do socialismo, o que é visível atualmente em todos os lugares. A revolução significava cor, bravura; era o drama de uma história apoderada da maneira mais forçada possível. As atividades dos reformistas, em comparação, pareciam tímidas e inadequadas. No entanto, foram as "sociedades revolucionárias" que desmoronaram, suas tropas de vanguarda retirando-se às pressas para o quarto de despejo da história.

Por que os "marxistas ocidentais" levaram tanto tempo para ouvir o que a direita lhes dissera durante muitos anos – que o comunismo soviético era economicamente tacanho e politicamente totalitário? A resposta a essa pergunta é que, na verdade, eles perceberam essas coisas – ou muitos deles o fizeram –, e de certa forma muito antes da maioria dos críticos que faziam parte do centro liberal, quando não da direita. Alguns marxistas ocidentais foram, desde o início, críticos ferozes da nova sociedade que estava sendo construída na Rússia; entre eles estavam os seguidores de Trotsky, mas também muitos dos mais proeminentes membros da Escola de Frankfurt e diversos "marxistas humanistas". Durante o período em que o keynesianismo estava em ascensão nos países ocidentais, a economia soviética apresentou altas taxas de crescimento. Muitos observadores não marxistas no Ocidente, inclusive seus líderes políticos, levaram bastante a sério a bazófia de Kruschev, que disse "nós vamos enterrar vocês", considerando que as taxas soviéticas de crescimento iriam superar as do Ocidente. A obra de Herbert Marcuse, *O marxismo soviético* publicada pela primeira vez em 1958, é uma leitura bastante ponderada em comparação a essas perspectivas.[11]

Apesar de seu descontentamento com a União Soviética, o marxismo ocidental foi capaz de prosperar intelectualmente no período pós-guerra, por diversos motivos. Um deles é que ele dedicou boa parte de suas energias à crítica do capitalismo. A maioria dos autores marxistas via o *welfare state* ou como uma barreira positiva para a realização do socialismo pleno, ou apenas como uma estação a meio-caminho dele. Eles estavam

---

11 MARCUSE, H. *Soviet Marxism*. London: Routledge, 1958.

convencidos de que a sociedade socialista do futuro não seria muito (ou nada) parecida com a União Soviética, mas relutaram tanto quanto o próprio Marx em especificar detalhadamente a natureza dessa sociedade. Outro motivo é que, durante algum tempo, quando procuravam modelos de socialismo, conseguiam encontrá-los no Terceiro Mundo. A China de Mao, a Cuba de Castro, e às vezes alguns outros países revolucionários do Terceiro Mundo, inspiraram as esperanças de alguns marxistas ocidentais – até que as deficiências dessas sociedades se tornaram evidentes.

Um outro ponto de apoio do marxismo ocidental foi a teoria do imperialismo capitalista e da dependência do Terceiro Mundo. Afirmava-se que a revolução socialista seria a única maneira pela qual os países do Terceiro Mundo poderiam se libertar de sua posição inferior na ordem capitalista global. Se China e Cuba não puderam necessariamente mostrar o caminho em direção ao futuro para o próprio mundo ocidental, poderiam, ao menos, demonstrar a outros países menos desenvolvidos de que forma poderiam se libertar da estagnação econômica. Nesse sentido, havia uma certa fidelidade entre o marxismo soviético e o ocidental, porque os marxistas ocidentais viam o apoio soviético aos movimentos revolucionários do Terceiro Mundo como uma força progressista.

O fracasso do socialismo como um meio de desenvolvimento do Terceiro Mundo representou, para o marxismo ocidental, um golpe semelhante a qualquer um dos acontecimentos nas partes mais industrializadas do mundo. Depois do desaparecimento do marxismo, a China voltou-se para a introdução de formas capitalistas de empreendimento econômico e iniciou um período de rápido desenvolvimento econômico. Os Estados socialistas na África e em outros lugares fracassaram e mais tarde tornou-se claro que as reformas sociais cubanas dependeram em larga escala do apoio econômico soviético para quaisquer sucessos que tenham obtido. Mais importante que tudo, talvez, o rápido desenvolvimento dos "tigres" asiáticos demonstrou que os países do Terceiro Mundo poderiam dar início a um rápido e bem-sucedido desenvolvimento por meio de seus próprios esforços – e dentro de uma estrutura capitalista.

O socialismo revolucionário, de estilo soviético – seus brutalismos políticos à parte – atuou como uma teoria econômica pelo mesmo tempo, e pelos mesmos motivos, que o keynesianismo. Ele ofereceu um esquema de desenvolvimento econômico intimamente ligado ao Estado, em um contexto de modernização simples. Na União Soviética, o poder investido no Estado foi empregado para gerar processos de industrialização forçada que, embora mais tarde voltassem para assombrar a economia, tornaram possível uma ruptura com a ordem semifeudal preexistente. A União Soviética isolou-se do resto da economia internacional, ou tentou fazê-lo, e concentrou-se em áreas de comércio confinadas a seu "domínio imperial" no Leste Europeu.

Limites do modelo cibernético

Sugeri que o modelo cibernético implícito no socialismo como um todo, e desenvolvido em sua forma mais avançada no comunismo soviético, era razoavelmente eficiente como meio de gerar desenvolvimento econômico em condições de modernização simples. A modernização reflexiva, associada à globalização, introduz circunstâncias sociais e econômicas bastante diferentes.

Se essa perspectiva estiver correta, a ideia dos autores da Nova Direita – de que Mises e outros estavam certos desde o início a respeito dos defeitos inerentes do planejamento socialista – deve ser tratada com cautela. Os principais argumentos de Mises contra o planejamento de tipo soviético supunham a inevitabilidade do incentivo de autoenriquecimento, ou a maximização de lucro e renda por todos os atores econômicos. Sua tese também se debruça sobre conhecimento e iniciativa. Em uma economia complexa, inúmeras trocas acontecem o tempo todo, em termos de quais preços têm de ser estabelecidos de alguma forma. Isso acontece em circunstâncias sujeitas à mudança constante. Nenhum "centro inteligente", nem mesmo dentro do grupo mais perspicaz de planejadores, poderia determinar os preços adequados de bens que são colocados no mercado. O estabelecimento de preços associado a outros mecanismos de mercado geram informação que nem mesmo um supercomputador (mencionado por Lange em determinado momento) seria capaz de fornecer. Portanto, as tentativas de sujeitar os mercados a qualquer tipo de controle diretivo danificarão seu funcionamento.

Hayek contribuiu de maneira significativa para a elaboração dessa perspectiva: os mercados colocam em jogo conhecimento de um tipo prático, tácito. Eles são dispositivos que permitem descobrir e utilizar o conhecimento local para o benefício potencial de todos. Não é devido a sua natureza complexa e mutável, ou pelo menos não só devido a isso, que a informação fornecida pelos preços nos mercados competitivos não pode ser controlada por uma inteligência diretora; é porque o conhecimento envolvido é "conhecimento que nos foi dado apenas em uso", conhecimento "armazenado em hábitos e na prática". O que está em discussão no tangente ao planejamento econômico é a impossibilidade de transformar conhecimento essencialmente prático em uma questão de avaliação econômica; muitas decisões, para serem eficientes, devem ser tomadas "na base", por meio do uso de conhecimento tácito e de habilidades práticas. O planejamento bem-sucedido em uma escala abrangente é mostrado como uma "impossibilidade epistêmica".[12] Aqui se encontram algumas semelhanças com a discussão sobre tradição feita por Oakeshott: o "saber como" sempre precede o "saber que" e, embora o primeiro possa existir sozinho, o segundo não pode.

Para Oakeshott e Hayek, esse conhecimento prático depende da tradição – ou talvez seja a tradição. No entanto, há uma incoerência aqui, porque, não importa o quão flexíveis possam ser, as tradições certamente não vão fornecer o tipo de reação inovadora e rápida envolvida na tomada de decisões econômicas em ambientes de informação flutuante. Poderíamos, dessa forma, entender um argumento oposto. Alguns tipos de planejamento econômico central foram eficazes na fase de modernização simples devido à influência da tradição e do costume e não apesar deles. Em outras palavras, o controle econômico diretivo pode ser bem-sucedido quando as pessoas têm preferências relativamente estáveis e quando seu nível de envolvimento reflexivo com os processos sociais e econômicos mais amplos é relativamente baixo.

O conhecimento prático, local – e a autonomia que o acompanha – de fato torna-se vitalmente importante em um mundo em processo de destradicionalização. Isso acontece porque o indivíduo reflexivo (enquanto cidadão e consumidor) é um "alvo móvel" que possui o conhe-

---

12 GRAY, J. Hayek as a conservative. In: _____. *Postliberalism*. London: Routledge, 1993.

cimento local, além de uma boa dose das informações disponíveis aos próprios planejadores centrais potenciais; e também porque essa mesma reflexividade orienta modos de ação e reação baseados em práticas locais. A posição Hayek-Oakeshott é substanciada nesse ponto, a não ser pelo fato de que tais práticas não são geralmente tradicionais; e quando são tradicionais, as qualidades tradicionais são mantidas ou renovadas de maneira reflexiva.

Em resumo, embora não somente pelas razões apresentadas por Hayek e outros, a ideia de que as "irracionalidades" do empreendimento capitalista possam ser superadas pela socialização da produção não pode mais ser defendida. Com sua dissolução, as esperanças radicais alimentadas durante tanto tempo pelo socialismo estão tão mortas quanto o Velho Conservadorismo que a elas se opunha. Uma economia moderna pode tolerar uma boa dose de planejamento central, e até mesmo prosperar com isso, mas apenas se existirem determinadas condições: que essa economia seja primordialmente nacional; que a vida social seja segmentarizada e não penetrada extensivamente por influências globalizadoras; e que o grau de reflexividade institucional não seja alto. À medida que essas circunstâncias se alteram, o keynesianismo recua e as economias de tipo soviético entram em estagnação.

A "objeção epistemológica" que Mises e Hayek registraram contra o planejamento centralizado é válida, mas ela só passa a ter força total quando ocorrem determinadas mudanças sociais profundas. A julgar pela complexidade, o argumento é eficaz, mas não irrefutável. Até mesmo nas mais complicadas circunstâncias econômicas, o planejamento pode, com frequência, alcançar resultados superiores àqueles produzidos pelos mercados e é necessário para proteger situações ou valores que o mercado provavelmente destruiria. Diversos tipos de planejamento, sejam eles conduzidos por Estados, empresas comerciais ou outros grupos, permanecem como um elemento essencial do funcionamento do capitalismo – como já enfatizaram frequentemente os críticos das filosofias de mercado livre. Os mercados possibilitam a tomada de decisões de baixo para cima, o que é, com frequência, a condição da eficiência econômica. No entanto, a importância desse tipo de tomada de decisões, da autonomia e da descentralização não está restrita apenas ao domínio dos mercados; em uma era de alta reflexividade, esses aspectos fazem progressos em outras áreas também. O modelo cibernético de regulamentação econômica decai junto com o modelo hierárquico de eficiência burocrática.

Se o socialismo previdencial tornou-se conservador e o comunismo não mais existe, ainda seria o caso de se falar em uma "Terceira Via" – o "socialismo de mercado"? Com certeza, muitos dos dissidentes que ajudaram a derrubar o sistema comunista pensaram que sim; eles não queriam substituir o comunismo pelo capitalismo. E determinadas formas de socialismo de mercado continuam a ter seus eloquentes defensores. Não vou tentar, neste contexto, enveredar por aquilo que acabou se tornando uma complexa literatura sobre o assunto. Existem boas razões, em minha perspectiva, para afirmar que o socialismo de mercado não é uma possibilidade realista. Vou citar algumas delas resumidamente, mas reconheço que elas não convenceriam os que ainda nem são céticos.

As concepções sobre a Terceira Via, que frequentemente têm sido influenciadas pela ideia de que a social democracia escandinava poderia se tornar um socialismo completamente desenvolvido, geralmente concedem um papel central aos coletivos de trabalhadores. No debate sueco sobre o Plano Meidner, sugeriu-se que os trabalhadores deveriam ser capazes de acumular fundos nos setores corporados ou de negócios de maneira tal a acabar eliminando o acionista. Os trabalhadores possuiriam cotas nas suas cooperativas e teriam o direito de eleger os administradores; em contraste com o sistema comum de propriedade de ações, as cotas dos trabalhadores não poderiam ser compradas e vendidas nos mercados abertos.

Não parece haver motivo para duvidar que as cooperativas de trabalhadores pudessem prosperar sob algumas circunstâncias e durante certo tempo. No entanto, a sugestão de que os sucessos poderiam ser generalizados para toda a ordem econômica, ou para a maior parte dela, não é de maneira alguma convincente. Se o estabelecimento de preços de mercado é necessário para a eficiência em relação a outros bens, incluindo-se força de trabalho, não se pode isentar o capital; as dificuldades criadas nas economias de planejamento central simplesmente reapareceriam, visto que não haveria nenhum critério ou disciplina de mercado para mobilizar o uso eficaz de capital de investimento acumulado.

Outros problemas também são razoavelmente óbvios. A eleição regular de gerentes poderia, às vezes, ter resultados economicamente benéficos; mas, em muitas situações, não é isso o que ocorreria. O capital acumulado nos empreendimentos tenderia a se tornar averso a riscos, e as firmas poderiam estagnar da mesma forma como aconteceu na União

PARA ALÉM DA ESQUERDA E DA DIREITA

Soviética. Haveria pouca motivação para empregar novos trabalhadores nos coletivos existentes, porque o número de ações de cada pessoa seria reduzido, haveria pouca mobilidade fora das cooperativas, porque os indivíduos envolvidos não poderiam retirar suas cotas. O socialismo de mercado apresentaria "um desemprego estrutural maciço, estagnação tecnológica, um caótico leilão político de capital e episódios recorrentes de intervenção autoritária por parte do governo central, para evitar ou redirecionar os abusos das cooperativas de trabalhadores ... o socialismo de mercado é um ponto intermediário infeliz entre o planejamento central socialista e as principais instituições do capitalismo de mercado".[13]

Não existe Terceira Via desse tipo, e com essa percepção chega-se ao fim da história do socialismo enquanto teoria política de vanguarda.

Socialismo e o *welfare state*

O socialismo na defensiva passa a se concentrar no *welfare state*, a preocupação central dos socialistas reformistas. Na interpretação do *welfare state* segundo a perspectiva do socialismo reformista, vou me concentrar em duas fontes: a proposta de T. H. Marshall de desenvolvimento da cidadania, que mencionei rapidamente, e o texto que já foi a bíblia de alguns grupos dentro do Partido Trabalhista Britânico, *The Future of Socialism* de Anthony Crosland (cujo título eu retomo neste livro).

Segundo Marshall, dois grupos opostos de influências estiveram atuando nas sociedades modernas desde seu início: os efeitos polarizadores da economia capitalista, por um lado, e os efeitos integradores da cidadania, por outro. As divisões de classe capitalistas estabeleceram grandes agrupamentos de pessoas separados uns dos outros, mas (ao contrário de Marx, ou das interpretações costumeiras de Marx) a cidadania tende a criar coesão social, porque virtualmente todos os membros da comunidade nacional possuem direitos de cidadania. Os direitos legais e políticos, que juntos formam os "direitos burgueses" de Marx,

---

13 GRAY, op. cit., 1993, p.95.

proveem as liberdades, e os recursos de um poder compensador, usados para ajudar a garantir os direitos previdenciais ou "sociais". A criação de direitos sociais, segundo Marshall, é quase que completamente um fenômeno do século XX. No desenvolvimento inicial do capitalismo, aqueles que eram incapazes de trabalhar no regime assalariado, ou cujos salários eram muito baixos, perdiam o direito à maioria de suas prerrogativas. Os indigentes colocados nos asilos eram tratados quase como criminosos.

A obtenção de direitos políticos de cidadania, diz Marshall, concedeu à classe trabalhadora força suficiente para que sua voz fosse ouvida. O resultado disso, em essência, é o *welfare state*. O *welfare state* é um acordo de classes que interrompe o processo pouco antes da revolução que Marx previa (e que Marshall temia). Nas palavras de Marshall:

> Durante o século XX, a cidadania e o sistema capitalista de classes estiveram em guerra ... A expansão dos direitos sociais não é mais apenas uma tentativa de reduzir o óbvio inconveniente da destituição nas categorias mais baixas da sociedade ... Ela não está mais disposta a elevar o piso no porão do edifício social, deixando a superestrutura intacta. Ela começou a remodelar todo o prédio.[14]

Durante muito tempo, os mais eficazes, ou mais ouvidos, críticos dessa posição foram os marxistas. O que Marshall documentou, afirmaram eles, foi um Estado de coisas instável que não poderia perdurar a longo prazo. É possível que as instituições previdenciais mitigassem os piores excessos das divisões capitalistas de classes, e encobrissem algumas das irracionalidades dos mercados capitalistas, mas em algum ponto as tensões do acordo tornar-se-iam muito grandes – apenas em uma sociedade socialista tais tensões poderiam ser resolvidas. As tensões *realmente* acabaram se tornando muito grandes, mas isso não se deveu primordialmente aos fatores apontados por esses críticos; e a geração subsequente de críticos não veio da esquerda, mas sim da direita.

Marshall buscou distanciar-se do marxismo, embora ainda adotasse algumas de suas premissas. O ponto de partida de Crosland era semelhante. Muitos marxistas, apontava ele, rejeitam a possibilidade de

---

14 MARSHALL, T. H. *Class, Citizenship and Social Development*. Westport: Greenwood, 1973. p.84, 96-7.

criar formas eficazes de previdência dentro do capitalismo; eles acreditam que o capitalismo precisa ser, primeiro, derrubado. Para mostrar que essas ideias eram falsas, Crosland analisou detalhadamente o sistema capitalista de classes e a teoria do colapso capitalista. Marx, concluiu ele, "tem pouco ou nada a oferecer ao socialista contemporâneo, seja em termos de política prática, ou da análise correta de nossa sociedade, ou até mesmo no que diz respeito à estrutura ou às ferramentas conceituais corretas".

O capitalismo, na visão de Crosland, não conduz ao empobrecimento, absoluto ou relativo, da classe trabalhadora. A classe detentora de capital não aumentou seu poder, como Marx pensou que aconteceria; ao contrário, ela o perdeu. O Estado assumiu muitas das decisões e recursos que anteriormente estavam nas mãos do capital privado, em consequência dos efeitos combinados de nacionalização e do crescimento das instituições previdenciais. O pleno emprego – não considerado, na época, como problemático – também deslocou o equilíbrio de poder, segundo Crosland, da administração à mão de obra. Como resultado disso, um país como a Grã-Bretanha não pode mais, de forma alguma, ser adequadamente chamado de sociedade capitalista.

Se o capitalismo desapareceu, que necessidade há para o socialismo? O socialismo, conclui Crosland – como tantos outros antes dele – não tem um significado preciso. A única característica comum das doutrinas socialistas é seu conteúdo ético. O socialismo é a busca de ideias de cooperação social, bem-estar universal e igualdade – ideias essas agrupadas por uma condenação dos males e injustiças do capitalismo. Baseia-se na crítica ao individualismo e depende de uma "crença na ação e 'participação' grupais, e na responsabilidade coletiva pelo bem-estar social".

O *welfare state*, segundo Crosland, já caminhou bastante no sentido de alcançar esses objetivos.

[o] *welfare state* de pleno emprego ... é uma sociedade de mérito e qualidade excepcionais pelos padrões históricos, e em comparação com o capitalismo pré-guerra. Teria parecido um paraíso para muitos dos pioneiros do socialismo. A pobreza e a insegurança estão em vias de desaparecer. Os padrões de vida estão se elevando rapidamente; o temor do desemprego está diminuindo de maneira constante; e o jovem trabalhador comum tem esperanças para o futuro que nunca passaram pela cabeça de seu pai.

No entanto, ainda há um bom trecho a ser trilhado – em direção a uma igualdade ainda maior, um número menor de divisões de classes e menos "angústias sociais que sejam evitáveis". É preciso maior redistribuição econômica da riqueza; mas o principal ponto das políticas do futuro, afirma Crosland, deve ser a redução das desigualdades e conflitos "sociais". O "ressentimento social" origina-se principalmente de uma situação em que as pessoas são incapazes de encontrar um lugar na sociedade equivalente a seus talentos – na qual aqueles que estão em posição de riqueza ou poder podem perpetuar seus privilégios através das gerações. Oportunidades iguais não são o suficiente. Maior igualdade social significaria um sistema educacional igualitário, uma redução na riqueza herdada e maior reorganização da indústria. A "democracia industrial de alto nível", pela qual Crosland entende principalmente o corporativismo, deveria ser fomentada. Maior nacionalização de indústrias básicas é recomendável, embora Crosland reconheça que isso não é uma panaceia – as indústrias nacionalizadas, da mesma forma que as particulares, podem tornar-se ineficientes, e algum tipo de concorrência geralmente vale a pena.

A discussão de Crosland conclui com uma certa mudança abrupta de enfoque, uma exortação à crítica das versões mais sóbrias do socialismo, uma solicitação de mais "liberdade e alegria na vida privada":

> Nós não precisamos só de maiores exportações e aposentadorias, mas mais cafés abertos, ruas mais iluminadas e alegres à noite, horários mais extensos para funcionamento dos *pubs*, mais teatros, donos de hotéis e restaurantes mais hospitaleiros e melhores, restaurantes mais bem iluminados e mais limpos, mais cafés às margens dos rios, mais jardins de lazer como o de Battersea, mais murais e quadros em espaços públicos, novos modelos para móveis, cerâmica e roupas femininas[!], estátuas no centro dos novos conjuntos residenciais[?], postes de iluminação e cabines telefônicas mais bem projetadas e assim por diante *ad infinitum*.

Isso tudo porque "não queremos entrar na era da abundância apenas para descobrir que não possuímos os valores que poderiam nos ensinar como apreciá-la".[15]

---

15 Citações de CROSLAND, C. A. R. *The Future of Socialism*. London: Cape, 1967. p.3, 69, 342, 355, 361.

Uma avaliação preliminar

Ao longo das várias décadas que se passaram depois que as obras de Marshall e Crosland foram publicadas pela primeira vez, as mudanças econômicas que eles esperavam e defendiam, de um modo geral, não ocorreram – como todos nós agora sabemos. O pleno emprego é uma lembrança distante na maioria dos países ocidentais, e os sistemas previdenciais que eles consideravam firmemente estabelecidos parecem nitidamente frágeis. Os neoliberais se apropriaram do radicalismo orientado para o futuro que fora o símbolo das formas mais audaciosas do pensamento socialista – e que é visivelmente silenciado na discussão de Crosland, apesar de sua conclusão floreada. Hoje em dia, como observei na introdução, o conservador tornou-se radical, e o radical, conservador. A principal ênfase do conservadorismo socialista voltou-se para a proteção de um *welfare state* que agora está constantemente ameaçado.

O que saiu errado? Quando foram escritas pela primeira vez, as ideias de Marshall e Crosland foram atacadas mais incisivamente pela esquerda do que pela direita, e alguns aspectos dessa crítica mantêm seu interesse e importância ainda hoje. Marshall escreveu sobre o desenvolvimento dos direitos de cidadania como um tipo de processo evolucionário, da mesma forma que Crosland fez acerca da consolidação do *welfare state*. No entanto, os direitos de cidadania, e algumas das principais características das instituições previdenciais, não apenas "evoluíram". Eles foram alcançados em parte como resultado de uma luta ativa – e, consequentemente, representam muito mais um foco de tensão e conflito do que qualquer um desses textos sugere. Os "direitos legais" de Marshall, por exemplo, não são uma conquista definitiva. Em que medida eles são direitos reais, e não formais, para certos grupos marginalizados, de que forma deveriam ser interpretados – essas são perguntas intrínsecas à política democrática moderna, e não só etapas na formação do *welfare state*. Elas estão ligadas a questões de ordem cívica que são consideravelmente mais complexas do que o implícito na proposta de Marshall.

Os "direitos de cidadania econômicas" de Marshall e os "sucessos econômicos" de Crosland relacionados ao *welfare state* não representam um meio de amenizar as divisões de classes, como foi sugerido. Os direitos de bem-estar são um pivô das divisões de classes e de diversos conflitos estruturais, e não de sua dissolução ou de seu apagamento. A esse respeito, Marshall e Crosland prestaram demasiada atenção a Marx no próprio processo de se oporem a ele. O *welfare state* não é nem o resultado de um governo benéfico (Marshall e Crosland), nem um instrumento usado para manter a classe trabalhadora em seu lugar (marxismo). É uma combinação tensa entre aqueles dois elementos do socialismo sobre os quais falou Durkheim. Um deles, representado pelo keynesianismo, relacionava-se ao controle diretivo da vida econômica; o outro vinculava-se à proteção dos economicamente desprivilegiados. Durante algum tempo, as circunstâncias econômicas globais tornaram essa combinação não só tolerável, mas até mesmo propícia. Quando essas circunstâncias se alteraram, a estrutura começou a se desintegrar.

Por razões que serão exploradas nos capítulos subsequentes, nem o *welfare state* nem o objetivo mais geral da socialização consciente da vida econômica podem ser defendidos por caminhos que, até relativamente pouco tempo, faziam sentido. A esse respeito, as seguintes considerações são relevantes:

1 Os limites da concepção de cidadania econômica propostos por Marshall estão agora detalhadamente expostos. Os direitos políticos e legais não podem ser entendidos como "estabelecidos" e como uma base estável de "direitos sociais". Eles implicam, em vez disso, uma batalha pela democracia, envolvendo setores inteiros da população (como as mulheres) que, no tempo de Marshall, ainda não se haviam libertado totalmente de suas condições tradicionais. A "cidadania econômica" era vista por Marshall de uma forma excessivamente passiva e também excessivamente paternalista; e a ligação entre cidadania e Estado-nação foi pressuposta em vez de ser energicamente explorada.

2 A competição econômica global, muito intensificada, confere uma nova centralidade à produtividade, seja do capital ou do trabalho, entendida como uma capacidade marginal e não como um total global. As circunstâncias que ocasionaram isso terão de ser analisadas detalhadamente mais tarde. No entanto, esse desenvolvimento tem a consequência de tornar mais difíceis do que antes as tentativas de usar o *welfare state* como um mecanismo redistributivo. É provável que as políticas redistributivas tenham um efeito diferente do esperado, reduzindo os níveis de criação de riqueza, pondo em risco, portanto, os resultados subótimos até mesmo para aqueles que supostamente delas mais se beneficiam.

PARA ALÉM DA ESQUERDA E DA DIREITA

3 Embora os detalhes sejam interminavelmente discutidos, o *welfare state* não tem sido eficiente em se opor à pobreza e aos reveses nas rendas dos indivíduos durante o ciclo de vida. A maioria dos pesquisadores já chegou à conclusão de que "quase todos os gastos públicos com serviços sociais ... beneficiam muito mais aqueles que estão em melhores condições do que os pobres". A transferência direta de renda em todas as áreas parece ter sido a principal forma de assistência a compensar a posição dos desprivilegiados a longo prazo.

4 O *welfare state* está ligado a um modelo implícito ou mais aberto de família tradicional e sistemas de gênero – ou, mais precisamente, àquilo que tais coisas supostamente são. Os programas previdenciais foram direcionados principalmente para apoiar a participação masculina na força de trabalho assalariada, com um "segundo nível" de programas domésticos orientados para famílias sem um arrimo do sexo masculino. Os sistemas previdenciais depois de 1945 foram estabelecidos em uma época na qual a participação das mulheres na força de trabalho ainda era relativamente baixa e os afazeres domésticos eram ignorados nas estatísticas sobre "trabalho". Aqueles que estavam nos "setores masculinos" do *welfare state* eram tratados como os principais detentores de direitos e compradores dos serviços, enquanto aqueles que estavam nos setores "femininos" eram considerados clientes dependentes – essa situação refletia, e provavelmente ajudava a manter, a família patriarcal.

5 Embora isso seja, em alguns aspectos, um assunto altamente controverso – em parte, ao menos, devido a seu uso inescrupuloso por alguns autores neoliberais –, a dependência previdencial, enquanto cultura e um conjunto de atitudes, posturas, e não simplesmente como condição econômica, é um fenômeno real. Em vez de integrar os indivíduos em uma sociedade mais ampla nas formas previstas por Marshall e Crosland, as medidas previdenciais às vezes conduzem, quando não à "passividade", a uma situação na qual os beneficiários da previdência tornam-se alienados da ordem social em seu sentido mais amplo.

6 O fato de o *welfare state* tornar-se um foco de conflitos tanto quanto um redutor deles coloca limites nos recursos fiscais que podem ser gerados para custear seus serviços. Essa questão tem sido propalada minuciosamente desde meados da década de 1970 e, embora haja divergência nas soluções propostas para a situação, existe uma certa

concordância entre os críticos da esquerda e da direita do *welfare state* a respeito de suas limitações estruturais. A "revolta dos contribuintes" coloca limites nos recursos que os governos podem concentrar para pagar pelo *welfare state* em circunstâncias nas quais eles têm de competir pelos votos marginais no sistema eleitoral. Essa pressão tende a crescer, e não a diminuir. Com o aumento dos níveis de recomposição do eleitorado, os partidos podem confiar cada vez menos apenas em seus simpatizantes estáveis e precisam conquistar aqueles que estão indecisos; desenvolve-se uma resistência ao pagamento de alíquotas adicionais que antes eram amplamente aceitáveis para aqueles que carregavam o fardo.

7 Como salientaram os autores da Nova Direita, as burocracias do *welfare state* tendem a se tornar inflexíveis e impessoais. Elas podem parecer, aos olhos daqueles para quem canalizam recursos, "autoridades" indiferentes, ou até mesmo ativamente hostis, sobre as quais os indivíduos não têm controle. As indústrias nacionalizadas são, com frequência, ineficientes e perdulárias; as agências previdenciais tornam-se insensíveis às necessidades daqueles que supostamente deveriam auxiliar.

8 Um *welfare state* maduro, com um grau razoavelmente alto de nacionalização da indústria, já se afigurou como um meio de garantir o pleno emprego – entendido, no entanto, como o trabalho assalariado de homens. À medida que as mulheres entram na força de trabalho assalariada em números cada vez maiores, e que serviços não pagos de diversos tipos, inclusive os domésticos, são cada vez mais reconhecidos *como* trabalho, o "pleno emprego" torna-se uma ideia problemática. Além disso, as altas taxas de desemprego entendidas em um sentido bastante ortodoxo somam-se às dificuldades financeiras do *welfare state* em função dos pagamentos reivindicados por aqueles que não estão trabalhando.

9 O padrão de pagamentos previdenciais altera-se em relação às mudanças nas divisões de classes (algumas delas associadas à crescente afluência daqueles que detêm um emprego assalariado estável), mudanças demográficas, mudanças que afetam a família, tais como taxas altas de divórcio, e outros fatores. Essas mudanças influenciam os problemas fiscais do *welfare state*, e somam-se em parte às responsabilidades que ele deve assumir. Por exemplo, as mudanças demográficas significam que uma proporção substancial da população, em qualquer momento, está acima da idade normal de aposentadoria e tem o direito de reivindicar benefícios do Estado.

PARA ALÉM DA ESQUERDA E DA DIREITA 91

10 Por fim, mas definitivamente não menos importante, as instituições previdenciais atingem de maneira apenas superficial alguns aspectos das vidas dos indivíduos que as políticas radicais poderiam considerar relevantes. Essa observação liga-se a algumas das objeções que os conservadores apresentaram contra o socialismo. O *welfare state* restringe-se em muito aos aspectos econômicos e deixa outras questões de lado, inclusive preocupações emocionais, morais e culturais. O conservador busca lidar com essas coisas principalmente por meio da defesa da tradição. Devido a sua orientação progressista, os socialistas não podem tomar esse rumo. Assim sendo, os socialistas, em geral, estiveram despreparados para enfrentar questões de política de vida, embora estas sejam, na verdade, intrínsecas às questões previdenciais.

Essa ausência é bastante evidente na análise de Crosland. A parte da conclusão do livro de Crosland, na qual ele discute como as pessoas poderiam desenvolver existências plenas em uma sociedade socialista, é quase que completamente desligada dos argumentos expostos na maior parte da obra. Está escrita como se fosse uma reflexão posterior, uma declaração de que os socialistas não são os desmancha-prazeres que muitos de seus oponentes pensam que são. O tom é o de um manifesto pessoal, em vez de uma série de conclusões que fluíssem da estrutura teórica do estudo.

À luz dessa formidável lista de problemas, não é de surpreender que a discussão sobre o *welfare state* pelos socialistas atualmente tenha passado para a defensiva. Essa estratégia não é só uma reação aos ataques dos neoliberais, ou às suas políticas nas ocasiões em que estiveram no poder; é uma demonstração de moderação imposta pelos problemas enfrentados pelo *welfare state*.

CAPÍTULO 3
AS REVOLUÇÕES SOCIAIS DE NOSSO TEMPO

Se os termos direita e esquerda não possuem mais o significado que já tiveram, e se cada uma dessas perspectivas políticas está, à sua própria maneira, esgotada, é porque o nosso relacionamento (na condição de indivíduos e de humanidade como um todo) com o desenvolvimento social moderno se alterou. Vivemos hoje em um mundo de incerteza artificial, onde o risco difere muito dos períodos anteriores no desenvolvimento das instituições modernas. Isso, em parte, é uma questão de abrangência. Agora alguns são riscos de "grande consequência" – os perigos que representam afetam potencialmente a todos, ou a um grande número de pessoas, sobre a face do planeta. No entanto, igualmente importante é o contraste em suas origens. A incerteza artificial refere-se a riscos criados pelos próprios desenvolvimentos inspirados pelo Iluminismo – nossa intromissão consciente em nossa própria história e nossas intervenções na natureza.

Os riscos de grande consequência com os quais nos defrontamos atualmente, e muitos outros ambientes de risco de tipo menos extensivo, são de origem social. Os riscos associados a aquecimento global, desgaste da camada de ozônio, poluição ou desertificação em larga escala, rompimento da economia global, superpopulação do planeta ou "tecnoepidemias" – doenças geradas por influências tecnológicas, como aquelas que produzem a poluição do ar, da água ou dos alimentos.

Em algumas áreas das atividades humanas, é claro, os níveis de segurança são maiores do que costumavam ser. Dessa forma, viagens que só poderiam ser empreendidas pelos mais intrépidos exploradores, diante de inúmeros perigos, podem ser feitas hoje por qualquer um (que possa pagar), com conforto e em relativa segurança. Mas, novas incertezas também surgem em quase todos os lugares. As incertezas inerentes aos riscos de alta consequência são talvez especialmente preocupantes, porque quase não temos meios de "testá-las". Não podemos aprender com elas e seguir em frente, porque se as coisas saírem errado, os resultados provavelmente serão cataclísmicos. Sendo assim, estamos condenados a lutar por um futuro indefinido. Podemos suspeitar de que as estratégias corretas têm sido procuradas apenas quando determinados eventos não acontecem, e não quando outros acontecem; e durante muito tempo, tudo que poderemos dizer efetivamente será: até aqui, tudo bem.[1]

Os riscos de alta consequência estão um tanto distantes de nossas vidas individuais. Por mais urgentes que possam de fato ser, na maioria dos assuntos da vida cotidiana eles parecem remotos. Ainda assim, nossas ações diárias são completamente permeadas por incertezas artificiais de um tipo menos inclusivo. Em um nível individual, coletivo ou global, a acumulação de conhecimento reflexivamente ordenado cria futuros abertos e problemáticos sobre os quais temos, por assim dizer, que "trabalhar" à medida que seguimos no presente. Ao fazermos isso, influenciamos os processos de mudança, mas o controle total deles foge cronicamente do nosso alcance.

Tendo reconhecido isso, algumas pessoas sugeriram recentemente que os seres humanos deveriam mais uma vez tratar como externo aquilo que buscamos controlar. A perspectiva prometeica que tanto influenciou Marx deveria ser mais ou menos abandonada diante da insuperável complexidade da sociedade e da natureza. Um recuo em relação às ambições do Iluminismo é certamente necessário. No entanto, os mundos social e material estão agora, em sua maioria, organizados de maneira reflexiva; não existe meio de se afastar desse engajamento reflexivo, por mais conscientes que possamos estar a respeito das consequências problemáticas que ele pode ter e dos paradoxos que origina. O "novo medievalismo" está correto na medida em que reco-

---

1 SOURS, J. *Starving to Death in a Sea of Objects*. New York: Aronson, 1981.

nhece que não se pode lidar com o risco artificial exclusivamente em termos do desenvolvimento posterior de conhecimento técnico. Os problemas apresentados por esse risco são irredutivelmente políticos e morais. Assim, a decisão de construir uma usina nuclear não pode ser puramente técnica, tomada em termos de avaliação neutra de riscos. Envolvida aqui existe uma questão de prudência política, no sentido de John Locke. Até mesmo o risco de danos acidentais não pode ser exatamente calculado, sem mencionar os riscos de terrorismo, do uso do plutônio para a guerra ou, por definição, de elementos poluidores desconhecidos que poderiam afetar as vidas das futuras gerações.

Modernização simples e reflexiva

A criação de um mundo de incerteza artificial é o resultado do desenvolvimento a longo prazo da ordem industrial. Mas, durante muito tempo, suas características foram suprimidas pela dominação da modernização simples. Nessa modernização, a evolução capitalista ou industrial parece um processo previsível, mesmo se entendida de uma forma revolucionária à maneira de Marx. Os progressos científicos e tecnológicos a ela associados são geralmente aceitos incorporando reivindicações de verdade oficial, ao passo que o crescimento industrial possui uma "direção" evidente.

A modernização reflexiva reage a diferentes circunstâncias. Ela tem suas origens nas profundas mudanças sociais às quais aludimos brevemente na introdução e que precisam ser explicadas mais detalhadamente agora: o impacto da globalização, as mudanças que ocorrem na vida cotidiana e pessoal e o surgimento de uma sociedade pós-tradicional. Essas influências decorrem da modernidade ocidental, mas agora afetam o mundo como um todo – e se revertem para começar a remodelar a modernização em seu ponto de origem.

O atual período de globalização não é simplesmente uma continuação da expansão do capitalismo e do Ocidente. Se alguém quisesse fixar seu ponto de origem específico, ele seria a primeira transmissão de rádio via satélite. Desse momento em diante, a comunicação eletrônica instantânea por todo o globo não só é possível, mas quase que imediatamente começa a entrar na vida de milhões de pessoas. Não é só o fato de todos agora poderem ver as mesmas imagens ao mesmo tempo; a comunicação global instantânea penetra o tecido da experiência cotidiana e começa a reestruturá-lo – embora ela, por sua vez, também seja reestruturada, em um processo contínuo.

A globalização não é o mesmo que o desenvolvimento de um "sistema mundial", e não está simplesmente "aí fora" – tendo a ver com influências de grande alcance. Ela é também um fenômeno "aqui dentro", diretamente ligado às circunstâncias da vida local. Não deveríamos pensar em globalização como um processo unitário que tende a uma direção única, mas sim como um conjunto complexo de mudanças com resultados mistos e frequentemente contraditórios. A globalização implica a ideia de uma comunidade mundial, mas não a produz; essa comunidade é marcada igualmente pela globalização de influências "ruins" e de influências integradoras.

As influências globalizantes são divisoras e unificadoras, criando novas formas de estratificação, e com frequência produzem consequências opostas em diferentes regiões ou localidades. Esses eventos e mudanças não são mais passados apenas do Ocidente para o resto do mundo. Dessa forma, o desenvolvimento industrial do Oriente está diretamente ligado à desindustrialização das indústrias mais antigas no cerne dos países centrais da ordem global. Duas áreas que existem totalmente paralelas, ou grupos que vivem em estreita proximidade podem ver-se presos a sistemas globalizadores bastante diferentes, produzindo justaposições físicas bizarras. O trabalhador explorado pode estar do outro lado da rua de um rico centro financeiro.

No nível cultural, a globalização tende a produzir diásporas culturais. As comunidades de gosto, hábito e crença com frequência tornam-se desvinculadas de lugar e também dos limites da nação. Traços culturais diaspóricos são frequentemente padronizadores e, como tais, influenciados pela propaganda de massa e pela objetivação cultural. Estilos de moda, do terno ao *jeans*, o gosto musical ou cinematográfico, ou até mesmo as religiões assumem dimensões globais. As diásporas culturais não são mais sustentadas exclusivamente pela movimentação física dos povos e de suas culturas, embora isso seja importante. Até mesmo em situações de pobreza – e talvez, algumas vezes, especialmente nessas situações – , as pessoas se envolvem em trocas culturais diaspóricas. No entanto, como em outros aspectos dos processos globalizadores, não existe um movimento unilateral em direção à homo-

PARA ALÉM DA ESQUERDA E DA DIREITA 97

geneidade cultural. A globalização também leva a uma insistência na diversidade, uma busca de recuperação de tradições perdidas e uma ênfase na identidade cultural local – vista em uma renovação das etnicidades e nacionalismos locais.

As influências globalizadoras tendem a esvaziar os contextos locais de ação, que têm de ser reflexivamente reordenados por aqueles que foram afetados – embora esses reordenamentos, por sua vez, também afetem a globalização. Portanto, as principais mudanças ocorrem na própria urdidura da vida cotidiana, afetando até mesmo a constituição de nossas identidades pessoais. O *self* torna-se um projeto reflexivo e, cada vez mais, isso também se dá em relação ao corpo. Os indivíduos não podem se contentar com uma identidade que é simplesmente legada, herdada, ou construída em um *status* tradicional. A identidade de uma pessoa necessita, em grande parte, ser descoberta, construída, sustentada ativamente. Da mesma forma que o *self*, o corpo não é mais aceito como "sina", como a bagagem física que vem junto com o *self*. Cada vez mais temos de decidir não só quem somos, e como agimos, mas como parecemos para o mundo exterior.

O crescimento de distúrbios alimentares é um índice negativo do avanço desses desenvolvimentos no âmbito da vida cotidiana. A anorexia, a bulimia e outras patologias alimentares ainda tendem a se concentrar nos países do Primeiro Mundo, mas agora também estão começando a aparecer nas sociedades do Terceiro Mundo. Em muitas partes do globo, as pessoas passam fome não por sua culpa, mas porque vivem em condições de extrema pobreza. Seus corpos emaciados são testemunhas da intensidade das desigualdades globais. O corpo minguado de um anoréxico parece fisicamente idêntico, mas reflete circunstâncias materiais e sociais muito diferentes. O anoréxico está "morrendo de fome em um mar de abundância". A anorexia acontece em um mundo no qual, para um número muito grande de pessoas, pela primeira vez na história, quantidades abundantes de comida estão disponíveis, muito além do que é necessário para atender às necessidades nutricionais básicas.[2]

A anorexia e a bulimia não se originam apenas de uma ênfase ocidental na elegância, mas do fato de que os hábitos alimentares são formados em termos de uma diversidade de escolhas em relação aos

---

2 ORBACH, S. *Hunger Strike*. London: Faber, 1986.

98 ANTHONY GIDDENS

gêneros alimentícios. Existe aqui uma estreita e óbvia associação com a globalização. A invenção do transporte em contêineres e as novas formas de congelamento de alimentos – inovações que datam de apenas algumas décadas atrás – passaram a significar que os alimentos poderiam ser armazenados por longos períodos e transportados por todo o mundo. A partir desse momento, todos aqueles que vivem em países e regiões mais afluentes entraram em dieta; ou seja, eles têm de tomar decisões ativas sobre como e o que comer, em relação aos gêneros alimentícios disponíveis mais ou menos o ano inteiro. Decidir o que comer também significa decidir "como ser" em relação ao corpo – e para os indivíduos sujeitos a tensões sociais específicas, especialmente mulheres jovens, o resultado é a autodisciplina ferrenha da anorexia.[3]

A anorexia é uma reação defensiva aos efeitos da incerteza artificial na vida cotidiana. O nosso dia a dia, pode-se dizer, tornou-se experimental de uma forma que encontra paralelos no "grande experimento" da modernidade como um todo. Em muitas situações da vida social, nós não temos outra escolha a não ser as alternativas – mesmo se escolhermos permanecer "tradicionais". Os "experimentos cotidianos" tornam-se uma parte intrínseca de nossas atividades diárias, em contextos nos quais informações vindas de uma diversidade de fontes – conhecimento local, tradição, ciência e comunicações de massa – devem ser de alguma forma entendidas e utilizadas. A tradição deve cada vez mais ser contemplada, defendida, examinada, em relação à consciência de que existe uma variedade de outras formas de fazer as coisas.

O caráter experimental da vida cotidiana, é importante que se diga, é constitutivo. A maneira pela qual abordamos as decisões que têm de ser tomadas no decorrer de nossas ações ajuda a estruturar as próprias instituições às quais estamos reagindo. Em nenhuma outra área isso é tão óbvio quanto na de relações pessoais. Hoje os indivíduos precisam decidir não só quando e com quem vão se casar, mas se vão realmente se casar. "Ter um filho" não precisa mais estar vinculado ao casamento, e é uma decisão difícil e de alto preço tanto para homens como para mulheres, distante das circunstâncias do passado, quando esse tipo de coisa, em muitas situações, parecia mais ou menos natural. As pessoas têm até mesmo de estabelecer o que é sua "sexualidade", além de enten-

---

3 GIDDENS, A. *Modernity and Self-Identity*. Cambridge: Polity, 1991, cap.3.

PARA ALÉM DA ESQUERDA E DA DIREITA

der o que são os "relacionamentos" e de que forma eles seriam mais bem construídos. Todas essas coisas não são decisões tomadas a respeito de determinados contextos de ação; elas ajudam a definir e a remodelar, de uma forma variável, o que esses contextos são e no que se tornam.

O esvaziamento dos contextos locais de ação – o "desencaixe" de atividades – pode ser entendido de maneira a implicar processos de destradicionalização intensificada. Somos a primeira geração a viver em uma sociedade completamente pós-tradicional, um termo que de muitas maneiras é preferível a "pós-moderno". Uma sociedade pós-tradicional não é uma sociedade nacional – estamos falando aqui de uma ordem cosmopolita global. Ela também não é uma sociedade na qual as tradições deixam de existir: em muitos aspectos, existem impulsos, ou pressões, no sentido da manutenção ou recuperação das tradições. No entanto, ela é uma sociedade na qual a tradição muda de *status*. No contexto de uma ordem cosmopolita e globalizadora, as tradições são constantemente colocadas em contato umas com as outras e forçadas a "se declararem".

A ordem social moderna passou a existir no contexto de uma ruptura com o passado. As "duas grandes revoluções" que iniciaram o período moderno, cada uma a seu modo, foram forças destradicionalizadoras. A difusão da produção capitalista extirpou muitas das comunidades locais e dissolveu muitos costumes e práticas locais. Os códigos universalizadores de democracia tratam as constituições políticas não como se fossem herdadas do passado, mas como algo ainda por ser feito. No entanto, a estabilização da modernização simples também dependia da remodelação da tradição. Novas tradições foram inventadas, como as do nacionalismo e as formas renovadas de religião. Outras características tradicionais, como aquelas que afetam o gênero e a família, foram remodeladas durante o final do século XVIII e no século XIX.

O mundo marcado pela modernização simples era culturalmente diverso. No entanto, sua diversidade cultural dependia de maneira substancial da continuação da segregação geográfica. Isso era verdadeiro até mesmo dentro dos países desenvolvidos. Por exemplo, as comunidades de trabalhadores associadas a determinados tipos de indústria passaram a existir apenas depois da Revolução Industrial, mas com frequência estabeleciam suas próprias tradições locais. Hoje vemos essas tradições se rompendo novamente, ou se alterando, em quase todos os lugares.

Em uma época de destradicionalização completa, aqueles que se apegam às tradições têm de perguntar a si mesmos, e outros lhes perguntam, por que o fazem. Nesse ponto, a globalização cruza com lutas e confrontos ativos. Dessa forma, os movimentos feministas desafiaram as concepções tradicionais de gênero e as práticas a ele associadas. Buscaram trazer para o discurso público aquilo que permanecia latente nas tradições de gênero. A "feminilidade" é uma questão aberta; e agora a masculinidade, que durante tanto tempo foi algo reconhecido, expôs-se a uma investigação minuciosa.

A profunda influência das forças destradicionalizadoras explica por que o conceito e a existência do fundamentalismo tornaram-se tão importantes. O fundamentalista, como eu já disse, é alguém que busca defender a tradição de uma forma tradicional – em circunstâncias em que essa defesa se tornou intrinsecamente problemática. A "insistência" do fundamentalismo na tradição e sua ênfase na "pureza" são compreensíveis somente nesses termos.

O termo fundamentalismo foi aplicado pela primeira vez, em um contexto religioso, por volta da passagem do século, para referir-se a uma defesa da ortodoxia protestante contra as transgressões do pensamento moderno.[4] Só passou a ser usado de maneira mais ampla há uns trinta anos – o que expressa o próprio caráter recente das forças destradicionalizadoras às quais ele corresponde.

O fundamentalismo não é uma reação a longo prazo à modernidade, como indica a natureza bastante recente de seu desenvolvimento. A defesa da tradição apenas tende a adotar o tom insistente que ela assume hoje no contexto de destradicionalização, globalização e trocas culturais diaspóricas. A questão sobre o fundamentalismo não é sua defesa da tradição enquanto tal, mas a forma de sua defesa em relação a um mundo de interrogação e diálogo. Defender a tradição da maneira tradicional significa afirmar sua verdade ritual em circunstâncias nas quais ela está sitiada. Recusando os engajamentos discursivos que um mundo de comunicação cosmopolita tende a reforçar, o fundamentalismo está protegendo um *princípio* e também um conjunto de doutrinas específicas. É por isso que as posições fundamentalistas podem surgir até mesmo

---

4 Para o estudo mais abrangente, ver MARTY, M. E., SCOTT APPELBY, R. *The Fundamentalism Project*. Chicago: Chicago University Press, 1993. 3v.

em religiões (como o hinduísmo e o budismo) que até agora têm sido bastante ecumênicas e tolerantes em relação a outras crenças.

Se essa perspectiva estiver correta, o conceito de fundamentalismo não deveria ser aplicado apenas ao campo da religião. Os fundamentalismos – defendendo a tradição da maneira tradicional – podem surgir em quaisquer domínios básicos da vida social sujeitos à destradicionalização. Estes incluem as relações étnicas, o nacionalismo, o gênero e a família. Os fundamentalismos religiosos, como todos sabem, tendem a se sobrepor a esses outros contextos. Por exemplo, é provável que um fundamentalista protestante tenha fortes crenças a respeito da necessidade de preservar as formas "tradicionais" da nação, da família e assim por diante. No entanto, o fato de a ideia de fundamentalismo poder ser aplicada de maneira tão ampla não tem nada a ver diretamente com a disseminação de crenças religiosas nessas áreas. Ele tem origem em que todos esses contextos estão ocupados pela tradição, mas que agora estão se tornando discursivamente forçados a uma exposição.

A destradicionalização não só afeta o mundo social, mas também influencia a transformação da natureza, e é por esta influenciada. A tradição, como a natureza, costumava ser um contexto "externo" de vida social, algo que era dado e, em muito, incontestável. O fim da natureza – e do natural – coincide com o fim da tradição – e do tradicional.

A reflexividade social é condição e resultado de uma sociedade pós-tradicional. As decisões devem ser tomadas com base em uma reflexão mais ou menos contínua sobre as condições das ações de cada um. "Reflexividade" aqui se refere ao uso de informações sobre as condições de atividade como um meio de reordenar e redefinir regularmente o que essa atividade é. Ela diz respeito a um universo de ação onde os observadores sociais são eles mesmos socialmente observados; e, hoje em dia, ela é verdadeiramente global em sua abrangência. Qualquer um que duvide disso poderia muito bem considerar o *status* variável da antropologia. Na era da modernização simples, marcada pela dominação do Ocidente, a antropologia era o estudo dos povos que, de um modo geral, não respondiam. Um antropólogo visita uma cultura estrangeira; após seu regresso, uma monografia seria escrita e depositada na biblioteca.

Uma situação dessas não se sustenta mais. Nas profundezas da floresta, é provável que os antropólogos encontrem povos nativos que estejam familiarizados com algumas ideias antropológicas ou até mesmo com textos. Etnologias são usadas para interpretar as culturas locais, reconstruir as habilidades e hábitos tradicionais perdidos, e contar como evidência nos tribunais. Esses fenômenos são frequentemente importantes nas lutas pelo poder. Assim, a concepção de "aborígene" australiano ou de "índio" norte-americano era ocidental, mas esses construtos foram arregimentados por aqueles a quem se referem, para intervirem na política local e nacional – e até mesmo nas disputas diante de tribunais internacionais.

Como todos sabemos, as tradições revividas ou protegidas podem facilmente degenerar em *kitsch* – a consciência reflexiva dessa possibilidade sempre presente é, na verdade, uma das forças motrizes do fundamentalismo. Assim, o romancista Yukio Mishima fez uma aclamada, ainda que fútil, tentativa de reviver os decadentes valores e práticas samurais no Japão do pós-guerra. O esforço, que culminou em seu suicídio ritual, pareceu um tanto absurdo para a maioria dos japoneses, mas teve uma certa dignidade. Provavelmente não se poderia dizer o mesmo dos habitantes de Suya Mura, um vilarejo japonês que se tornou famoso (no Japão e em outros lugares) por causa de um estudo antropológico escrito por John Embree. A mulher de Embree revisitou a área onde havia realizado o trabalho de campo com seu marido, há uns cinquenta anos. Ela descobriu que os moradores estavam menos interessados em reminiscências do que em usar a presença dela em tentativas de transformar a municipalidade em um local de turismo – como "a vila antropológica do Japão".[5]

Em uma sociedade de alta reflexividade, a apropriação regular de perícia – em todas as suas muitas formas – tende a substituir a orientação da tradição. Esta é, por definição, uma sociedade energética, e não passiva. Até mesmo quando permanecem fiéis às tradições, ou quando as recriam, indivíduos, grupos ou coletividades são mais ou menos compelidos a assumir uma postura ativa em relação às condições de sua existência. Não só os movimentos sociais, mas também grupos de autoajuda de todos os tipos são um aspecto característico de uma ordem pós-tradicional – podem ser totalmente locais, mas com frequência apresentam implicações globalizadoras e participam das diásporas globais.

---

5 Esse e muitos outros exemplos são descritos em KNIGHT, J. Globalisation and new ethnographic localities. *Journal of the Anthropological Society of Oxford*, v.3, 1992.

Consequências estruturais

O expansionismo ativo do empreendimento capitalista continua a alimentar os processos globalizadores, como aconteceu no passado. Mas o capitalismo – como será discutido mais adiante – nunca foi a única influência sobre a globalização, e hoje seu impacto pelo mundo é mais complexo e multifacetado do que anteriormente.

Com a queda da União Soviética e o redirecionamento dos mecanismos de crescimento econômico na China e nas outras comunidades comunistas remanescentes, existe uma economia capitalista mundial em um sentido mais completo do que nunca. No entanto, essa economia é muito mais completamente impregnada por mecanismos reflexivos do que antes; e ela é cada vez mais descentrada, não importando qual poder os Estados e agências ocidentais continuem a deter sobre o que era "a periferia". Os teóricos socialistas do "desenvolvimento do subdesenvolvimento" tinham um alvo fácil sobre o qual lançar a culpa dos males do mundo – a influência do capitalismo. Por mais crítico que se possa querer ser em relação aos livres processos da empresa capitalista, esse alvo agora se tornou muito mais indefinível. As teorias conspiradoras sobre as disparidades globais não possuem a influência que, ao menos para alguns observadores, pareceram ter.

A difusão global da economia capitalista é uma influência fundamental sobre as dificuldades do *welfare state* nos países afluentes e afeta de maneira bastante substancial as relações de classe, sob formas que serão investigadas posteriormente. Quando não é equilibrado por outras forças, o capitalismo mantém sua tendência a produzir polarizações de renda, tanto internamente como entre países diferentes. Aqueles países que são capazes de custear sistemas previdenciais desenvolvidos conseguem manter-se afastados dessa tendência com sucesso considerável, mas somente à custa de tensão fiscal e social cada vez maiores.

As interpretações neoliberais do desenvolvimento econômico insistem que a redução das provisões previdenciais é a condição necessária de competitividade em uma economia globalizada. De acordo com essas interpretações, ou um resultado aos moldes de Pareto faz parte dos processos de crescimento econômico em economias abertas, associado a uma postura de "*trickle down*";[6] ou o preço a ser pago pela competitividade serão simplesmente desigualdades cada vez maiores. Muita coisa depende de estar ou não correta essa perspectiva, pois ela é o principal argumento proposto para insistir em que os pensadores esquerdistas prestaram pouca atenção às questões do lado da oferta, em suas análises do "compromisso do *welfare state*".

Vou sugerir nos capítulos subsequentes que os termos de referência desse debate precisam ser detalhadamente revisados. Por ora é suficiente notar que as crescentes desigualdades econômicas dentro das sociedades não são – com certeza, não necessariamente – a condição de uma prosperidade geral cada vez maior. Ao contrário, a igualdade crescente pode acompanhar o crescimento econômico rápido, na forma medida por índices convencionais, e muito possivelmente pode contribuir de maneira ativa para isso. Dessa forma, nas economias asiáticas que saltaram para a proeminência nas últimas três ou quatro décadas, as rendas dos trabalhadores com menores salários cresceram tanto em termos absolutos quanto em sua relação com executivos e empresários. Coreia do Sul e Taiwan, por exemplo, desenvolveram-se rapidamente a partir de meados da década de 1960, época em que a diferença entre ricos e pobres diminuiu; ao passo que em muitos países africanos e latino-americanos, de modo oposto, a estagnação econômica foi acompanhada por uma queda na renda relativa dos que estavam em posição inferior.

É preciso ter cuidado quanto ao significado de nivelação crescente, por motivos que posteriormente discutirei de maneira mais detalhada. Os países asiáticos bem-sucedidos não contam com os mecanismos de *welfare state* aos moldes ocidentais para criar o nivelamento, mas, em vez disso, eles fornecem aos grupos mais pobres meios de melhorar ativamente suas circunstâncias de vida. Devido a seus números absolutos, a população mais pobre detém muito mais recursos do que os ricos. Além disso, nas economias asiáticas, as pessoas mais pobres "economizam" investindo em outras com as quais estejam intimamente ligadas, em redes familiares ou de amigos. A compensação de "investimentos" desse tipo deve ser encontrada em solidariedade social aumentada – mas eles

---

6 Teoria segundo a qual o crescimento econômico é alcançável quando se permite o florescimento dos negócios, deixando a prosperidade verter para a população de baixa e média rendas, que se beneficiará da crescente atividade econômica. (N. T.)

PARA ALÉM DA ESQUERDA E DA DIREITA   105

provavelmente também apresentam implicações importantes para a produtividade econômica. Em sociedades nas quais a divisão entre pobres e ricos é muito grande, esses "investimentos" tendem a não ser feitos.

A globalização das relações econômicas capitalistas pareceria, à primeira vista, deixar as grandes corporações de negócios em uma posição dominante dentro das economias dos Estados e na economia mundial como um todo. E de fato elas exercem um grande poder, na medida em que são capazes de movimentar investimentos de capital de um lugar para o outro, frequentemente com pouca consideração em relação ao impacto sobre a vida das populações locais afetadas. Ao mesmo tempo, a transformação das grandes corporações em demônios, tão popular entre alguns setores da esquerda em uma determinada época, não faz muito sentido agora.

As influências globalizadoras tendem a romper a formação de monopólios ou oligopólios como aqueles que com frequência são encontrados nas economias nacionais. A notória propensão da produção capitalista em relação ao monopólio provavelmente dependia, na verdade, da colaboração entre o Estado e o capital, que agora está sendo abalada. Da mesma forma que outras organizações, as grandes companhias enfrentam um ambiente econômico hostil a ordens burocráticas fixas. Não resulta disso, como sugeriram algumas pessoas, que seja provável o total desmembramento das corporações gigantes, mas seria difícil argumentar que as condições econômicas atuais estejam conduzindo a uma extensão desimpedida de seu poder econômico ou social.

As grandes companhias influenciam novas formas de regionalização social e econômica, mas não são necessariamente os principais agentes envolvidos. Padrões instáveis de regionalização respondem a aspectos mais amplos de globalização ou, mais precisamente, a relações variáveis do que é local e global. Da mesma forma que em situações, os processos de regionalização são dialéticos; muitas comunidades locais preexistentes desintegraram-se ou tornaram-se substancialmente reestruturadas, mas essas mesmas mudanças também promovem a mobilização comunitária local.

Os efeitos combinados de globalização e de reflexividade social alteram o caráter dos sistemas de estratificação dentro das sociedades economicamente desenvolvidas e em outras áreas. Muito se tem falado na literatura sociológica recente a respeito das consequências do encolhimento do trabalho operário e o concomitante crescimento da proporção de pessoas em ocupações liberais e burocráticas – mudanças que se entrecruzam de maneira complexa com a extensa entrada das mulheres na força de trabalho assalariada. Essas mudanças são de grande e inegável importância, afetando o sistema de classes e também a vida política das sociedades modernas; e essas mudanças são, elas mesmas, fortemente afetadas pela globalização.

Igualmente importante, entretanto, é o fato de que o crescimento da reflexividade social produz formas de "dupla discriminação" que afetam os desprivilegiados. Aos efeitos da privação material soma-se uma desqualificação advinda da incorporação reflexiva na ordem social mais ampla. Aqui os mecanismos de exclusão são normalmente sociais e psicológicos. Em outras palavras, eles não dizem respeito apenas à sujeição às formas de poder advindas do controle técnico de sistemas baseados em conhecimento, mas também atacam a integridade do *self*: isso é algo sobre o qual terei muito a dizer nos próximos capítulos.

O advento da política de vida

A perspectiva política da esquerda – e, em reação portanto contrária à da direita – esteve sempre centrada em uma ideia de emancipação. Emancipação significa liberdade, ou melhor, liberdades de vários tipos: liberdade em relação à tradição, em relação aos grilhões do passado; liberdade em relação ao poder arbitrário; e liberdade das restrições da pobreza ou privação material. A política emancipatória é uma política de oportunidades de vida. Ela está relacionada à autonomia de ação.

A política emancipatória obviamente continua sendo importante para qualquer programa político radical. Entretanto, a ela se junta atualmente uma série de preocupações advindas das mudanças que acabamos de descrever – da destradicionalização mais o desaparecimento da natureza. Essas preocupações dão origem a questões de política de vida. A política de vida e as disputas e lutas a ela associadas tratam de como deveríamos viver em um mundo onde tudo que costumava ser natural (ou tradicional) agora tem de ser, em algum sentido, escolhido ou decidido.

A política de vida é uma política de identidade e uma política de escolha. Uma das razões pelas quais os debates entre a direita e a es-

PARA ALÉM DA ESQUERDA E DA DIREITA   107

querda tornaram-se, de maneira tão frequente, pouco atraentes para a população leiga é que eles simplesmente não abordam esses novos campos de ação. Seria um erro básico entender as políticas de vida somente como uma preocupação dos mais afluentes. Em certos aspectos, de fato, o contrário é verdadeiro. Atualmente, alguns dos grupos mais pobres (e não só nas sociedades desenvolvidas) enfrentam os problemas de destradicionalização de maneira mais incisiva. Assim, grande número de mulheres está agora deixando seus casamentos e, em conjunção com essa afirmação de autonomia, remodelando suas vidas. No entanto, muitas delas tornam-se parte dos "novos pobres", especialmente se forem as únicas responsáveis pelo sustento de suas famílias. Economicamente desmotivadas, elas também são convocadas a serem as pioneiras em novas formas de vida doméstica e de relações de parentesco.

A política de vida não é, ou não é só, uma política do pessoal; os fatores envolvidos tornaram-se genéricos em relação a muitos aspectos da vida social, inclusive alguns de grande envergadura. As questões ecológicas e feministas são de grande importância nas lutas de política de vida, mas certamente não as esgotam. Em vez disso, pensar em termos de política de vida ajuda a explicar por que essas questões atingiram essa proeminência. Elas são reações e engajamentos em relação a um mundo no exato momento em que a tradição deixou de ser tradicional, e que a natureza não é mais natural.

A política de vida também recobre áreas bastante ortodoxas do envolvimento político; por exemplo, as atividades econômicas e de trabalho. Como tantas outras áreas da vida social, o trabalho era, até recentemente, experienciado por muitos como se fosse uma sina. A maioria dos homens sabia que faria parte da força de trabalho assalariado durante boa parte de suas vidas, enquanto as mulheres com frequência estavam confinadas ao ambiente doméstico. O protesto contra tal "sina" foi, acima de tudo, um impulso primordialmente emancipatório. Isso é verdadeiro no caso do movimento sindical, dominado por homens, o qual se desenvolveu com mais força entre os trabalhadores manuais que, acima de qualquer outro, experienciavam o trabalho como um determinado conjunto de condições que oferecia pouca autonomia de ação. Isso também foi verdadeiro em relação às primeiras formas de feminismo.

Nos tempos atuais, até mesmo entre os grupos mais destituídos, o trabalho é raramente abordado como sina (isso insistentemente acontece mais com o desemprego). Existe uma ampla consciência reflexiva de que o que conta como "trabalho" é definido de maneira muito mais abrangente do que costumava ser, e que trabalho é um conceito problemático e controverso. Dadas as mudanças na estrutura de classes, um número menor de pessoas segue automaticamente a ocupação de seus pais ou aquelas típicas das comunidades homogêneas de trabalhadores. O envolvimento de um grande número de mulheres na força de trabalho tornou evidente que existem decisões a serem tomadas, e prioridades a serem estabelecidas, não só quanto a tentar conseguir um emprego e não outro, mas no que diz respeito ao lugar que o trabalho deve ocupar, se comparado a outros valores da vida. Muitos outros fatores também são relevantes. Por exemplo, o fato de muitos jovens dedicarem anos à formação superior rompe a transição "natural" entre escola e trabalho. Muitos estudantes, hoje em dia, perambulam pelo mundo antes de tentarem ingressar no mercado de trabalho. E as pessoas mais velhas podem fazer a mesma coisa, em uma fase posterior de suas vidas.

A política de vida trata dos desafios enfrentados pela humanidade coletiva, e não só de como os indivíduos deveriam tomar decisões quando confrontados com muito mais opções do que tinham antes. Algumas pessoas já disseram que a crise ecológica é para nós, hoje, o que as crises capitalistas foram para as primeiras formas de sociedade industrializada. Há algum fundamento nessa ideia, mas na forma em que foi expressa, ela não é convincente. Afinal de contas, o capitalismo não foi superado, como os socialistas esperavam e previam; além disso, as questões ecológicas que nos perturbam não podem ser entendidas como relacionadas apenas ao meio ambiente. Elas são um sinal e uma expressão da centralidade dos problemas da política de vida. Propõem, com especial vigor, as questões que devemos enfrentar no momento em que o "progresso" se tornou bastante ambíguo, temos novas responsabilidades em relação às futuras gerações e existem dilemas éticos que os mecanismos de crescimento econômico constante nos fazem colocar de lado ou reprimir.

Mudança social e o papel da confiança ativa

Uma ordem social destradicionalizadora é aquela na qual a população torna-se mais ativa e reflexiva, embora o significado de "reflexivo"

PARA ALÉM DA ESQUERDA E DA DIREITA 109

deva ser entendido de maneira adequada. Quando o passado perdeu sua influência, ou tornou-se uma "razão" entre outras para que uma pessoa faça o que faz, os hábitos preexistentes são apenas um guia limitado para a ação, ao passo que o futuro, aberto a diversos "cenários", torna-se de vivo interesse. O que está em discussão aqui, no contexto da incerteza artificial, é a questão de geração de confiança ativa – confiança nos outros ou em instituições (inclusive as políticas), que deve ser ativamente produzida e negociada.

A confiança ativa, entendida em conjunção com uma sociedade de pessoas inteligentes, implica uma concepção de política gerativa, intimamente ligada aos interesses da política de vida. Eu uso o conceito para fazer um contraste com as ideias ortodoxas tanto da esquerda como da direita. A política gerativa implica várias circunstâncias:

1 promover as condições sob as quais os resultados desejados – por enquanto deixando-se o que é desejado, e quem deseja, em uma caixa-preta – possam ser alcançados, sem que esses desejos sejam determinados, ou esses resultados venham a surgir, "de cima";

2 criar situações nas quais a confiança ativa possa ser estabelecida e mantida, seja nas instituições do governo ou nas agências correspondentes;

3 conceder autonomia àqueles que são afetados por programas ou políticas específicos – e, de fato, desenvolver essa autonomia em muitos contextos;

4 gerar recursos que ampliem a autonomia, inclusive riqueza material; o que está em jogo aqui são os recursos que promovem a produtividade no sentido amplo mencionado acima;

5 a descentralização do poder político. A descentralização é a condição da eficiência política devido à exigência de fluxo ascendente de informações, bem como do reconhecimento da autonomia. No entanto, o movimento de avanço e recuo entre a descentralização e o centro político não é um jogo empatado. A descentralização às vezes pode ampliar a autoridade do centro, seja devido a compensações, seja pelo fato de criar maior legitimidade.

Descrita dessa forma, a política gerativa de maneira alguma está limitada à esfera política formal, mas alcança uma série de domínios nos quais as questões políticas surgem e devem ser respondidas. A confiança ativa está intimamente ligada à concepção de política gerativa. Não mais dependente de alinhamentos preestabelecidos, ela é mais contingente e contextual do que a maioria das formas anteriores das relações de confiança. Ela não necessariamente implica igualdade, mas não é compatível com a deferência que surge das formas tradicionais de *status*. A confiança ativa demanda maior "visibilidade" das relações sociais, mas também atua no sentido de aumentar essa visibilidade.

Sob a modernização reflexiva, boa parte da população vive no mesmo "espaço discursivo"; as questões políticas formam um tipo de item em uma diversidade de engajamentos reflexivos (ou desengajamentos) no mundo em termos mais amplos. Alguns autores afirmam que as questões de programa político se tornaram tão complexas que só podem ser dominadas por uns poucos especialistas. No entanto, analisando-se a questão por outro ângulo, nunca houve um momento no qual as informações sobre os problemas e eventos atuais fossem debatidas mais publicamente, de maneira constante, do que nos dias de hoje.

A natureza contingente e negociada da confiança ativa não significa que o apoio aos partidos políticos estabelecidos se torna mais volátil, embora isso possa acontecer em alguns contextos. Entretanto, questões gerais de anuência vêm para o primeiro plano. Quando a constituição política nacional torna-se apenas um entre muitos pontos de referência para a vida do indivíduo, pode ser que muitas pessoas não "ouçam" muito aquilo que está acontecendo na esfera política (ortodoxa). Ainda assim, esse "desligamento" pode ocorrer com um estado de vigilância específico para as questões que o indivíduo considera secundárias. Apesar das aparências às vezes contrárias, muitos podem estar bem mais preocupados com a forma como são governados do que estavam no período da modernização simples.

A possibilidade de que uma pessoa também possa "sintonizar-se" em qualquer momento, e desconsiderar a política na maior parte do tempo ou em todo ele, é sem dúvida um ponto adicional para a democracia liberal. Como diz Norberto Bobbio, os sistemas que buscam ser "democráticos demais", que estendem a constituição política formal a muitas áreas da vida, tornam-se, na verdade, *a*democráticos.[7] No entanto, em um mundo de pessoas inteligentes, a maioria delas, na

---

7 ELKINS, P. *A New World Order*. London: Routledge, 1992.

PARA ALÉM DA ESQUERDA E DA DIREITA

maior parte do tempo, sabe a maioria das coisas que o governo sabe. Essa situação pode servir para bloquear as políticas que um governo deseje iniciar, mas também pode significar que, quando houver uma sintonia, o apoio que virá será maior do que o previsto.

Uma influência importante aqui é o impacto difuso dos "sistemas abstratos" – sistemas de perícia de todos os tipos – em nossas vidas nos dias de hoje. Sob o duplo impacto das influências de globalização e destradicionalização, muitos aspectos da vida cotidiana tornam-se esvaziados de habilidades desenvolvidas localmente, sendo invadidos por sistemas peritos de conhecimento. As mudanças revolucionárias de nosso tempo não estão acontecendo tanto no domínio da política ortodoxa quanto ao longo das fissuras da interação entre as transformações locais e globais. Trata-se aqui de algo mais profundo do que o impacto da mudança tecnológica sobre a vida das pessoas, apesar de seu grande alcance. Os sistemas abstratos incluem não só a tecnologia, mas também qualquer forma de conhecimento perito que substitua as artes ou capacidades locais.

O papel cada vez maior que a perícia tem na vida social entrecruza--se com a reflexividade; a perícia não é mais a prerrogativa exclusiva dos peritos. De qualquer forma, ninguém pode ser um perito em mais do que uma área bastante limitada. Todo perito é um leigo diante da multiplicidade de outros sistemas abstratos que lhe influenciam a vida; no entanto, todo indivíduo leigo pode também – em princípio e, frequentemente, na prática – apropriar-se do conhecimento perito a ser aplicado no contexto das atividades sociais. Todas as formas de perícia pressupõem a confiança ativa, uma vez que toda afirmação de autoridade se dá juntamente com aquelas feitas por outras autoridades, e os próprios peritos frequentemente discordam uns dos outros.

A visão saint-simoniana do futuro, que ajudou a inspirar o socialismo, considerava que a vida política passaria a ser dirigida por peritos – nesse caso, cientistas e engenheiros. No entanto, para melhor ou para pior, essa ideia mostrou-se vazia. Ela só fazia algum sentido em relação à modernização simples, na qual a ciência e a tecnologia deveriam gerar verdades inquestionáveis. A política não pode ser reduzida à perícia; mas também a perícia nunca pode manter as afirmações de legitimidade possíveis em sistemas mais tradicionais de autoridade.

Isso se deve a diversos motivos. Um perito só possui uma afirmação provisória de autoridade, porque as ideias desse perito podem ser contestadas por outros com credenciais equivalentes. O estado de conhecimentos na maioria das áreas muda de maneira bastante rápida, de forma que aquilo que se afirma com certeza em um determinado momento pode rapidamente tornar-se obsoleto. Além disso, em uma era socialmente reflexiva, a perícia não permanece como exclusividade do perito; quaisquer afirmações de um especialista em relação a conhecimentos relevantes para as tarefas práticas da vida social tenderão a ser deflacionadas ao se tornarem o meio circulante comum, embora frequentemente de maneira imperfeita. O prestígio da própria ciência, tão fundamental para as fases anteriores do desenvolvimento das instituições modernas, torna-se subvertido por esse mesmo ceticismo que é o motor do empreendimento científico.

A importância prática desse último ponto é de grande alcance. Por exemplo, uma pessoa com problemas de saúde poderia, em primeiro lugar, voltar-se para a esfera da ciência ortodoxa e da tecnologia médica para resolvê-los, e seguir o primeiro diagnóstico que surgisse. No entanto, contra um pano de fundo de mecanismos de confiança ativa, a escolha poderia muito bem ser a de pedir uma segunda ou terceira opinião. Fora da medicina ortodoxa, um grande número de tratamentos alternativos e de terapias disputam atenção. Os pacientes que passem a considerar qualquer dessas terapias provavelmente descobrirão que elas também são internamente contestadas – existem muitos tipos diferentes de psicoterapias, por exemplo, algumas das quais também afirmam curar doenças físicas. Não existe um perito de todos os peritos para mostrar o caminho certo.

Os dilemas provocados dessa maneira incomodam profundamente. As formas estabelecidas de fazer as coisas – em questões de medicina, lealdade política, dieta, sexualidade e muitas outras – podem, em vários contextos, subsistir. No entanto, é difícil não estar consciente de que qualquer padrão de vida – não importando o quão tradicional – é apenas uma entre outras formas possíveis de vida. A contingência da confiança ativa em tais circunstâncias pode, com frequência, ser silenciada pelo hábito; mas a natureza oculta dos hábitos, comparada a tipos mais tradicionais de atividades, significa que em situações de tensão ou crise, pessoais ou coletivas, a confiança pode ser rapidamente retirada e investida em outros lugares.

Todas essas características podem ser encontradas na vida pessoal e emocional. Nos envolvimentos sexuais e nas relações entre pais e filhos, a confiança precisa ser gerada por meio de um engajamento ativo com o outro ou com os outros. Para muitas pessoas, o casamento mudou radicalmente de caráter. Ele se tornou um sinal público do investimento da confiança ativa. Poucas décadas atrás, havia um mínimo de retórica do "comprometimento" na vida pessoal. Uma vez que se entrasse nele, o casamento era um Estado "natural" – ou se estava casado ou não. O casamento já *era* um comprometimento, definido como tal pelas normas sociais. O "comprometimento" não precisava ser isolado e discutido da maneira que se tornou tão comum nos dias de hoje.

O papel da confiança ativa nas relações entre pais e filhos talvez não seja tão óbvio, mas nem por isso é menos importante. A autoridade dos pais sobre os filhos, e, dentre tantos outros grupos que se possa considerar, é um dado muito menos concreto do que costumava ser – o tipo de coisa que provoca desespero entre os autores mais conservadores. Sejam quais forem as implicações mais amplas dessa mudança, na situação atual as relações entre pais e filhos estão cada vez mais sujeitas a negociações de ambos os lados. Os filhos, mesmo quando muito jovens, geralmente têm muito mais autonomia em suas relações com os mais velhos do que tinham anteriormente. Não é por acaso que uma grande quantidade de abusos sexuais contra crianças tenha vindo à tona nos últimos anos, fato presumivelmente oculto até então; também não é por acaso que, atualmente, exista tanta discussão, no mundo todo, sobre os direitos das crianças. O que pode parecer, aos olhos do crítico conservador, um desagradável declínio da autoridade paterna e das obrigações filiais é mais complexo, e mais positivo, do que essa interpretação essencialmente pessimista implicaria. A autoridade dos pais sobre os filhos é menos arbitrária do que costumava ser; os pais são mais frequentemente convocados, seja pelos filhos ou por outras pessoas a explicarem seus atos. Disso resultam muitos problemas e tensões, o que também ocorre em outras áreas de destradicionalização. No entanto, não se infere daí que a autoridade paterna seja sempre enfraquecida; ela pode ser ampliada quando se baseia mais no acordo do que na imposição direta de poder.

A intromissão dos sistemas abstratos na vida social e as reações que esse fenômeno instiga não afetam só a vida local e a identidade pessoal: essas influências estendem-se à mais abrangente das ordens globais, incluindo os diversos contextos de risco de grande consequência.

Incerteza artificial e ambientes de risco global

Existem quatro contextos principais nos quais enfrentamos riscos de grande consequência advindos da extensão da incerteza artificial. Cada um deles corresponde, como tentarei demonstrar, a uma dimensão institucional da modernidade.

O primeiro deles diz respeito ao impacto do desenvolvimento social moderno sobre os ecossistemas mundiais. Nossa relação com o meio ambiente tornou-se problemática de várias maneiras. Parece provável que os recursos materiais necessários para manter a vida humana, e em especial o modo de vida das áreas industrializadas do mundo, estejam ameaçados a médio prazo. O relatório original do Clube de Roma enfatizava as ameaças a recursos não sustentáveis, mas atualmente os ambientalistas tendem a dar maior ênfase à capacidade mundial de tratamento ou eliminação de resíduos. A lista de perigos é bem conhecida: o provável desenvolvimento do aquecimento global, como resultado da produção dos chamados "gases do efeito estufa"; o desgaste da camada de ozônio; a destruição das florestas tropicais; a desertificação e o envenenamento das águas em um grau que provavelmente inibiria os processos de regeneração que elas contêm.

Uma segunda crise diz respeito ao desenvolvimento da pobreza em larga escala – que foi descrito como o "holocausto da pobreza". As estatísticas não são precisas, mas seja lá como forem calculadas, elas revelam níveis alarmantes de privação. Mais de 20% da população mundial vive em condições de absoluta pobreza, se esta for definida como uma situação na qual as pessoas não podem satisfazer regularmente suas necessidades de subsistência mais básicas.

As causas da pobreza global são complexas, e a tendência geral de mudança é difícil de ser interpretada. Os dias em que se podia simplesmente culpar a disseminação do capitalismo pelas desigualdades globais certamente já passaram, embora restem poucas dúvidas de que os mercados capitalistas com frequência têm um efeito polarizador sobre as distribuições de riqueza e de renda. Também tornou-se evidente que não é sempre a falta de desenvolvimento econômico que causa o empobrecimento, mas às vezes é esse próprio "desenvolvimento". Um modo de vida que poderia ser bastante modesto em termos econômicos, mas que era autossuficiente e organizado por meio da tradição local, acaba se

PARA ALÉM DA ESQUERDA E DA DIREITA 115

destruindo quando o projeto de desenvolvimento – represa, plantação ou fábrica – é introduzido.[8]

É provável que as pessoas afetadas dessa forma se encontrem em uma situação de relativa pobreza, mesmo se seu padrão material de vida for um pouco aumentado; elas são lançadas dentro de uma sociedade para a qual não estão preparadas e na qual são marginalizadas. A pobreza relativa é um conceito notoriamente mais indefinido do que privação absoluta – alguns dizem que toda pobreza é relativa, dando ao conceito uma definição flexível. De qualquer modo, julgando-se pelos padrões usuais, incluindo-se as designações oficiais de pobreza, milhões de pessoas nas sociedades mais ricas também são pobres.

Uma terceira fonte de crise é a existência disseminada de armas de destruição maciça, somada a outras situações nas quais a violência coletiva surge como uma possibilidade. O término da Guerra Fria diminuiu a possibilidade de um confronto nuclear que poderia ter destruído boa parte da vida humana na Terra; mas essa ameaça não desapareceu de todo. Deve haver pelo menos 15 países que possuem armas nucleares. O número aumentou desde os dias da Guerra Fria, como resultado das novas nações nucleares que surgiram com a desintegração da União Soviética. A proliferação de armas nucleares é uma perspectiva provável em decorrência do grande número de reatores "pacíficos" que existem, capazes de produzir plutônio, e devido ao comércio mundial que se realiza com essa substância.

O problema da violência, como diminuí-la ou preveni-la, afigura-se como uma das mais difíceis questões reveladas pelo desaparecimento do confronto das superpotências. Como todos nós (reflexivamente) sabemos, existe uma nova ordem mundial, que parece, no entanto, tão perturbadora quanto a antiga. O problema não é só a acumulação de equipamento militar, mas o agravamento das tensões locais em muitas áreas diferentes e geralmente associadas a divisões nacionalistas, religiosas ou étnicas. Em retrospecto, é evidente que o empate da Guerra Fria, embora terrivelmente perigoso, foi, em alguns aspectos, uma força estabilizadora em muitas áreas do mundo.

Em termos de escala, a violência é, acima de tudo, um problema ligado à ordem militar global; mas também é, sem dúvida, algo que ocorre

---

8 FRENCH, M. *The War Against Women*. London: Penguin, 1992.

em uma multiplicidade de situações mais rotineiras. A violência masculina contra as mulheres fora do contexto da guerra, por exemplo, é um fenômeno de penetrante importância. Se existe uma "guerra contras as mulheres", como afirmou Marilyn French, ela não está restrita a qualquer parte específica do globo.[9]

Uma quarta fonte de crise global diz respeito à repressão em grande escala dos direitos democráticos e à "incapacidade de aumentar o número de pessoas que desenvolvam mesmo que uma pequena parte de seu potencial humano".[10]

Existem estreitas ligações aqui com as categorias anteriores. A Guerra Fria manteve em perspectiva um diálogo hipócrita sobre "direitos democráticos", período no qual esse conceito tornou-se bastante vazio – um disfarce para os interesses estratégicos das superpotências. Sucessivos governos norte-americanos deixaram claro que não tolerariam regimes considerados incompatíveis com os interesses dos Estados Unidos – e outros foram prontamente desestabilizados quando não se ajustavam a esses interesses. A União Soviética proclamou seu apoio à "democracia" com tanto alarde quanto seu oponente global; ao mesmo tempo, ela também buscava políticas orientadas principalmente por interesses geopolíticos.

O desaparecimento da Guerra Fria serviu para deixar claro que existem fatores estruturais básicos na sociedade global que contribuem para uma negação dos direitos democráticos. A repressão da democracia não foi somente um fenômeno da Guerra Fria, ou mesmo um fenômeno de autoritarismo político. Muitas pessoas são "incapazes de desenvolver mesmo que uma pequena parte de seu potencial humano" ou por causa da pobreza compulsória, ou em virtude da natureza restritiva das circunstâncias em que vivem.

Os quatro tipos de "males" globais distinguidos acima relacionam-se a diferentes dimensões institucionais da civilização moderna, na forma indicada em meu primeiro diagrama.

---

9 ELKINS, op. cit., 1992, p.1.

10 Os governos militares parecem estar em declínio. No entanto, até 1993, havia ainda mais de cinquenta regimes militares em diferentes partes do mundo. Segundo a Anistia Internacional, pessoas foram presas por questões de consciência – exclusivamente devido a sua religião, língua ou origem étnica – em mais de oitenta países em todo o globo.

PARA ALÉM DA ESQUERDA E DA DIREITA

(Capitalismo)	Polarização econômica	Ameaças ecológicas	(Industrialismo)
(Vigilância)	Negação de direitos democráticos	Ameaças de guerra em grande escala	(Meios de violência)

A difusão global da modernidade, como a esquerda sempre enfatizou (e agora a direita e a esquerda concordam com isso), foi motivada em grande parte pelo dinamismo da empresa capitalista. No entanto, o mundo moderno não é exclusivamente *capitalista*; ele possui outras dimensões estruturadoras também, como tentei demonstrar com mais detalhes em outras obras. Essas dimensões incluem o *industrialismo*, como um modo de produção que conduz nossa instável relação com a natureza material; o controle do poder militar e os *meios de violência*, e o controle de informação, ou *vigilância*, como um meio de gerar poder administrativo.

Em cada uma dessas dimensões – em relação a cada um dos quatro ambientes de risco –, a pergunta que deve ser feita pelo radicalismo político é: que formas sociopolíticas alternativas poderiam potencialmente existir? Vou construir a maior parte do restante do livro em torno de respostas a essa pergunta indicada em meu segundo diagrama.

(Capitalismo)	Economia de pós-escassez	Natureza humanizada	(Industrialismo)
(Vigilância)	Democracia dialógica	Poder negociado	(Meios de violência)

1 A noção de uma economia de pós-escassez, pelo menos em uma determinada vertente, foi uma ideia proeminente em algumas vertentes do marxismo. Na verdade, durante muito tempo ela foi ridicularizada e considerada utópica por aqueles preocupados em apresentar a opção econômica mais "realista" do controle diretivo da economia. Agora as

coisas se reverteram. A ideia de sujeitar a vida econômica a uma direção central perdeu suas credenciais radicais. O conceito de uma economia pós-escassez, ao contrário, como tentarei mostrar em um capítulo posterior, não é mais totalmente utópico. Da mesma forma que as outras possibilidades políticas descritas aqui, ela pode ser abordada com uma postura de *realismo utópico*; possui traços utópicos, mas não é irreal porque corresponde a tendências observáveis.

A ideia marxista de uma sociedade de pós-escassez foi uma visão de uma era de abundância universal, na qual a escassez efetivamente desapareceria. Com essa aparência, ela é de fato puramente utópica e não oferece qualquer vantagem em uma situação global na qual o que se está exigindo é a conservação de recursos, e não o seu desenvolvimento ilimitado. Na forma que o emprego aqui, o conceito de pós--escassez significa algo diferente; ele se refere a uma situação ou, mais precisamente, a um complexo de situações nas quais o crescimento econômico não é mais de suprema importância.

A pós-escassez não significa a ausência de escassez – sempre haverá, em todo caso, os bens "posicionais". As tendências a uma economia de pós-escassez surgem quando os processos de acumulação são amplamente percebidos como *ameaçadores ou destruidores de modos de vida apreciados*; quando a acumulação torna-se manifestamente *contraprodutiva em seus próprios termos*, isto é, quando há um "superdesenvolvimento" que leva a consequências econômicas, sociais ou culturais quase excelentes; e quando, nos domínios da política de vida, os indivíduos ou grupos tomam decisões de estilo de vida que *limitam* ou *vão prontamente contra os retornos econômicos maximizadores*.

Nas sociedades desenvolvidas, a tentativa de enfrentar a desigualdade econômica esteve intimamente associada à ascensão do *welfare state*, a principal preocupação do socialismo tornado defensivo. E é no contexto dos problemas de bem-estar social que discutirei as ideias de desigualdade, em um capítulo posterior. No entanto, afirmarei que essa discussão não pode ocorrer isolada dos problemas mais amplos da pobreza global.

2 A humanização da natureza abrange a ecologia, mas é preciso abordar as questões ecológicas da maneira sugerida pela análise de destradicionalização. A natureza chegou ao fim de uma forma paralela à tradição. O ponto no qual a desnaturalização da natureza acabou efetivamente com nosso "ambiente natural" não pode ser fixado de

PARA ALÉM DA ESQUERDA E DA DIREITA 119

maneira exata; mas, em algum momento do século passado, a antiga relação entre os seres humanos e a natureza foi rompida e revertida. Em vez de nos preocuparmos, acima de tudo, com o que a natureza poderia fazer-nos, temos agora de nos preocupar com o que fizemos à natureza. Enfrentar o problema da humanização da natureza significa partir da existência da "natureza plástica" – a natureza incorporada em uma ordem pós-tradicional. As decisões sobre o que preservar, ou lutar para recuperar, podem raramente ser tomadas com referência àquilo que existe independentemente dos seres humanos. As questões de esgotamento de recursos e danos ambientais podem, às vezes, ser analisadas em termos de o quanto se afastam dos ciclos naturais de regeneração. No entanto, em outros aspectos – que dizem respeito à tradição e à natureza – a conservação (ou renovação, reconstrução) tem de abordar o problema de como se adaptar ao passado e interpretá-lo no que diz respeito aos vários futuros projetados.

3 A guerra em grande escala, hoje, ameaça o ambiente de maneira tão devastadora quanto as mais pacíficas formas de tecnologia. Não foi sempre assim; existe uma ligação entre a industrialização e a manutenção da guerra. As tecnologias bélicas industrializadas são capazes de destruir vastas áreas de paisagem ou poluir a atmosfera da Terra como um todo. Mesmo um conflito nuclear bastante limitado poderia criar as condições de um "inverno nuclear" – como outros riscos de grande consequência, ninguém realmente sabe o quão provável é isso. Outras formas de armamentos industriais, como as armas químicas, podem ser poderosamente poluidoras. E quem sabe o que outros dez, vinte ou cem anos de desenvolvimento de armas poderiam trazer?

Se a violência significa o uso da força física para se atingir um determinado fim, ela é, sem dúvida, uma ocorrência diária, e não algo ligado apenas ao poder militar ou à guerra. Uma teoria política normativa da violência não pode ocupar-se apenas com a paz; ou, de outro modo, deve generalizar-se para além de uma hipotética situação de ausência de guerra. Tentarei mostrar que, no mundo de hoje, existe uma nova relação entre a violência, por um lado, e a possibilidade de comunicação dialógica, por outro; e essa relação aplica-se, em princípio, a todas as formas de violência, da violência doméstica à guerra.

4 Poderia haver uma ordem social livre de violência? A ideia, sem dúvida, é utópica. No entanto, a possibilidade de reduzir ativamente os

níveis de violência, em domínios sociais que vão do pessoal ao mais global, é bastante realista – e, da mesma forma que em outras áreas de riscos de grande consequência, é certamente necessária se a humanidade quiser sobreviver ao perigoso período que está começando a surgir. O oposto do uso da força é o poder negociado, um fenômeno que está próximo da democracia. A democratização está ligada à capacidade de vigilância dos Estados e de outras organizações no mundo moderno tardio – a quarta dimensão das instituições modernas mencionada anteriormente. É da questão da democracia, suas formas e possibilidades, que tratarei no próximo capítulo.

CAPÍTULO 4

DUAS TEORIAS DE DEMOCRATIZAÇÃO

A popularidade da democracia

De repente, todo mundo descobriu a democracia! Uma paixão pelo governo democrático tem sido há muito tempo a marca registrada das filosofias políticas liberais, mas o Velho Conservadorismo e o socialismo revolucionário sempre mantiveram-se a distância. No entanto, existe atualmente algum pensador político que não seja, em um sentido ou outro, um democrata?

Até mesmo aqueles que, como alguns autores neoliberais, possuem dúvidas sobre a eficácia das instituições democráticas formais têm se tornado defensores da democratização. Para eles, o mercado democratiza onde a política democrática não consegue atingir. Além disso, o entusiasmo universal pela democracia não está restrito ao nível teórico. No início da década de 1990, em muitos países do mundo, foram feitos movimentos para tentar substituir governos autoritários ou regimes de partido único por um sistema multipartidário. No período de 1989 a meados de 1993, por exemplo, mais de vinte países, só na África, buscaram introduzir o constitucionalismo e as instituições parlamentares democráticas.

Por que a democracia, agora, tornou-se mais ou menos universalmente popular? Como deveria o conceito de democracia ser mais bem entendido? Quais são as perspectivas de seu desenvolvimento futuro, visto pelo ângulo do realismo utópico?

Duas abordagens contrastantes podem ser feitas em relação à primeira dessas perguntas. Uma delas eu chamarei de abordagem ortodoxa – é a perspectiva de Francis Fukuyama, mas de forma alguma limitada apenas a ele. A perspectiva ortodoxa da democratização faz do desaparecimento das alternativas históricas uma virtude, ou, no caso de Fukuyama, um caso de debate filosófico. A democracia tornou-se universalmente popular nos dias de hoje simplesmente porque é o melhor sistema político que a humanidade pode propor. E a maioria das nações e povos percebe isso. O fascismo fracassou há muito tempo. O comunismo não existe mais, e o governo militar não pode gerar uma administração eficiente. A democracia liberal, associada ao capitalismo na esfera econômica, é o que restou; alguns se entusiasmam com essa situação, outros (como Fukuyama) aceitam-na com certa resignação.

A perspectiva ortodoxa não é nova. "Dois vivas para a democracia", a maneira não tão sutil de E. M. Forster expressar as coisas – esse interesse quase ardente pela democracia recebeu um sólido formato sociológico de Max Weber já no início deste século. Weber fora influenciado pela crítica da democracia e da produção capitalista oriunda do Velho Conservadorismo, embora ele não a aceitasse. A democracia permite às populações votarem para decidir quem deverá governá-las e, dadas certas condições, pode ajudar a gerar bons líderes políticos. Ela permite uma certa quantidade de escolha, o que, por definição, não acontece com um sistema de partido único; e o mesmo acontece aos mercados capitalistas se comparados à economia socializada. Dito isso tudo, para Weber a democracia é um negócio deprimente e a sociedade burguesa é não heroica e medíocre.

A maioria daqueles que adotam a abordagem ortodoxa há muito já se livrou dos valores aristocráticos de bravura e aventura que coloriram a qualificada apreciação de democracia de Weber. O que distingue a proposta ortodoxa hoje é que ela acabou de se *tornar* uma ortodoxia, com a desintegração do comunismo, e que é aplicada para ajudar a explicar essa mesma desintegração.

Essa proposta poderia ser descrita como uma teoria niveladora da democracia. As revoluções no Leste Europeu ocorreram, pelo que dizem, porque o comunismo tornou-se inaceitavelmente autoritário e foi denunciado como economicamente ineficaz. Ele não tinha de ser atacado de

PARA ALÉM DA ESQUERDA E DA DIREITA

fora, mas deveria desintegrar-se por dentro. Embora as rebeliões anteriores contra a autocracia comunista no Leste Europeu tenham fracassado, os movimentos oposicionistas desta vez foram bem-sucedidos (muito mais do que eles ou qualquer pessoa havia previsto) porque o sistema como um todo havia atingido um estado avançado de decomposição. O Leste Europeu precisava alcançar o Ocidente e agora tem, pelo menos, a oportunidade de fazê-lo. A única pergunta que permanece, segundo a perspectiva ortodoxa – embora seja uma pergunta séria e difícil –, é quando e se as ex-sociedades comunistas poderão nivelar-se às democracias liberais do Ocidente. O mesmo se aplica aos países do Terceiro Mundo. Serão eles capazes de seguir a mesma estrada – uma "estrada" que não leva mais ao socialismo – que as democracias ocidentais já trilharam? Isso porque, como os marxistas sempre gostaram de dizer sobre o socialismo, as alternativas são somente a democracia liberal mais capitalismo, ou a estagnação.

A versão que Fukuyama apresenta dessa perspectiva é marcada por uma ousadia e um ímpeto que seus rivais não possuem. Para Fukuyama, a democracia liberal assinala "o ponto final da evolução ideológica da humanidade" e a "forma final de governo humano".

> Da América Latina ao Leste Europeu, da União Soviética ao Oriente Médio e à Ásia, os governos fortes fracassaram durante as duas últimas décadas. E embora não tenham, em todos os casos, cedido lugar a democracias liberais estáveis, a democracia liberal continua sendo a única aspiração política coerente que abrange diferentes regiões e culturas por todo o mundo.[1]

Por que os Estados fortes tornaram-se fracos? Fukuyama diz que o autoritarismo, seja de direita ou de esquerda, fracassou porque não pôde desenvolver uma legitimação satisfatória de seu próprio poder. Esses regimes não têm um fundo de boa vontade que possa acudi-los em períodos difíceis; eles não são flexíveis como as democracias liberais. Uma característica notável do declínio do governo autoritário no período

---

1 Citações aqui e seguintes extraídas de: FUKUYAMA, F. *The End of History and the Last Man*. London: Hamilton, 1992. p.xiii, 21, 43, 200, 206, 332, 283. [Ed. bras. *O fim da história e o último homem*. Trad. de Aulyde Soares Rodrigues. Rio de Janeiro: Rocco, 1992.]

atual é a falta de derramamento de sangue nas transições que ocorreram – mesmo e especialmente aquelas ocorridas no Leste Europeu. Essa "retirada voluntária do poder", embora geralmente provocada por situações críticas específicas, "tornou-se possível basicamente graças a uma convicção cada vez maior de que a democracia seria a única fonte legítima de autoridade no mundo moderno". A impotência econômica da União Soviética, na verdade, apenas expôs sua fraqueza mais fundamental: sua falta de legitimidade.

Ao contrário de alguns outros autores, que viram alguma tensão entre liberalismo e democracia, Fukuyama considera os dois componentes da democracia liberal como intimamente ligados. O liberalismo é o domínio da lei, o reconhecimento dos direitos de liberdade de expressão e o direito à livre posse de propriedade. A democracia é o direito de todos os cidadãos de votar e formar associações políticas. Esse direito pode ser visto como um entre outros direitos liberais – na verdade, o mais importante –, daí o laço entre liberalismo e democracia. No entanto, a própria democracia só pode ser definida de uma forma processual; não se pode transformá-la em substantiva como procuraram fazer os Estados comunistas. Um Estado é democrático "se ele concede a seu povo o direito de escolher seu próprio governo por meio de votação periódica secreta, eleições multipartidárias, baseadas no sufrágio universal e igual".

De maneira semelhante, existe uma estreita e evidente relação entre a democracia liberal e o capitalismo. Esse laço não é econômico, como argumentam os neoliberais. Nesse ponto, diz Fukuyama, precisamos voltar a Hegel. O avanço universal da democracia liberal está ligado ao entendimento da história como uma "luta por reconhecimento". Embora o desejo de reconhecimento passe por várias vicissitudes, na era burguesa ele se torna embutido nas convicções liberais, como o reconhecimento de que todo indivíduo tem o direito de viver autonomamente e com dignidade. Combinada com o capitalismo, a democracia liberal cria grande abundância material; no entanto, o que motiva a democratização não é a riqueza mas "o fim completamente não material do reconhecimento de nossa liberdade". A democracia liberal "reconhece" todos os seres humanos "ao conceder e proteger seus *direitos*". A democracia liberal e o capitalismo estão ligados um ao outro porque o desenvolvimento econômico amplia as condições de autonomia individual. O crescimento econômico, fortalecido pela ciência e pela tecnologia, requer um sistema educacional desenvolvido; e a educação universal libera "um

PARA ALÉM DA ESQUERDA E DA DIREITA

certo desejo de reconhecimento que não existia entre as pessoas mais pobres e menos escolarizadas".

No entanto, quão satisfatório será viver nesse universo social de democracia liberal triunfante? Fukuyama conclui de uma maneira que lembra Weber e apoiando-se, da mesma forma que este, em Nietzsche. Bravura, heroísmo, nobreza e até mesmo a virtude, para Nietzsche, são coisas alcançáveis apenas nas sociedades aristocráticas. A sociedade burguesa significa o domínio da mediocridade – existe mais do que um simples eco do Velho Conservadorismo naquilo que Fukuyama tem a dizer. Ele também demonstra uma certa semelhança com os mais recentes críticos conservadores do relativismo moral. Pode não haver nada além da democracia liberal, mas essa ordem produz seus próprios problemas e fragilidades internas:

> O pensamento moderno não ergue barreiras a uma futura guerra niilista contra a democracia liberal por parte daqueles que cresceram em seu meio. O relativismo – a doutrina que sustenta que todos os valores são meramente relativos e que ataca todas as "perspectivas privilegiadas" – deverá, em última análise, abalar também os valores democráticos e tolerantes. O relativismo não é uma arma que pode ser apontada seletivamente aos inimigos escolhidos. Ele dispara indiscriminadamente, acertando as pernas não só dos "absolutismos", dos dogmas e das certezas da tradição ocidental, mas também a ênfase que essa tradição deposita na tolerância, na diversidade e na liberdade de pensamento.

Seja lá o que se pense sobre "luta por reconhecimento", a obra de Fukuyama difere das interpretações neoliberais da ascendência da democracia e do capitalismo em um aspecto importante. Ele não pressupõe que o individualismo econômico faça a ligação entre os dois. Não é a busca de interesses pessoais nos mercados competitivos que explica a difusão da democracia; a democratização tem origens bastante independentes, que têm a ver com um desejo de autonomia e respeito. Vou endossar essa perspectiva no que se segue; mas, em outros aspectos, as ideias de Fukuyama apresentam sérias deficiências.

O capitalismo está ligado à democracia, para Fukuyama, porque permite uma autonomia material que torna possível uma generalização de respeito mútuo. No entanto, a posição de Fukuyama pressupõe aquilo que ele chama de "acumulação sem fim". Certamente, no entanto, a "acumulação sem fim" tem suas próprias contradições, tão ou mais sérias do que as da democracia liberal? As considerações sobre ecologia não têm lugar na discussão de Fukuyama; tudo o que ele diz é que o capitalismo não foi tão destrutivo para o meio ambiente quanto o comunismo.

Além disso, não é fácil ver, com base na teoria de Fukuyama, por que a democratização acelerou tão rapidamente em épocas mais recentes. Os processos que ele discute são, em sua maioria, de longo prazo; todos nós, hoje, somos herdeiros das "revoluções burguesas iniciadas há mais de quatrocentos anos". Por que, então, o mundo precisou de tanto tempo para entender isso? A única resposta apresentada por Fukuyama, ou, na verdade, por outros proponentes da perspectiva ortodoxa, é que houve desvios no caminho. Até recentemente, excessiva atenção era dada a outras alternativas históricas, falsas. O Velho Conservadorismo procurou bloquear o desenvolvimento da sociedade burguesa, ao passo que o comunismo quis transcendê-la antes que ela tivesse se desenvolvido plenamente. A democratização rápida e geral teve de esperar até que esses antolhos fossem removidos.

Essa explicação parece fraca. O mesmo se dá com a interpretação de Fukuyama dos esforços aos quais a democracia liberal provavelmente estará sujeita. O problema de relativismo de valor é bastante real; mas Fukuyama não investiga de forma alguma suas implicações, filosófica ou sociologicamente. O relativismo de valor é o produto da democracia liberal, como diz ele, ou é mais o resultado da difusão dos mercados capitalistas? Isso porque, como enfatizam os neoliberais, a economia capitalista não é respeitadora de morais ou de valores, a não ser aqueles intrínsecos ao contrato.

A questão do niilismo a que Fukuyama alude, bem como a da "acumulação sem fim", poderia ser mais alarmante do que ele pensa. Se os críticos neoconservadores do relativismo estiverem corretos, a destruição das virtudes tradicionais leva a uma desintegração fundamental e, talvez, irreparável da solidariedade social. Fukuyama fala em especial do desaparecimento dos valores de heroísmo e das lutas viris, que Weber tanto admirava. No entanto, a ameaça à ordem social apresentada por aventureiros entediados e frustrados é provavelmente muito menor do que a oferecida por um hedonismo exuberante – ou pela busca compulsiva de sucesso material que se tornou amarga.

Segundo Fukuyama, as dificuldades às quais a democracia liberal estaria sujeita parecem ser vistas como posicionadas à frente, em algum momento do futuro, quando a democratização tiver se desenvolvido de maneira mais completa pelo mundo. No entanto, os Estados democráticos liberais parecem estar em apuros em todos os lugares e neste momento. Em muitas democracias liberais, percebemos aquilo que significa uma alienação em grande escala ou, no mínimo, uma indiferença em relação às instituições políticas. As preferências do eleitorado na maioria dos países ocidentais tornaram-se instáveis. Muitas pessoas acham que o que acontece na política partidária tem pouca relevância para os problemas, ou oportunidades, de suas vidas. O descontentamento com a liderança política está tão disseminado que se tornou mais do que apenas um fenômeno contingente relacionado a uma geração específica de líderes. Além disso, apesar do fato de as normas democráticas liberais serem universalizáveis, a democracia liberal continua grandemente confinada ao Estado-nação. Esse paradoxo, notado por Kant muitos anos atrás, torna-se cada vez mais intenso, em virtude da nova dialética da globalização.

Uma visão alternativa

Tudo isso fornece bons motivos para que sejamos céticos não só também quanto ao ponto de vista, mas também quanto à proposta ortodoxa de democratização como um todo. Quero propor uma interpretação diferente – que espero venha fornecer uma explicação mais convincente sobre o porquê de a democracia liberal estar se tornando generalizada, mas que também indique por que ela está, ao mesmo tempo, sujeita à tensão.

De meu ponto de vista, os processos de democratização atualmente deveriam ser entendidos em termos das mudanças sociais que descrevi no capítulo anterior. Considerem-se, em primeiro lugar, as transformações do Leste Europeu. Elas, sem dúvida, são complexas em sua origem, e quero comentar apenas determinados aspectos a seu respeito. Como notaram muitos observadores (inclusive Fukuyama), os eventos de 1989, em alguns aspectos fundamentais, não se pareceram com as revoluções anteriores do século XX, e não só porque foram feitas contra o socialismo e não em nome dele. Elas não foram lideradas por partidos revolucionários organizados, foram pacíficas em sua maioria, e o poder do Estado, por assim dizer, diluiu-se sem precisar ser diretamente derrubado.

A influência das comunicações eletrônicas nas mudanças de 1989 tem sido notada com frequência.[2] A sequência de eventos, que se moveu rapidamente de país para país, provavelmente não teria ocorrido sem a instantaneidade conferida pelo rádio e especialmente pela televisão – devido à capacidade deste meio de dar uma forma visual dramática a acontecimentos esparsos que, de outra forma, só poderiam ser entendidos de maneira abstrata. Ainda assim, apesar de ser uma das principais influências sobre os processos mais amplos de globalização, a comunicação eletrônica instantânea é apenas um de seus aspectos. E é a globalização, com suas concomitantes transformações da vida cotidiana, que certamente subjaz às pressões para democratização nos dias de hoje.

A "fraqueza dos Estados fortes" de que fala Fukuyama não estava presente nas origens das sociedades comunistas, mas foi criada pelas condições instáveis no ambiente mais amplo da sociedade global. Os processos de democratização são hoje impulsionados pela expansão da reflexividade social e pela destradicionalização. Com o avanço da reflexividade, a "fraqueza dos Estados fortes" pode ser entendida como tendo pouco a ver com os Estados fortes especificamente. Os processos de mudança local e global afetam todos os Estados, não necessariamente os enfraquecendo de maneira unilateral, mas alterando o *status* do domínio político formal.

Muitas das mudanças mais importantes que afetam as vidas das pessoas atualmente não se originam na esfera política formal e podem apenas em parte ser enfrentadas por ela. Este é um tema crucial deste livro. Tais mudanças formam as revoluções sociais de nosso tempo, sobre as quais falei no capítulo anterior; elas exigem, e de certa forma representam, os processos de democratização, mas essas influências e pressões democratizadoras atravessam a arena política e desestabilizam o sistema democrático liberal tanto quanto o consolidam.

Parte da atração das instituições democráticas liberais é que elas permitem que indivíduos e grupos se libertem da esfera política, em vez de criarem condições gerais de legitimidade. Por um lado, grande parte da população é reflexivamente mais bem informada que antes sobre o domínio político; por outro, esse domínio torna-se, para essa população,

---

2 BODEN, D. Reinventing the global village. In: GIDDENS, A. *Human Societies*. Cambridge: Polity, 1992.

PARA ALÉM DA ESQUERDA E DA DIREITA 129

um entre múltiplos pontos de referência, locais e mais globais, em uma ordem globalizadora cosmopolita. Os sistemas democráticos liberais, e mais genericamente o Estado, são afetados de forma básica por essa situação.[3] No entanto, não resulta daí que a "fraqueza dos Estados" se torne sua força, em uma reversão do teorema de Fukuyama: isto é, que o Estado "mais forte" é um "Estado mínimo" como descrito na teoria neoliberal. Nisto reside o domínio da política gerativa, que precisa ser relacionada a uma avaliação mais ampla das características democratizadoras do que a apresentada, na qual democracia significa apenas democracia liberal.

Participação, representação, diálogo

A democracia liberal, admito, concordando com Weber e Bobbio, é basicamente um sistema de representação. É uma forma de governo caracterizada por eleições regulares, sufrágio universal, liberdade de consciência e pelo direito universal de candidatar-se a um cargo ou de formar associações políticas. Definida dessa maneira, a democracia é normalmente relacionada ao pluralismo e à expressão de interesses diversos.

Aqueles que dão dois vivas à democracia liberal têm considerável justificativa para fazê-lo. A tendência para a universalização da democracia liberal é inegavelmente importante quando situada no contexto do visível declínio dos regimes autoritários ou totalitários. Ainda assim, as limitações dos sistemas democráticos liberais já são bastante conhecidas e têm sido reiteradas frequentemente, tanto por críticos socialistas como por conservadores. Não importando a forma como estiver organizada, a democracia representativa significa o governo de grupos distantes do eleitor comum e com frequência é dominada por insignificantes questões de política partidária.

---

3 HELD, D. Democracy: from city-states to a cosmopolitan order? In: Prospects for democracy, *Political Studies* (Special Issue), v.40, 1992, cap.17. Ver também *Models of Democracy*. Cambridge: Polity, 1987. Devo muito à obra de Held pelo que segue aqui.

Acredito que esses problemas endêmicos não sejam os responsáveis pelos embaraços da democracia liberal nos dias de hoje – pelo fato de que seu surgimento como única opção disponível coincide com sua atormentada condição, mesmo naquelas sociedades nas quais está mais firmemente estabelecida. Eles também não oferecem muitas indicações sobre como a democratização poderia ser mais aperfeiçoada; nesse ponto, os bem-fundados debates que lançam a participação contra a representação não se afiguram como um bom ponto de apoio.

Precisamos olhar para uma direção diferente dessa – para aquilo que chamei de democracia dialógica. A democratização dialógica não é uma extensão da democracia liberal ou até mesmo um complemento para ela; no entanto, à medida que avança, ela cria formas de intercâmbio social que podem contribuir substancialmente, talvez até mesmo decisivamente, para a reconstrução da solidariedade social. A democracia dialógica não significa primordialmente a proliferação de *direitos* ou a representação de *interesses*. Em vez disso, ela se ocupa da promoção de *cosmopolitismo cultural* e é uma peça fundamental daquela ligação entre autonomia e solidariedade sobre a qual falei anteriormente.

A democracia dialógica não está centrada no Estado mas, como argumentarei, sobre ele refrata de maneira significativa. Situada no contexto de globalização e de reflexividade social, a democracia dialógica incentiva a *democratização da democracia* dentro da esfera do Estado democrático liberal.

O que é democracia?

Um ponto de partida para a análise dessas questões é oferecido por aquilo que alguns recentemente começaram a chamar de "democracia deliberativa" – e que se tem comparado especificamente com a democracia liberal. A democracia liberal é um conjunto de instituições representativas, guiado por determinados valores; a democracia deliberativa é uma forma de obter, ou de tentar obter, o acordo sobre programas de ação na arena política. O ideal deliberativo, segundo David Miller, por exemplo, "parte da premissa de que as preferências políticas entram em conflito e que a finalidade das instituições democráticas deve ser resolver esse conflito". Para que a resolução desse conflito seja democrática, diz ele, repetindo Jürgen Habermas,

PARA ALÉM DA ESQUERDA E DA DIREITA 131

ela deve ocorrer "por meio de uma discussão aberta e espontânea do assunto em pauta, com o objetivo de se chegar a um julgamento consensual". Não é preciso que esse acordo seja alcançado diretamente por meio dessa discussão. Uma votação poderia ser realizada; o importante é que os participantes cheguem a uma decisão com base no que ouviram e disseram.

A concepção deliberativa de democracia é distinguida por Miller da concepção "epistêmica", às vezes atribuída a Condorcet e Rousseau, entre outros. A perspectiva epistêmica da democracia afirma a existência de uma vontade geral e supõe que os procedimentos democráticos podem realizá-la – isto é, ela sustenta que uma resposta correta ou válida pode ser obtida para as questões levantadas pelas comunidades políticas. Essa perspectiva, segundo os proponentes da democracia deliberativa, estabelece um padrão impossível de ser alcançado pelas instituições democráticas. A abordagem deliberativa aceita que existem muitas perguntas que não têm uma única resposta correta ou cujas soluções são minuciosamente contestadas. Na democracia deliberativa, o acordo pode ser alcançado por diversos meios. Os envolvidos poderiam concordar com uma norma ou com normas que orientassem a avaliação de decisões específicas de política ou poderiam concordar com um procedimento que pudesse ser aplicado para casos contenciosos. "A ênfase na concepção deliberativa recai sobre a forma pela qual um processo de discussão aberta, no qual todos os pontos de vista possam ser ouvidos, pode legitimar o resultado, visto como um reflexo da discussão que o precedeu, e não sobre a deliberação como procedimento de descoberta de uma resposta correta."[4]

A democracia nessa concepção não é definida pelo fato de todos participarem ou não dela, mas sim pela deliberação pública acima das questões de política. Em um sistema representativo, as condições da democracia deliberativa poderiam ser alcançadas garantindo-se a visibilidade daquilo que os representantes eleitos fazem. Os procedimentos eleitorais normais seriam apropriados para garantir a possibilidade de anulação se membros de públicos mais amplos fizessem objeções quanto à forma pela qual acordos específicos foram conseguidos ou quanto às políticas promulgadas que se basearam nesses acordos.

---

4 Citações de MILLER, D., Deliberative democracy and public choice. In: HELD, D. op. cit., 1992, p.55-7.

132 ANTHONY GIDDENS

Essa abordagem tem algumas implicações importantes para a democratização da democracia. Em uma ordem social cada vez mais reflexiva, na qual as pessoas também são livres para ignorar a política quando assim o desejarem, a legitimidade política não vai ser prontamente mantida apenas porque um aparato de eleição, representação e parlamento está à disposição. Para criar e preservar essa legitimidade, é provável que os princípios da democracia deliberativa tornem-se cada vez mais significativos. Em circunstâncias de modernização simples, nas quais a população possui costumes ou hábitos relativamente estáveis e locais, a legitimidade política pode depender apenas parcialmente do simbolismo tradicional. Ninguém se preocupa muito com o que acontece nos bastidores. Todo tipo de clientelismo e até mesmo de corrupção absoluta pode não só sobreviver, como também tornar-se, dentro da liderança política, a forma homologada de se fazer as coisas. Impostos e outros recursos usados pelo aparelho governamental ou oficial, por exemplo, podem ter outra destinação sem muita explicação pública sobre para onde vai o dinheiro.

Os parlamentos e assembleias congregacionais em um sistema democrático liberal deveriam ser os espaços públicos onde se chega a um acordo sobre questões relacionadas à execução de programas de ação política. No entanto, o grau de abertura para a, por assim dizer, "inspeção" do público é bastante variável. Eles podem tornar-se dominados pelo facciosismo da política partidária ou se transformar em sociedades de debate essencialmente privado. A democratização deliberativa significaria maior transparência em muitas áreas de governo – e, não menos importante, na esfera de geração de recursos.

A concepção de Miller sobre democracia deliberativa está confinada ao domínio político formal. No entanto, é preciso que consideremos hoje a possibilidade de ordens muito mais amplas de democratização real e potencial. Tais ordens dizem respeito àquelas duas áreas interseccionais de mudança dentro das quais nossas vidas, hoje, estão se tornando tão fundamentalmente alteradas: a vida cotidiana, por um lado, e os sistemas globalizadores, por outro. Ao investigar a democratização nessas esferas, vale a pena ter em mente a associação convencional de democracia com assembleias deliberativas; mas é o aspecto de abertura para deliberação, e não onde ela ocorre, que é o mais importante. É por isso que falo de democratização como a extensão (real e potencial) da democracia dialógica – uma situação em que existe uma autonomia desenvolvida de comunicação, e na qual essa

PARA ALÉM DA ESQUERDA E DA DIREITA 133

comunicação forma um diálogo por meio do qual as políticas e atividades são moldadas.

A democracia dialógica não é a mesma coisa que uma situação ideal de discurso. Em primeiro lugar, a democratização dialógica não está ligada a um teorema filosófico transcendental. Não pressuponho, como faz Habermas, que essa democratização esteja de alguma forma implicada pelo próprio ato de fala ou pelo diálogo. O potencial para a democracia dialógica está, em vez disso, presente na difusão da reflexividade social como uma condição tanto das atividades diárias como da persistência de formas mais amplas de organização coletiva. Em segundo lugar, a democracia dialógica não é necessariamente orientada para a obtenção de consenso. Como argumentam os teóricos da democracia deliberativa, as questões mais "políticas", dentro e fora da esfera política formal, são exatamente aquelas com maior probabilidade de permanecerem fundamentalmente contestadas. A democracia dialógica pressupõe apenas que o diálogo em um espaço público fornece um modo de viver com o outro em uma relação de *tolerância* mútua – seja esse "outro" um indivíduo ou uma comunidade global de fiéis religiosos.

A democracia dialógica, portanto, opõe-se aos fundamentalismos de todos os tipos: isso, na verdade, é um dos principais aspectos de sua importância em uma ordem social de reflexividade desenvolvida. Isso não significa que todas as divisões ou conflitos possam ser superados por meio do diálogo – longe disso. E também não significa que, em qualquer sistema ou relacionamento, o diálogo tenha de ser contínuo. O diálogo deveria ser entendido como a capacidade de criar confiança ativa por meio de uma avaliação da integridade do outro. A confiança é um meio de ordenação das relações sociais no tempo e no espaço. Ela mantém aquele "silêncio necessário" que permite aos indivíduos ou grupos continuarem com suas vidas ao mesmo tempo em que existem em uma relação social com o outro ou com os outros.

A teoria política democrática liberal baseia-se na ideia de que deve ser mantida uma separação rigorosa entre o Estado e a sociedade civil; e o destino do socialismo pareceria ter corroborado essa tese. O socialismo rompeu esse princípio, como afirma Bobbio, ao tentar democratizar demais. Se a maioria dos aspectos da vida não forem mantidos fora do domínio político, o Estado tende a estender-se até eles, tornando-se uma autocracia.

Manter Estado e sociedade civil afastados é, sem dúvida, uma importante contribuição da democracia liberal – como já salientei, significa que os indivíduos podem ignorar a arena política sempre que quiserem. Neste ponto é preciso voltar novamente aos processos interligados de globalização, a reflexividade e a transformação da vida cotidiana. Embora ajudem a realizar o movimento comum em direção à democracia liberal, eles não podem, de forma alguma, estar *contidos* na esfera política ortodoxa. O descontentamento com as instituições democráticas liberais aumenta ao mesmo tempo, e pelas mesmas razões, em que essas instituições se tornam generalizadas. As pessoas tornam-se desiludidas com a "política" porque áreas fundamentais da vida social – algumas das quais essas pessoas são capazes de dominar reflexivamente – não mais correspondem a quaisquer domínios acessíveis de autoridade política. E nem o poder de consumo, como supõem os neoliberais, é um substituto para essa autoridade ausente. As necessidades são condicionadas pela objetivação capitalista na mesma medida em que a influenciam por meio das escolhas de mercado. Mais importante, a inovação tecnológica estimulada pelo desenvolvimento capitalista altera aspectos básicos da vida social; os próprios mercados capitalistas não fornecem qualquer tipo de indício a respeito de como se deveria enfrentar ou lidar com tais coisas. Em alguns aspectos, a democracia liberal, associada ao *welfare state*, *soma-se* a essas incapacidades em vez de mitigá-las.

Democracias dialógicas

Fora da esfera política formal, a democracia dialógica hoje pode ser vista avançando em quatro áreas interligadas – o que acontece em cada uma delas reage sobre a política ortodoxa (e também, com frequência, cria problemas para ela). Em cada um dos casos, podemos falar no momento apenas de tendências democratizadoras, a gerar oportunidades para uma renovação do radicalismo político, mas também cercadas por dilemas, dificuldades e tendências contrárias básicas.

Em primeiro lugar, existe a arena da *vida pessoal*, sujeita a tantas mudanças, hoje em dia, como resultado de causas já assinaladas. A destradicionalização e a reflexividade expandida alteram o caráter

PARA ALÉM DA ESQUERDA E DA DIREITA 135

preexistente do casamento, da sexualidade, da amizade, da relação entre pais e filhos, dos laços de parentesco. Em grande medida, embora com muitas variações de acordo com o contexto, essas mudanças, como todas as outras discutidas aqui, percutem por todo o mundo.

Na vida pessoal, quanto mais se desenvolve uma sociedade pós-tradicional, mais existe um movimento em direção àquilo que poderia ser chamado o *relacionamento puro* nas relações sexuais, no casamento e na família. O relacionamento puro deveria ser entendido como um tipo ideal no sentido sociológico; é um caso limite, na direção do qual as verdadeiras relações sociais tendem, e não uma descrição completa de qualquer contexto real de atividade. Um relacionamento puro é aquele que se estabelece e se mantém por si só – pelas recompensas que a associação com o outro, ou com os outros, pode trazer.

Constituir relacionamentos puros e garantir sua continuidade implica uma forma inerente de confiança ativa. Nas diversas esferas da vida íntima, o conhecer e o relacionar-se com o outro dependem de uma prerrogativa de integridade. A relação depende de quem o outro "é" como pessoa, e não em um papel social específico ou naquilo que o outro indivíduo "faz" na vida. Dessa forma, o casamento costumava ser – e, sem dúvida, em muitos exemplos empíricos, ainda é – um emaranhado de papéis. O que os homens faziam diferia daquilo que as mulheres faziam, de forma que o casamento era intrinsecamente uma divisão de trabalho. O casamento era com frequência arranjado, e não iniciado e mantido pelos indivíduos envolvidos. O casamento assemelhava-se bastante a um Estado da natureza.

Ao longo do último meio século, especialmente nos países ocidentais, mas em certa medida no mundo todo, o casamento mudou de uma maneira fundamental. Ele é, ao menos em princípio, um encontro de iguais e não uma relação patriarcal; é um laço emocional, forjado e mantido com base em atração pessoal, sexualidade e emoção, e não por razões econômicas; e tem sido ativamente "colocado para funcionar" pelo par conjugal.

Quanto mais o casamento tende a um relacionamento puro, mais ele se torna precisamente um símbolo público desse relacionamento. Ninguém poderia dizer, então, que o casamento é insignificante, porque seu caráter simbólico pode ser socialmente importante e possui uma forma legalmente unificadora. Entretanto, seu "sucesso" passou a depender cada vez mais de critérios que são os mesmos para pessoas que estão juntas sem estarem casadas – isto é, de compatibilidade no contexto de uma relação mutuamente gratificante. À medida que o casamento se esvazia de seu conteúdo tradicional, o mesmo ocorre com a sexualidade. Em uma ordem pós-tradicional, a sexualidade torna-se "plástica"; uma pessoa precisa, na verdade, decidir sobre qual é sua sexualidade, e a heterossexualidade (em princípio) não é mais um padrão natural pressuposto. A dinâmica dos relacionamentos sexuais de mesmo sexo pode diferir, em alguns aspectos, dos heterossexuais, mas na maior parte eles dependem exatamente dos mesmos mecanismos emocionais.[5]

Seja no casamento ou em outras áreas de vida pessoal, tolerar o relacionamento puro depende de uma "abertura" para o outro – na comunicação cognitiva e emocional. Os indivíduos precisam "dar de si mesmos" para que o relacionamento continue; essa doação é, ao mesmo tempo, o próprio meio de mobilizar a confiança ativa. Para se abrir para o outro, é preciso conhecer a si mesmo. Uma reflexividade do *self* – estar em contato com as próprias emoções – é a condição para formar uma relação efetiva com o outro. A comunicação emocional, quase que por definição, não é algo sobre o qual seja necessário falar – ela é vivida. No entanto, o relacionamento puro também pressupõe, inevitavelmente, o diálogo. É um relacionamento mantido por meio da discussão aberta de "questões de política", questões de envolvimento e responsabilidade mútuos.

Daí haver uma estreita ligação entre o relacionamento puro e a democracia dialógica. O diálogo, entre indivíduos que se dirigem uns aos outros como iguais, é uma qualidade transacional básica para sua mutualidade. Existem paralelos notáveis entre o que parece ser um bom relacionamento, na forma desenvolvida na literatura de terapia conjugal e sexual, e os mecanismos formais de democracia política. Ambos dependem daquilo que David Held chama de um *princípio de autonomia*. Dentro de uma organização mais ampla ou em relacionamentos, o indivíduo precisa ter a autonomia material e psicológica necessária para entrar em efetiva comunicação com os outros. O diálogo, livre do uso de coerção e ocupando um "espaço público", em ambos os casos é o meio não só de resolver as disputas,

---

5 GIDDENS, A. *The Transformation of Intimacy*. Cambridge: Polity, 1992. [Ed. bras. *A transformação da intimidade*: sexualidade, amor e erotismo nas sociedades modernas. São Paulo: Editora UNESP, 1993.]

PARA ALÉM DA ESQUERDA E DA DIREITA

mas também de criar uma atmosfera de tolerância mútua. Ou seja, a própria estrutura do sistema democrático – ou do relacionamento – está aberta à discussão "pública".

De que forma isso tudo poderia se aplicar à interação pais-filhos? Que evidências existem de que as relações entre pais e filhos tendem aos relacionamentos puros? Essas evidências podem ser encontradas nas nítidas atitudes relativas à "autoridade negociada" dentro da família – de certa forma, esta é a própria inclinação que os autores direitistas veem como a desintegração da autoridade dos pais. Aqui, a autoridade dos pais torna-se, de fato, pós-tradicional; não é mais um elemento "pressuposto", um fato da vida para eles e para os filhos também, porém mais ativamente negociada em ambos os lados. Um filho e um pai dirigem-se um ao outro como iguais implícitos, mesmo se empiricamente o pai detiver maior autoridade.

Um relacionamento pai-filho democrático significa um relacionamento de autoridade reciprocamente negociada. O pai, na verdade, diz ao filho: se você fosse capaz de discutir nosso relacionamento comigo como um adulto faria, de uma maneira livre e aberta, você aceitaria minhas razões para tratá-lo como faço. Essa "democracia recíproca" pode até mesmo se aplicar à situação de um recém-nascido, incapaz desse tipo de comunicação com seus pais. Na medida em que se desenvolve, uma democracia das emoções tem implicações significativas para a promoção da democracia formal e pública. Os indivíduos que têm um bom entendimento de sua própria constituição emocional, e que são capazes de se comunicar eficientemente com os outros em uma base pessoal provavelmente estarão bem preparados para as tarefas mais amplas da cidadania. As habilidades de comunicação desenvolvidas dentro das arenas de vida pessoal poderiam muito bem ser generalizáveis em contextos mais amplos.

O desenvolvimento da democracia emocional é um potencial implicado na destradicionalização da vida pessoal; ele está longe de ser uma consequência inevitável dela. Os problemas que os autores direitistas têm apontado nas áreas de gênero, sexualidade e família são excessivamente reais. De forma alguma está claro que essa destradicionalização não poderia produzir uma decadência desastrosa na solidariedade familiar, um mundo de experiências sexuais estressantes e de curta duração, proporcionando pouca satisfação duradoura e marcadas pela violência. Por outro lado, uma democracia das emoções corresponde a tendências observáveis nos diversos domínios da vida cotidiana, oferecendo bons motivos para se ter esperança.

Uma *segunda* área de democratização, também de difusão global, é a proliferação de movimentos sociais e de grupos de autoajuda. Esses movimentos e grupos expressam a reflexividade intensificada da vida global e local atualmente, mas também contribuem com ela. Os movimentos sociais têm recebido uma boa parcela de atenção na literatura política e sociológica. No entanto, em relação a seu número, sua importância nas vidas de muitas pessoas e sua resistência ao longo do tempo, os grupos de autoajuda são talvez mais significativos.

É óbvio que nem os movimentos sociais nem os grupos de autoajuda são necessariamente democráticos em seus objetivos; afinal, alguns desses movimentos e grupos têm se dedicado a desacreditar toda a estrutura das instituições democráticas. Os movimentos sociais são, às vezes, conduzidos por demagogos; esses líderes podem criar uma identificação emocional de massa que é a própria antítese da democracia dialógica.

Ainda assim, faz sentido pensar em uma conexão intrínseca entre democracia, movimentos sociais e grupos de autoajuda, originada grande parte no fato de que (em princípio) eles abrem espaços para o diálogo público. Por exemplo, um movimento social pode forçar a entrada no domínio discursivo de alguns aspectos de conduta social que ainda não haviam sido discutidos, ou que foram "resolvidos" pelas práticas tradicionais. O movimento feminista problematizou as identidades sexuais masculina e feminina ao torná-las assunto de debate público; os movimentos ecológicos conseguiram um resultado semelhante em relação ao meio ambiente.

Alguns tipos de movimentos sociais e grupos de autoajuda geram, e talvez ajudem a manter, as influências democratizadoras graças à própria forma de sua associação social. Assim, por exemplo, os Alcoólicos Anônimos – certamente um grupo de alcance global – possui uma forma organizacional que inibe as hierarquias fixas. Ele propositadamente se dispõe a criar o máximo de espaço discursivo para seus membros; além disso, também está interessado no desenvolvimento de autonomia. A comunicação com os outros, produzida por uma autocompreensão aumentada e para ela contribuindo, é o meio pelo qual a pessoa que padece de um vício torna-se capaz de superá-lo.

PARA ALÉM DA ESQUERDA E DA DIREITA 139

Os movimentos sociais, mas especialmente os grupos de autoajuda, podem vir a ter um papel importante na democratização de diversas áreas que Ulrich Beck chama de "subpolíticas". Eles frequentemente possuem um envolvimento profundo com as arenas de democracia emocional na vida pessoal. "Autoajuda": em seu sentido mais amplo, o que isso significa senão a ampliação da autonomia? Grupos de autoajuda de muitos tipos têm se desenvolvido relacionados a sexualidade, relacionamentos pessoais, casamento e família.[6]

Os grupos de autoajuda tornam-se importantes em muitos contextos nos quais a mudança tecnológica constante, incluindo a desnaturação da natureza, regularmente supera os controles democráticos disponíveis no domínio político formal. A área de tecnologias reprodutivas é um bom exemplo. Poucas mudanças têm afetado tanto a vida das pessoas, em especial a vida das mulheres. Como em outras áreas, as possibilidades de autonomia ampliada se confundem com as formas renovadas de expropriação e dominação. No entanto, os grupos de autoajuda têm sido importantes para arrebatar o poder dos peritos e na recuperação leiga da perícia de forma mais genérica. A mudança tecnológica facilitou a invasão da experiência perinatal das mulheres pela profissão médica, um encrave predominantemente masculino. No entanto, as pessoas afetadas não ficaram passivas, organizando-se ativamente de maneira a contribuir com a recuperação da autonomia – em um diálogo ininterrupto com os "peritos".

Um *terceiro* contexto de democratização pode ser encontrado na arena organizacional, na qual a influência combinada da globalização e da reflexividade é tão marcada. Com a generalização do capitalismo, como já foi dito, parecia que as corporações gigantes iriam reinar inconteste na economia mundial. Mas não foi exatamente isso o que aconteceu. "Os gigantes corporativos", comentou-se,

> já caminharam soberbos, passando por cima do mundo, campeões do crescimento econômico milagroso deste século. O objetivo de toda companhia ambiciosa era unir-se a eles e, como eles, ser poderosa o bastante para desprezar os golpes que regularmente derrubavam rivais menores. Mas estamos vivendo em tempos incômodos para as maiores companhias do

---

6 GIDDENS, A. Living in a post-traditional society. In: BECK, U., GIDDENS, A., LASH, S., op. cit., 1994.

mundo ... os triunfos da produção em massa no início do século originaram a maioria das empresas gigantes, que passaram a ocupar uma posição superior à de suas indústrias. A ideia de que maior é melhor raramente foi contestada ... [mas agora muitas empresas grandes estão] se desfazendo de camadas de gerentes de nível médio, cortando despesas gerais e reorganizando-se em "federações" de unidades comerciais autônomas – isto é, elas estão tentando tornar-se semelhantes a seus rivais menores ... A era da construção do império corporativo acabou. Começou uma era de competição global mais ampla e feroz, com todos seus riscos e incertezas.[7]

Weber ligava a eficiência das grandes organizações, com suas hierarquias burocráticas, aos princípios universais de racionalidade social. Sua teoria era claramente cibernética, ainda que ele a tenha usado para atacar as aspirações do socialismo. A burocracia para Weber é a forma mais eficiente de organização porque ela concentra informação e poder no topo; quanto mais baixa for a posição de alguém em uma organização, mais fixas e delimitadas suas tarefas tenderão a ser.

Não é totalmente óbvio que essa forma de organização esteja desaparecendo completamente, hoje, ou que vá ocorrer uma transição em grande escala em direção a sistemas de autoridade descentralizados e mais flexíveis, como afirmaram muitas pessoas. Toda mudança social tende a ser dialética; um movimento unidirecional geralmente produz, também, tendências opostas. Portanto, é provável que isso aconteça com as organizações. Na esfera econômica, por exemplo, a autoridade flexível para alguns provavelmente significa restrições crescentes para outros, em diferentes áreas ou contextos. As grandes corporações que são ameaçadas podem muito bem encontrar meios de se defenderem; os processos de descentralização em um setor poderiam criar uma centralização renovada em outro.

Ainda assim, algumas das mudanças que agora afetam as organizações provavelmente vão continuar, e a direção geral do desenvolvimento parece clara. Os processos democratizadores dentro das organizações são mais surpreendentes porque desafiam abertamente aquilo que era, a até não mais do que uma geração, o critério aceito sobre escala e organização burocrática. Uma organização pós-burocrática pode tanto aproveitar a reflexividade social como reagir a situações de incerteza artificial de

---

7 The fall of big business. *The Economist*, p.13-14, 17 abr. 1993.

PARA ALÉM DA ESQUERDA E DA DIREITA 141

maneira muito mais eficiente do que um sistema de comando. As organizações estruturadas em termos de confiança ativa necessariamente delegam responsabilidade e dependem de um espaço dialógico ampliado. Uma "organização baseada em responsabilidade" reconhece que a reflexividade produz um retorno para a necessidade de conhecimento local, mesmo se esse conhecimento local não for geralmente tradicional.[8]

Um *quarto* domínio da democratização dialógica diz respeito à ordem global maior. Durante muito tempo as influências democratizadoras em um nível mundial foram entendidas nos termos convencionais da teoria das relações internacionais. A "arena internacional" era vista como "acima" do nível dos Estados-nação. Nessa concepção, quaisquer tendências em direção à democratização envolveriam a construção de instituições políticas de óbvia democracia liberal. As áreas "vazias" ou "anárquicas" que fazem a ligação entre os Estados-nação, em outras palavras, teriam de ser preenchidas. Essas ideias não se tornaram irrelevantes, mas parecem ser de importância mais limitada quando a globalização e a reflexividade social estão profundamente inter-relacionadas. Isso ocorre porque muitas conexões globalizadoras não fluem através do Estado-nação, mas em grande parte desviam-se dele.

É possível, e na verdade provável, que formas de democracia representativa paralelas às estabelecidas dentro dos Estados possam vir a existir globalmente. Dessa forma, o modelo de Held de democracia cosmopolita envolve o estabelecimento de parlamentos regionais abrangendo continentes inteiros e respondendo à autoridade final das Nações Unidas. No entanto, sem um progresso da democracia dialógica, essas organizações tornar-se-iam sujeitas às mesmas limitações dos sistemas democráticos liberais baseados no Estado. Em um nível global, a democratização dialógica implicaria a democratização da democracia, mas também a difusão de outros mecanismos dialógicos.

Quais seriam eles? Eles envolveriam, em parte, fatores e influências já mencionados. Os movimentos sociais e os grupos de autoajuda de amplitude global, em muitas circunstâncias, têm aberto espaços dialógicos com Estados e organizações comerciais. Por exemplo, nenhum

---

8 DRUCKER, P. F. *Post-capitalist Society*. Oxford: Butterworth Heinemann, 1993. cap.5. [Ed. bras. *A sociedade pós-capitalista*. Trad. de Nivaldo Montingelli Jr. São Paulo: Pioneira, 1993.]

governo no mundo pode alegar ignorância acerca dos problemas ecológicos; e, de fato, tais problemas estão hoje no centro dos diálogos mundiais, envolvendo uma multiplicidade de atores coletivos.

No entanto, um espaço dialógico potencial também se abre ao longo de todos esses pontos de contato que o cosmopolitismo global cria entre diferentes culturas e tradições, sejam elas decadentes ou ressurgentes. Neste ponto, como argumentarei em um capítulo posterior, provavelmente haverá uma troca dura entre democratização dialógica e violência. A questão do fundamentalismo surge neste ponto com força total; a razão é que o fundamentalismo, conforme já argumentei, pode ser entendido exatamente como uma recusa de diálogo em um mundo no qual diferentes tradições são colocadas em contato regular, de uma forma nunca vista antes.

A democracia e o problema da solidariedade

Em cada uma das esferas notadas aqui, o desenvolvimento da democracia dialógica no momento é mais uma possibilidade do que uma realidade. No entanto, identificar esses contextos de democratização potencial permite-nos explorar a ligação entre a democracia e a criação de novas solidariedades.

Atualmente, em cada um dos lados do espectro político, vemos um temor de desintegração social e uma exigência de restauração da comunidade. Se uma política radical nos tempos atuais tem de ser restauradora, podemos redescobrir o conceito ou a realidade de comunidade nas condições sociais de hoje? Os augúrios não parecem bons. Afinal de contas, a destruição da comunidade, e da maioria das formas de solidariedade comunal tem sido resolutamente assinalada no pensamento sociológico há muito tempo. A comunidade, como argumentaram Durkheim e Ferdinand Tönnies, foi substituída pela associação – por laços impessoais, organizados por meio da divisão econômica do trabalho. Durkheim acreditava que a comunidade poderia, em certa medida, ser reestabelecida na esfera ocupacional; os sindicatos e as associações profissionais poderiam fornecer fontes de solidariedade social inexistentes em outros lugares. No entanto, isso mostrou-se um sonho não prático.

PARA ALÉM DA ESQUERDA E DA DIREITA

Uma reconstrução da sociedade civil, ou de aspectos dela, poderia ser a resposta – pelo menos é isso que dizem muitas pessoas. No entanto, existem diversos problemas para aqueles que reivindicam uma regeneração da sociedade civil como um meio de redescoberta da comunidade:

1 A ideia de sociedade civil, e sua realidade, estava ligada ao Estado e sua centralização. De fato, eu diria que foi um *aspecto* dessa centralização, um conjunto de tradições reinventadas. Portanto, como a sociedade civil poderia ser renovada em uma era de destradicionalização na qual o Estado, especialmente em sua forma mais integrada, como Estado-nação, ergue-se contra formas intensificadas de globalização?

2 Uma renovação da sociedade civil poderia revelar-se perigosa e não emancipatória, uma vez que incentivaria um aumento de fundamentalismos, associado a um potencial intensificado para a violência. Um dos grandes sucessos do Estado-nação foi o alto nível de pacificação interna que alcançou, ao menos nas sociedades industrializadas. A violência civil organizada, sob a forma de guerra civil, tornou-se muito mais a exceção do que a regra. No entanto, é provável que essa pacificação interna tenha sido obtida com o pano de fundo de uma preparação crônica para a guerra externa. Solidariedade em casa, inimigos bem definidos lá fora – era esse, afinal de contas, o contexto no qual os direitos de cidadania ampliaram-se. Quando os Estados não têm inimigos, mas apenas enfrentam ameaças, ou um ambiente internacional potencialmente – e não de fato – hostil, as tendências desintegradoras podem tornar-se, mais uma vez, internamente fortes.

3 Existe uma possível tensão entre democratização e uma renovação da sociedade civil. O desenvolvimento de direitos universais, abstratos, como aqueles defendidos no liberalismo, não cria comunidade, em nível nacional ou em qualquer outro. De fato, alguns críticos sugeriram que uma proliferação de direitos invade as ordens comunais da sociedade civil e as destrói. A ideia remonta a Tocqueville, que, em um trecho famoso, escreveu sobre os indivíduos na sociedade norte-americana:

> Cada um deles, vivendo à parte, é um estranho em relação ao destino do resto – seus filhos e seus amigos íntimos constituem, para ele, toda a humanidade; quanto ao resto de seus concidadãos, ele está próximo deles, mas não os vê; ele os toca, mas não os sente; ele só existe em si mesmo e somente para si mesmo; e se ainda lhe restam seus parentes, pode-se dizer que, de qualquer modo, ele perdeu seu país.

A renovação da solidariedade social é um problema conservador, ao qual se apegam os críticos conservadores do liberalismo e do esquerdismo, mas que não admite soluções conservadoras. Para os conservadores de todas as facções, um sentido de comunidade tem de vir do passado, e conquista seu poder com base na ideia de que o grupo, com seus conhecimentos sedimentados, é maior do que o indivíduo. A comunidade é inseparável da tradição; no entanto, como já salientei, não podemos voltar à tradição para resolver os atuais problemas sociais. Ou não podemos fazê-lo, pelo menos, quando a tradição for defendida da maneira tradicional. Segue-se que também não podemos voltar à sociedade civil, em nada semelhante a *sua* forma tradicional. Isso porque, da maneira como é usualmente entendida, a sociedade civil foi o produto de arranjos sociais que não mais existem.

Tocqueville falou por muitos outros ao retratar um declínio na responsabilidade comunal diante de um egoísmo ostensivo, um espetáculo de indivíduos isolados "esforçando-se incessantemente para buscar os prazeres insignificantes e mesquinhos com os quais eles empanturram suas vidas".[9] No entanto, o egoísmo deveria ser distinguido do individualismo, que nem brota dele, nem (necessariamente) leva a ele. O avanço da reflexividade social significa que os indivíduos não têm escolha a não ser a de fazer escolhas; e essas escolhas definem quem eles são. As pessoas têm de "construir suas próprias biografias" a fim de manter um senso coerente de autoidentidade. No entanto, elas não podem fazer isso sem interagir com os outros, e esse mesmo fato cria novas solidariedades. O elemento fundamental aqui é a geração de confiança, especialmente por meio da transição para mecanismos de confiança mais ativos.

O problema da solidariedade social tem de ser entendido contra o pano de fundo do desaparecimento da "segmentação cultural" – o cosmopolitismo cultural que foi preservado por meio da separação geográfica. As comunidades locais em um sistema de segmentação atuam por meio de exclusão, uma diferenciação entre os que estão dentro e aqueles que estão fora. Elas também dependem das tradições infraestruturais de família e de gênero assinaladas anteriormente. Aqueles que pensam em "comunidade" apenas em um sentido positivo deveriam

---

9 Citações de TOCQUEVILLE, A. de. *Democracy in America*. New York: Vintage, 1945. v.2, p.338.

lembrar as limitações intrínsecas de tal ordem. As comunidades tradicionais podem ser, e normalmente têm sido, opressivas. A comunidade sob a forma de solidariedade mecânica esmaga a autonomia individual e exerce uma pressão constrangedora em direção ao conformismo.

Um retorno à segmentação cultural significa maior probabilidade de desintegração social – exatamente o oposto daquilo que se pretende conseguir com a exigência de uma restauração da sociedade civil. A solidariedade social pode efetivamente ser renovada apenas se reconhecer a autonomia e a democratização – bem como a influência intrínseca da reflexividade social. Essa renovação deve reconhecer os deveres e não só os direitos. O dever não é importante só porque implica uma conexão "vertical" com as necessidades dos outros; ele importa porque refere-se também à manutenção dos laços com os outros ao longo do tempo.

Em primeiro lugar, vamos analisar de que maneira a confiança, o dever e a solidariedade poder-se-iam relacionar uns com os outros nas diversas áreas da vida pessoal: a família, os envolvimentos sexuais, a amizade e o parentesco. Em uma ordem pós-tradicional, a confiança nas relações pessoais depende de uma pressuposição de integridade do outro. Ela se baseia em uma "espiral positiva" de diferença. Conhecer o outro, passar a confiar no outro, pressupõe o uso da diferença como um meio de desenvolver a comunicação emocional positiva. É a confiança ativa; a dependência compulsiva é um sinal de uma relação infeliz com o outro. A confiança nos outros gera solidariedade no decorrer do tempo e também no espaço: o outro é alguém em quem se pode confiar, e essa confiança torna-se um dever mútuo. A intimidade aqui não é, como sugeriram alguns, um substituto da comunidade, ou uma forma degenerada dela; é o próprio meio pelo qual um sentido do comunal é gerado e continuado.

Quando baseado na confiança ativa, o dever implica reciprocidade. Os deveres são unificadores porque são mútuos, e é isso que lhes dá sua autoridade. Entendo que esse teorema se aplica tanto aos deveres entre pais e filhos como entre cônjuges, amantes ou amigos. É preciso enfatizar que o dever aqui está baseado na comunicação da diferença, estabelecido para uma apreciação de integridade. O dever não advém dos direitos. Os direitos que uma pessoa tem em um relacionamento especificam a autonomia dessa pessoa; eles não definem os deveres que essa pessoa tem em relação à outra. O inimigo do dever é a displicência moral, visto que esta se aproveita da integridade do outro. Os deveres estabilizarão os relacionamentos na medida em que a condição de integridade mútua for cumprida.

No entanto, a conexão entre democracia dialógica, vida pessoal e solidariedade social não soluciona questões mais amplas de comunidade, sociedade e sistemas sociais mais globalizados. Aqui, mais uma vez, o problema não é apenas a criação ou manutenção de solidariedades, mas sim o impedimento de conflitos, embates e efeitos tipo "pária", quando essas solidariedades *são* fortes. A noção de democracia dialógica sugere diversos contextos gerais nos quais a democratização poderia ampliar a coesão social ao mesmo tempo em que evitaria essas consequências negativas. Eles poderiam ser representados, junto com a democratização da vida pessoal, da seguinte forma:

Contexto	Domínio de confiança ativa
Relacionamentos pessoais	Dever mútuo baseado em integridade e comunicação
Sistemas abstratos	Visibilidade social e responsabilidades negociadas
O Estado	Associação civil (Oakeshott)
Ordens globais	Comunicação cosmopolita

No âmbito dos sistemas abstratos – os muitos sistemas peritos que tanto influenciam nossas vidas atualmente –, a democracia dialógica enfoca questões de "subpolítica", incluindo em especial o impacto da inovação tecnológica e científica na vida social. A perícia se mantém incontestada, contanto que a ciência continue sendo uma "tradição" e contanto que a perícia seja abordada como se fosse relacionada à "autoridade tradicional". Em uma ordem social mais reflexiva, essas pressuposições de qualquer forma estão sujeitas a pressão e começam a se romper. Ainda assim, as inovações de perícia são, com frequência, destrutivas e problemáticas na medida em que as atividades dos peritos são inexplicáveis, a não ser para outros peritos. Segundo o comentário de Beck, a não responsabilidade da "subpolítica" resulta diretamente da separação entre teoria e prática na qual, pelo menos até recentemente, a ortodoxia científica sempre insistiu. A falta de responsabilidade por consequências, o teste desinteressado de teorias, liberdade de pesquisa em relação a quaisquer tipos de coerção – tudo isso foi a base não só das pretensões da ciência para produzir a verdade, mas também do impacto aleatório da tecnologia sobre a ordem social.[10]

Não existe alternativa para o domínio da ciência e da perícia; no entanto, mesmo quando nossa própria vida cotidiana torna-se experimental, o desenvolvimento da autonomia e a proteção da solidariedade significam que também não existe alternativa de um engajamento dialógico com aqueles fatores. Os grupos de autoajuda e os movimentos sociais, já mencionados, podem ter e têm um papel importante aqui. Mas isso também se aplica a todas aquelas outras agências, incluindo-se o governo e as agências transnacionais, que se ocupam da filtragem e regulamentação das reivindicações peritas em relação ao conhecimento.

A "abertura" da ciência possui uma semelhança real com aquela "abertura" característica da geração de confiança na vida pessoal. Em nenhum caso ela é incompatível com a autoridade; e ela não necessariamente ameaça aquela independência que a ciência precisa ter se não quiser sucumbir ao dogmatismo. Na verdade, a abertura da ciência é uma parte essencial *das* tentativas de chegar a um acordo com os problemas de verdade e responsabilidade – em relação às quais não se pode mais dizer que as reivindicações de conhecimento válido contem com indução ou que "falem por si mesmas". Voltarei a essas questões em um capítulo subsequente.

Entendo que, da mesma forma que em outras áreas, a relação entre democracia dialógica e solidariedade, no que diz respeito aos sistemas peritos, está centrada na questão da confiança. Em oposição ao ato de "aceitar" a autoridade perita ou ao de "contar" com ela, a confiança ativa pressupõe visibilidade e responsabilidade de ambos os lados. Os engajamentos reflexivos com sistemas abstratos podem ser confusos e perturbadores para indivíduos leigos e ofensivos para os profissionais. No entanto, eles forçam ambos a enfrentarem as questões de responsabilidade que, de outra forma, permaneceriam latentes.

---

10 BECK, U. *Ecological Politics in an Age of Risk*. Cambridge: Polity, 1994.

148 ANTHONY GIDDENS

A confiança ativa é inimiga do fundamentalismo no sentido de que ela se estabelece por meio da diferença – e esta é exatamente sua conexão com a democracia dialógica. Aquilo que se aplica à "diferença" entre perito e leigo aplica-se também às arenas mais amplas das ordens cívica e global. A esse respeito, podemos nos voltar proveitosamente para a discussão de Oakeshott sobre aquilo que ele chama de "associação civil". A associação civil depende do desenvolvimento da "condição civil", que Oakeshott, guiando-se por Vico, define como "um relacionamento de seres humanos": isso não é, diz ele, "um 'processo' feito de componentes funcional ou casualmente relacionados; é o relacionamento inteligente desfrutado apenas em virtude do fato de ter sido aprendido e entendido". A associação civil "não é um relacionamento orgânico, evolucionário, teleológico, funcional ou caracterizado por síndromes, mas um relacionamento compreendido de agentes inteligentes". Não é, em outras palavras, uma comunidade no sentido amplo: nessa direção, poder-se-ia dizer, residem os perigos das etnicidades ou nacionalismos xenofóbicos.

A condição civil também não é um mercado, que é uma forma de "associação de empreendimentos". A "língua vernácula da comunicação e da compreensão civis" não é uma língua de comércio – ou de amor ou de afeição. A condição civil pode ser "entendida como agentes que reconhecem a si mesmos enquanto *cives* pelo fato de estarem relacionados uns aos outros na identificação de uma prática composta por regras...".[11] Para Oakeshott, essas regras revestem-se da força da lei quando fazem parte de um cânone; e elas expressam o domínio da tradição.

Os principais *insights* da perspectiva de Oakeshott que eu gostaria de salientar dizem respeito à tese de que a associação civil não é uma comunidade, e que as regras sobre as quais ele fala dependem de "relacionamento inteligente". Vou pressupor que o "relacionamento inteligente", quer o próprio Oakeshott tivesse isso em mente ou não, significa viver junto com os outros de uma maneira que respeite sua autonomia. A condição civil em uma ordem pós-tradicional, em suas formas mais desejáveis de expressão, pode ser entendida de uma forma que deve muito a John Dewey e a Oakeshott. Uma ordem democrática, argumentou Dewey, requer uma disposição de espírito "socialmente

---

11 Citações de OAKESHOTT, M. *On Human Conduct*. Oxford: Clarendon, 1991.

PARA ALÉM DA ESQUERDA E DA DIREITA 149

generosa". "A eficiência cívica", escreveu ele, não é "nem mais nem menos do que a capacidade de partilhar em uma experiência de dar e receber".[12]

A associação civil, nessa interpretação, dependeria da "apreciação positiva da diferença", mas não das condições de confiança ativa em relações pessoais em sentido mais amplo. E haveria um laço inerente entre associação civil e um engajamento cosmopolita com grupos, ideias e contextos que nada têm imediatamente a ver com o domínio do Estado. A Nova Direita tende a insistir em que uma perspectiva cosmopolita é inevitavelmente o inimigo do comprometimento e da obrigação. Para esses críticos, é uma postura na qual vale tudo – e, consequentemente, na qual nada tem qualquer valor específico.

Mas, por que não se poderia entender o cosmopolitismo – um tipo de generalização global da associação civil – como se fosse quase o oposto? Uma postura cosmopolita não insistiria na ideia de que todos os valores são equivalentes, mas enfatizaria a responsabilidade que indivíduos e grupos têm em relação às ideias que possuem e às práticas nas quais se envolvem. O cosmopolita não é alguém que renuncia aos comprometimentos – à maneira, digamos, do diletante –, mas é alguém capaz de articular a natureza desses comprometimentos e avaliar suas implicações para aqueles cujos valores são diferentes.

Vou fazer uma breve recapitulação. As pressões para democratização – que sempre enfrentam influências contrárias – são criadas pelos processos gêmeos de globalização e reflexividade institucional. A destradicionalização desencaixa os contextos locais de ação e, ao mesmo tempo, altera o caráter da ordem global: as tradições são cada vez mais forçadas a entrarem em contato umas com as outras, mesmo quando a adesão a elas permanece firme. Assim, a globalização, a reflexividade e a destradicionalização criam "espaços dialógicos" que precisam, de alguma forma, ser preenchidos. Pode haver um engajamento dialógico com esses espaços, invocando mecanismos de confiança ativa – mas eles também podem ser ocupados pelos fundamentalismos (e, como veremos adiante, por comportamento compulsivo ou por vícios).

O domínio das relações pessoais é uma arena central de democratização potencial – uma área de mudança extraordinariamente rápida, cuja

---

12 DEWEY, J. *Democracy and Education*. London: Macmillan, 1916. p.120.

influência permeia diretamente ambientes mais formais e públicos. Tendo em vista que ela diz respeito a divisões de um tipo bastante fundamental – entre os sexos e entre as gerações –, a possível democratização da vida pessoal é de importância primordial para muitos aspectos da reforma política atualmente. No entanto, as formas de solidariedade social que ela é capaz de gerar não podem ser diretamente interpoladas dentro de ordens políticas ou institucionais mais amplas, pelo fato de os mecanismos de confiança envolvidos dependerem do reconhecimento da integridade pessoal.

Essa integridade é, sem dúvida, muito importante nas instituições públicas, mas não é a fonte primária de solidariedade. Nas outras áreas mencionadas – sistemas abstratos, o Estado e interconexões mais globais – os meios de desenvolver confiança ativa têm de ser diferentes. A visibilidade e a responsabilidade são os temas orientadores nesses contextos, mas organizados de maneiras um tanto contrastantes em cada área. Em relação ao impacto da ciência e, em um sentido mais amplo, dos sistemas peritos, a democratização dialógica pressupõe a intromissão do público leigo, de organizações e Estados em contextos que os próprios cientistas gostariam de considerar "autônomos". Esse tipo de fenômeno suscita questões complicadas, e que serão abordadas mais detalhadamente no Capítulo 8.

O cosmopolitismo, como um estado de espírito e como um fenômeno institucionalizado, é o elo entre a democratização da democracia dentro do Estado e formas mais globais de interação entre os Estados e outras organizações. A associação civil, embora não exatamente na forma descrita por Oakeshott, é, por sua vez, a condição da existência de um Estado cosmopolita; esse (em princípio) é um Estado concebido não como uma comunidade, mas como pessoas vivendo em um "relacionamento inteligente" umas com as outras. O famoso caráter bifronte do nacionalismo advém do fato de que ele vacila entre a associação civil e a concepção do Estado como uma comunidade com sua própria "personalidade". Não é de surpreender, portanto, que em uma época pós-tradicional o nacionalismo esteja próximo dos fundamentalismos agressivos, adotado pelos grupos neofascistas, bem como por outros tipos de movimentos ou coletividades.

A democracia dialógica em um nível mais global poderia começar a se parecer com a associação civil, se ocorresse uma extensão da democracia cosmopolita na forma pensada por Held. Sem um *cives* globalizador, os mecanismos de comunicação de tipo cosmopolita são inevitavelmente bastante limitados e difusos – mas, apesar disso, não menos importantes para a sociedade mundial. Por razões óbvias, não existe arena na qual a capacidade de diálogo para criar e manter a confiança ativa seja mais importante.

Democracia, desigualdade e poder

A democratização combate o poder, buscando transformá-lo em relacionamentos negociados, sejam estes entre iguais ou em relações de autoridade diferencial. No entanto, a democracia, dialógica ou de outro tipo, claramente possui seus limites, que dizem respeito especialmente à influência intrusiva da desigualdade. O diálogo não depende de igualdade material, mas ele pressupõe que os recursos diferenciais não sejam usados para evitar a expressão de ideias ou para tornar drasticamente oblíquas as condições de intercâmbio dialógico. Uma das grandes forças da crítica da democracia liberal proveniente da esquerda há muito tem sido a reivindicação de que a democracia esteja associada a programas de nivelamento econômico.

Para muitos esquerdistas, o *welfare state* passou a ser um, ou até mesmo *o*, veículo desse nivelamento. A teoria o tem considerado como uma parte essencial de processos de emancipação social a longo prazo, que conduzem da igualdade política à econômica – de maneira mais notável na obra de T. H. Marshall. As ideias de Marshall, por mais influentes que sejam, não se sustentam diante de um exame minucioso. No lugar de sua teoria evolucionária dos direitos, deveríamos encontrar os domínios da ordem civil, do Estado e da economia como estruturas institucionais separadas, com seus próprios dilemas e possibilidades. Os direitos e prerrogativas que concedem aos grupos menos favorecidos na sociedade em momento algum podem ser considerados "seguros" – eles provavelmente estarão sujeitos a tensões e disputas mais ou menos crônicas.

A questão da pobreza é geralmente abordada, em especial pelos partidários do *welfare state*, como o outro lado da riqueza. O que poderia ser mais lógico? Nessa perspectiva, a pobreza deve ser combatida por ser uma afronta às normas da igualdade econômica; a redução das desigualdades necessariamente assume a forma de redistribuição de riqueza e renda dos mais afluentes para os pobres, por meio dos sistemas previdenciais. Entretanto, essa política emancipatória é de pouco valor se não for conduzida por considerações de política de vida, por motivos que tentarei esclarecer no próximo capítulo. Essa discussão precisa ser colocada em um contexto amplo, visto que o *welfare state* está ligado a outras questões que não só a pobreza ou a desigualdade.

CAPÍTULO 5
CONTRADIÇÕES DO *WELFARE STATE*

Fontes estruturais do *welfare state*

A proteção do *welfare state* parece, aos olhos de muitos da esquerda, essencial para o significado da sociedade civilizada; os necessitados e os doentes não são abandonados para se defenderem sozinhos, mas, por meio das ações do governo, têm uma oportunidade de levar uma vida aceitável. Ainda assim, essa situação necessita ser investigada, porque as instituições previdenciais foram apenas em parte uma criação dos socialistas – e, na verdade, pensadores socialistas radicais costumavam passar muito tempo criticando-as.

Um dos problemas com o termo "*welfare state*" é que não está claro o que limita o quê. A abordagem do socialismo reformista pressupõe que é o Estado que organiza a previdência: o Estado intervém na economia a fim de tornar a ordem social mais equitativa. No entanto, vamos supor que o "previdencial" limite o "Estado". Nesse caso, o Estado moderno é, em parte, *definido* por essa intervenção, que poderia fazer parte de sua forma administrativa. Essa interpretação, que acredito ser correta, percebe o fato de que os sistemas previdenciais, pelo menos até o período posterior à Segunda Guerra Mundial, não se originaram de um lado específico do espectro político.

A pobreza, o desemprego, a doença e assim por diante, segundo essa perspectiva, não são apenas dados que o Estado tenha de enfrentar da melhor maneira que puder; esses elementos são constituídos como parte do processo da formação do Estado, que é definida não só pelo Estado, mas pelos conflitos e batalhas entre as agências oficiais e outras organizações e grupos. E esse processo de constituição social tem sido longo, não limitado aos últimos cinquenta ou mesmo cem anos. Assim, o "pauperismo" não foi apenas uma condição de indivíduos vivendo em uma "sociedade civil", na qual o Estado passou a intervir – na verdade, essa circunstância ajudou a estabelecer a "sociedade civil" enquanto tal. Esta, repetindo um tema do capítulo anterior, que aparentemente é o terreno no qual os sistemas previdenciais foram estabelecidos, passou a existir como parte da construção desses sistemas; ela nunca foi simplesmente um conjunto de instituições "fora" do Estado.

Do final do século XVII em diante, o "discurso dos pobres" nos países industrializados esteve orientado para a integração nacional e o desenvolvimento da riqueza nacional. A "pobreza" não era definida como a condição de ausência de recursos, mas surgia em relação às necessidades da *indústria* – o termo "industrioso" ligava "trabalho produtivo" com uma perspectiva específica de vida. Os pobres eram aqueles que não podiam trabalhar ou que não trabalhavam. A ligação de pauperismo com falta de educação moral era bastante clara: "trabalho para aqueles que irão labutar, castigo para aqueles que não vão fazê-lo, e pão para aqueles que não podem fazê-lo". Por sua vez, a intencionalidade moral relacionava-se diretamente com o bem-estar social, visto que, como afirma Matthew Hale, a pobreza "deixa os homens agitados e apreensivos", e o combate à pobreza é "um ato de prudência civil e de sabedoria política".[1]

Até o início do século XIX, o termo *"industry"* era usado apenas como advérbio e se opunha a pauperismo sem uma referência específica ao capitalismo. Não se deve buscar as origens do *welfare state* nas tentativas de definir e reprimir o pauperismo – embora este esforço com certeza tenha seus efeitos duradouros – mas sim no desenvolvimento daquilo que Claus Offe chamou de proletarização "ativa" contra prole-

---

1 Citações de DEAN, M. *The Constitution of Poverty*. London: Routledge, 1991. p.25, 27.

PARA ALÉM DA ESQUERDA E DA DIREITA 155

tarização "passiva".[2] A proletarização passiva é a desapropriação de um grande número de pessoas de ocupações agrárias ou campesinas, não importando se esse processo é indesejado ou se há resistência a ele. No entanto, a proletarização ativa – uma disposição para estabelecer um contrato de trabalho – não resulta inevitavelmente do tipo passivo. A intervenção do Estado foi uma influência primordial ligando as formas ativa e passiva; e aqui chegamos ao ponto no qual o "Estado administrativo" começou a se transformar no *welfare state*. Isso não foi uma questão de haver alguma misteriosa compatibilidade funcional entre o Estado e o empreendimento capitalista. Foi o resultado da percepção, por parte dos funcionários do Estado e industrialistas, de que uma política social era necessária para proteger os indivíduos em situações fora do mercado nas quais as fontes tradicionais de apoio haviam em grande parte sucumbido; e, em menor medida, demonstrou ser o resultado da mobilização ativa dos movimentos de trabalhadores para melhorar suas condições de vida.

Várias interpretações recentes do início da história das instituições previdenciais, como a de Abraham de Swaan, enfatizaram que o *welfare state* "não era realização das classes trabalhadoras organizadas, nem o resultado de uma conspiração capitalista para pacificá-las ..."[3] Seu desenvolvimento foi "um processo gradual e com frequência desinformado, que recebeu impulso tanto de políticos ambiciosos e funcionários civis bastante visionários como também de uma noção abstrata de ordem social em fragmentação ou temores de grande inquietação social".[4] Os elementos básicos do *welfare state* na maioria dos países ocidentais já estavam em posição muito antes da Segunda Guerra Mundial, numa época em que, ao menos na Europa, era direitista a maioria dos governos que estavam no poder. Parte da razão era a necessidade percebida de se lidar com o desemprego em massa; mas algumas medidas previdenciais importantes vieram do período da Primeira Guerra. Mobilizar a economia e a sociedade era a primeira reivindicação no período da guerra; o papel ampliado do Estado na Primeira Guerra introduziu formas de provisão social e econômica que foram solidificadas e ampliadas durante a Segunda.

---

2 OFFE, C. *Contradictions of the Welfare State*. London: Hutchinson, 1984.
3 SWAAN, A. de. *In Care of the State*. Cambridge: Polity, 1989. p.9.
4 ASHFORD, D. A. *The Emergence of the Welfare State*. Oxford: Blackwell, 1986. p.4.

São várias as fontes estruturais do *welfare state*. Em primeiro lugar, as instituições previdenciais têm seu início no esforço de criar uma sociedade na qual o trabalho, no sentido de trabalho assalariado na indústria, tivesse um papel central e definidor. Poderia parecer que as medidas previdenciais, especialmente a seguridade social, estariam preocupadas apenas com aqueles que, por um motivo ou outro, não pudessem entrar no mercado de trabalho; mas, na verdade, no início de sua história e também mais tarde, elas estiveram ligadas à promoção do termo "*industry*" em seu sentido adverbial. Em segundo, o *welfare state* sempre foi um Estado nacional, e essa ligação está longe de ser uma coincidência. Um dos principais fatores que impelem o desenvolvimento dos sistemas previdenciais tem sido o desejo, por parte das autoridades governamentais, de promover a solidariedade nacional. Desde seus primeiros dias, os sistemas previdenciais foram elaborados como parte de um processo mais generalizado de construção do Estado. Quem fala em *welfare state* fala em Estado-nação.

Em terceiro lugar, o *welfare state*, desde suas primeiras origens até agora, esteve preocupado com a administração de risco, sendo que os esforços nesse sentido são, de fato, uma parte fundamental daquilo que o "governo", em geral, se tornou. Os esquemas previdenciais são uma forma de seguro social. Seguro refere-se a qualquer esquema de administração de risco orientado para o enfrentamento de um futuro aberto – um meio de lidar com acasos (previsíveis). O seguro social trata do controle de riscos em uma sociedade criadora de riquezas e orientada para o futuro – em especial, é claro, aqueles riscos que não são "subordinados" na relação trabalho-salário.

Essa perspectiva refletia o encontro anterior da modernidade com as formas preexistentes de ordem social. Isso porque nas sociedades pré--modernas, a pobreza, como as más colheitas, era simplesmente algo que "acontecia" – um evento da natureza. O surgimento do conceito de seguro social refletia não tanto percepções novas de injustiça social mas a ascensão da ideia de que a vida social e econômica podia ser *humanamente controlada*. É claro que as críticas da teoria econômica clássica, em especial sob a forma do keynesianismo, foram, sem dúvida, importantes aqui, principalmente no sentido de moldar reações à Grande Depressão. Por um período de muitas décadas depois dos anos 1930, a ortodoxia econômica dominante encarou o risco do desemprego em grande escala como algo que poderia ser controlado de maneira eficiente.

PARA ALÉM DA ESQUERDA E DA DIREITA   157

A ideia de que as instituições previdenciais deveriam ser entendidas como sistemas de administração de risco é muito semelhante à convincente – ainda que heterodoxa – interpretação de Goodin e Le Grand sobre as razões da expansão do *welfare state* depois da Segunda Guerra Mundial. Segundo eles, a incerteza disseminada de uma época de guerra total – uma guerra que afetou, de maneira mais direta do que na Primeira Guerra Mundial, as populações civis da maioria das nações envolvidas – "levou a uma nova demanda por disseminação de risco e rompeu as antigas barreiras em relação a ela".[5]

A experiência da guerra mostrou à população que os riscos eram partilhados: afinal, as bombas caíam sobre todos. Antes da guerra, mesmo depois da Grande Depressão, a maioria dos programas de seguridade social era dirigida aos pobres crônicos; a experiência da guerra teve como consequência mudar a atenção dos programas de renda específica para os universalistas. Os pobres não estavam mais "sempre conosco" como um testamento das agruras que poderiam recair mais ou menos sobre todos.

> Nessa situação [de guerra], o futuro de qualquer um pode ser o seu próprio futuro. Isso força cada um de nós a refletir imparcialmente sobre os interesses de todos. Os *welfare state* e semelhantes constituem a reação institucional adequada. Essas reações se cristalizam e persistem muito além do momento de incerteza que as originou... Parece-nos que a incerteza do período de guerra e a partilha de riscos fornecem uma explicação especialmente eficaz, não só das origens, mas também da persistência e agora do declínio do *welfare state* do pós-guerra.

Uma interpretação dos programas sociais como partilha de risco ajusta-se perfeitamente aos temas de solidariedade e à promoção de laboriosidade. Cada uma dessas preocupações tornou-se mais intensa em períodos de guerra. Assim, quase no fim de seu relatório, Beveridge escreveu:

> A prevenção da carência e a diminuição e o alívio da doença – o objetivo principal dos serviços sociais – são, de fato, um interesse comum para todos os cidadãos. É possível garantir uma percepção mais intensa

---

5 Citações aqui e seguintes extraídas de GOODIN, R. E., LE GRAND, J. *Not Only the Poor*. London: Allen and Unwin, 1987. p.46-7.

desse fato na guerra do que na paz, porque a guerra gera a unidade nacional e a prontidão de sacrificar os interesses pessoais por uma causa comum ...[6]

Uma ênfase em relação ao trabalho também tem especial importância sob condições de guerra, quando um esforço coletivo é vigorosamente fomentado e existe emprego "mais do que" pleno – com muitos trabalhando um número de horas maior do que o fariam em outra situação.

As organizações socialistas e de trabalhadores há muito tempo reivindicavam alguns dos programas adotados durante o amadurecimento do *welfare state* no período pós-guerra. O socialismo reformista no poder foi o principal veículo da decretação das provisões previdenciais. No entanto, os socialistas adotaram e criaram uma criança que não era totalmente deles. Eles foram capazes de fazê-lo reinterpretando o *welfare state* em termos dos dois imperativos do pensamento socialista: a direção centralizada da vida econômica e a busca de maior igualdade. Ao envolver as classes trabalhadoras na administração do governo, o *welfare state* tornou-se um símbolo de um compromisso de classe que aparentemente resolvia o antigo "problema social" e, ao mesmo tempo, assegurava a eficiência econômica.

Problemas previdenciais: trabalho e classe

Estão corretos aqueles que consideraram o *welfare state* pós-1945 uma grande realização. Embora haja notáveis diferenças entre os países quanto ao nível de desenvolvimento e os efeitos sociais amplos das instituições previdenciais, o progresso no que diz respeito à superação dos "cinco males" de Beveridge é admirável. Ainda assim, os problemas que o *welfare state* enfrenta agora, em suas várias versões nas diferentes sociedades, encontram-se em um nível muito profundo. Eles dizem respeito a cada uma de suas principais "temáticas": trabalho, solidariedade e administração de risco. A maioria dos intérpretes dos esforços do *welfare state* enfatizou os dois primeiros fatores, mas eu vou salientar a importância fundamental do terceiro.

---

6 BEVERIDGE, W. H. *Social Insurance and Allied Services*. London: HMSO, 1942.

PARA ALÉM DA ESQUERDA E DA DIREITA 159

Entretanto, os três suscitam importantes questões. O primeiro deles afeta não só a natureza do trabalho nas sociedades modernas, mas os problemas fundamentais relacionados ao gênero e à família. O segundo implica, entre outras coisas, um exame da análise de classe: os efeitos integradores do *welfare state* supostamente dizem respeito à diminuição das divisões de classe. O terceiro fator envolve insistir um pouco mais no tema risco externo *versus* risco artificial.

O welfare state, como já foi bem documentado, admitiu e até mesmo ampliou a equação de trabalho com emprego assalariado no mercado de mão de obra; consequentemente, ele também pressupunha a família patriarcal. A conquista do pleno emprego, um dos mais importantes objetivos da defesa socialista dos sistemas previdenciais em especial, significava emprego da população masculina. Esse era um modelo de trabalho como sina (para os homens) e de domesticidade como sina (para as mulheres). Ele pertencia a uma época na qual as identidades de gênero ainda não haviam sido reflexivamente reivindicadas e o trabalho "não padrão" – incluindo o trabalho doméstico –, nas definições oficiais das coisas, não contava de forma alguma como trabalho.[7]

Se esses sistemas não estão alinhados com uma situação na qual as mulheres entraram na força de trabalho assalariada em grandes números, o mesmo se dá em relação a uma sociedade na qual a centralidade da indústria está começando a ser questionada. A ideia de emprego em período integral e estável, como observa Patricia Hewitt,

> pode ser vista claramente no sistema de seguridade social, em leis de emprego e políticas de aposentadoria e pensões. Ela permeia a cultura dos negócios, da administração e da vida pública. Ela afeta a organização e as estratégias dos sindicatos e também a maioria das discussões sobre pleno emprego. Ela influencia indiretamente as decisões em muitas outras áreas políticas, incluindo transportes, lazer, assistência à criança e a servidores idosos. E ela afeta profundamente a organização da vida familiar e dela depende.[8]

---

7   FRASER, N. Women, welfare and the politics of need interpretation. *Thesis Eleven*, v.17, p.97, 1987.
8   HEWITT, P. *About Time:* The Revolution in Work and Family Life. London: Rivers Oram, 1993. p.2.

Hoje, o modelo do trabalhador permanente e em período integral passa a ser atacado por uma hoste de outros modos concorrentes de organização de trabalho – um aumento no trabalho em tempo parcial, interrupções voluntárias de carreira, autoemprego e trabalho domiciliar. Muito embora, com frequência, sejam reivindicações salariais disfarçadas, os esforços para obter uma semana de trabalho mais curta têm levado, na maioria dos países, a uma média menor de horas de trabalho. Em todas essas áreas o etos de "indústria" – ou aquilo que chamarei de *produtivismo* – está sujeito a tensões.

A conexão das políticas previdenciais com a consolidação do Estado-nação raramente foi analisada em detalhe na literatura. No entanto, essa conexão não só ajuda a explicar a ascensão dos sistemas previdenciais, mas também é uma importante fonte das tensões que passaram a rodear esses sistemas. O modelo de "emprego permanente em tempo integral" que dominou a expansão das instituições previdenciais baseava-se na centralidade econômica da produção em série e na organização centralizada do capital e da mão de obra assalariada. O *welfare state* era um Estado nacional integrado no qual o "corporativismo" ampliava – mas também pressupunha – a solidariedade nacional. O novo período de globalização ataca não só a base econômica do *welfare state*, mas também o compromisso de seus cidadãos com a equação de riqueza com riqueza nacional. O Estado é menos capaz de proporcionar o controle central eficiente da vida econômica; ao mesmo tempo, as capacidades soberanas da nação tornam-se debilitadas por uma mistura de globalização e reflexividade social.

A relação entre o declínio do *welfare state* e o caráter inconstante da ordem global dos Estados foi, em certa medida, encoberta pelos próprios sucessos políticos da Nova Direita. Os neoliberais lideraram o ataque ao *welfare state* "sobrecarregado" em nome da libertação da empresa competitiva dos encargos burocráticos e dos enfraquecidos mercados de trabalho. Mas, ao mesmo tempo, eles não só defenderam o Estado e a nação mas reivindicaram um "Estado forte" na arena internacional. O caráter paradoxal dessa postura logo foi notado pelos críticos e correspondeu aos paradoxos mais amplos da teoria política da Nova Direita mencionados anteriormente. Mas, durante certo tempo, ou pelo menos nas ocasiões em que esteve no poder, a Nova Direita foi capaz de conter a contradição e afirmar que um ataque ao *welfare state* era compatível com o fortalecimento da nação. De fato, os mesmos fatores que estavam

PARA ALÉM DA ESQUERDA E DA DIREITA 161

alterando a posição do Estado-nação no sistema global mais amplo estavam ajudando a debilitar as instituições previdenciais que anteriormente estiveram tão intimamente ligadas à solidariedade nacional.

Uma das teses mais conhecidas sobre as pressões e tensões do *welfare state* é o argumento de que ele foi enfraquecido por seus próprios sucessos. Em outras palavras, quando o clima econômico torna-se adverso, aqueles que mais se beneficiaram passam a proteger a posição que alcançaram contra grupos em condições mais desfavoráveis. A "revolta dos contribuintes" da classe média origina-se no desejo egoísta de proteger um modo de vida confortável, com os grupos da classe média mordendo a mão que originalmente lhes deu comida. Como resultado da expansão do próprio capitalismo previdencial, a maioria da população nas sociedades desenvolvidas desfruta de um alto padrão de vida. Os membros dessa maioria podem optar por se desligarem das provisões previdenciais ou pode ser que não precisem dessas provisões, as mesmas que os ajudaram a chegar aonde estão. Eles formam aquilo que Galbraith chamou de "a Maioria Satisfeita, a Maioria Eleitoral Satisfeita ou, mais amplamente, a Cultura da Satisfação":

> Considera-se que o futuro da maioria satisfeita está dentro de seu comando pessoal. Sua irritação é evidente – e, na verdade, pode ser bastante evidente – apenas quando existe uma ameaça ou possível ameaça ao bem-estar atual e à perspectiva futura – quando o governo e aqueles que aparentemente são menos dignos intrometem-se ou ameaçam intrometer-se em suas necessidades e reivindicações ... sua atenção aos próprios interesses, previsivelmente, é o aspecto dominante, de fato controlador, da maioria satisfeita.[9]

Apesar de ter se tornado convencional, esse argumento certamente é duvidoso. Em primeiro lugar, poder-se-ia falar sobre a existência de uma cultura da ansiedade tanto quanto sobre uma cultura da satisfação. Uma ordem destradicionalizadora apresenta formas importantes de liberdade para muitos, mas ela também cria muitas fontes novas de tensão e de problemas – na vida cotidiana, em termos nacionais e globais. A classe média ou as pessoas mais afluentes são menos claramente protegidas de

---

9 GALBRAITH, J. K. *The Culture of Contentment*. London: Sinclair-Stevenson, 1992. p.17.

algumas dessas formas de agitação do que costumavam ser. É esse o caso até mesmo em nível econômico, no qual algumas profissões não oferecem mais salvaguardas contra o desemprego.

A reação da maioria a essa situação não é apenas uma primitiva retenção das próprias posses. Neste mundo reflexivo, não é provável que passe despercebido aos mais afluentes o fato de eles tenderem, geralmente, a se beneficiar mais do *welfare state* do que os grupos mais pobres. Se muitos, ainda que de maneira parcial e de formas diferentes, voltaram-se contra o *welfare state*, os motivos são mais complexos do que os sugeridos pela tese da cultura da satisfação. A "crítica burocrática" do *welfare state* não está restrita aos intelectuais neoliberais; em circunstâncias nas quais, em numerosos aspectos da vida, não se pode optar por não escolher, sistemas de distribuição centralmente organizados podem passar a ser vistos como uma afronta à autonomia, até mesmo quando concedem benefícios materiais. De maneira oposta, aqueles que simplesmente aceitam que vão sobreviver a esses sistemas, aqueles que continuam a viver à moda antiga, parecem recusar-se a aceitar as responsabilidades que outros devem assumir.

Dessa forma, o que está em discussão aqui talvez seja não uma recusa egoísta de se engajar em um mundo mais amplo, e sim uma consciência cada vez maior de que o mundo mudou muito, e com ele as condições da existência cotidiana. Quanto à sua relação com o Estado, e com a nação, os membros da maioria supostamente satisfeita assumem uma postura mais aberta e questionadora em relação a muitos aspectos de suas vidas (sem dúvida, isso frequentemente está associado a uma atitude defensiva também). Eles estão conscientes do fenômeno da dependência previdencial e reagem a ela com desconfiança, às vezes até agressivamente. Estão menos propensos à deferência em relação às autoridades do Estado, seja sob a forma de liderança política ou de funcionalismo burocrático. Consequentemente, são capazes de questionar mais e aceitar menos, incluindo-se aí os encargos tributários – especialmente quando aquilo que recebem por seu "investimento" não é visível, mas está oculto nas finanças globais do grande governo. Eles estão conscientes também da relativa impotência dos governos para controlar aquilo que afirmam governar, incluindo suas próprias economias nacionais.

Essas coisas acompanham as mudanças bastante básicas no sistema de classes em um nível mais amplo. As classes nos dias de hoje afetam as oportunidades de vida dos indivíduos de uma maneira mais "refratada" do que costumava acontecer, mesmo até recentemente. O que Marx pensava que seria a base da revolução política global, o desenvolvimento dos movimentos baseados em classe, mostrou estar mais ligado às lutas dentro do Estado-nação. Os elementos de ligação entre classe e engajamento social coletivo tornaram-se muitíssimo reduzidos durante o período da expansão da modernização reflexiva. A ideia de classe costumava estar ligada à experiência comunal e à ação de diversas maneiras. Uma delas era por meio de divisão regional e experiência profissional comum na área local. Muitas dessas comunidades tradicionais, especialmente as comunidades da classe trabalhadora, acabaram se dissolvendo. Os novos modos de regionalização, o resultado das divisões de estratificação globalizada, raramente produzem as mesmas solidariedades de classe.

Um segundo fator a relacionar classe e comunidade social foi a divisão sexual do trabalho. A ação comunal de classe não era só um assunto primordialmente masculino, mas era ampliada pela invisibilidade social de outros tipos de trabalho, incluindo o não assalariado. Como sabemos, as divisões de gênero no trabalho, assalariado ou não, geralmente não coincidem com as fronteiras de classe. Por fim, costumava haver símbolos culturais discerníveis relacionados à solidariedade de classe, do operário à realeza; eles desaparecem ou perdem seu poder mobilizador em virtude da destradicionalização.

Algumas das consequências desses desenvolvimentos podem ser brevemente enumeradas:

1 A classe, na maioria dos casos, não é mais experienciada como classe, mas como restrições (e oportunidades) oriundas de uma diversidade de fontes. A classe torna-se individualizada e expressa por meio da "biografia" do indivíduo; ela é experienciada cada vez menos como sina coletiva.

2 O indivíduo relaciona-se com o sistema de classe não só como um produtor, mas como um consumidor. Estilo de vida e gosto, mobilizados de maneira ativa por indivíduos e grupos, tornam-se marcadores evidentes de diferenciação social como posição na ordem produtiva.

3 Os problemas que podem se originar nos fatores de classe, ou serem por eles fortemente influenciados, tendem a ser percebidos "lateralmente" e não "horizontalmente". Eles não são experienciados como advindos do passado, mas como um resultado de circunstâncias que se chocam contra um indivíduo ou grupo em um momento específico.

A "correia de transmissão geracional" da classe acaba sendo quebrada. Isso não quer dizer que a experiência de classe dos indivíduos se torne irrelevante para suas oportunidades de vida – longe disso. No entanto, visto que é raro os filhos atualmente seguirem a profissão de seus pais, e podendo não ter virtualmente qualquer conhecimento sobre os contextos de trabalho de seus pais, sua experiência tende a parecer mais *ab novo*.

4 A classe, portanto, é menos uma "experiência da vida toda" do que era antes. Um grande número de pessoas (homens, especialmente) que trabalham em serviços braçais, ou eram operários em algum momento atuaram, ou podem vir a atuar no futuro, em um emprego burocrático. Entretanto, muitos terão interrompido carreiras em decorrência de períodos de desemprego forçado. O desemprego não afeta apenas aqueles que estão no ponto mais baixo da escala de classes. Devido à concorrência econômica globalizada e à aceleração das inovações tecnológicas, a experiência de disponibilidade torna-se comum de um lado ao outro do espectro profissional.

5 Apesar do crescimento da economia secundária, a inclusão ou exclusão em termos de mercado de trabalho conta até mais do que antes. Redes de apoio não econômico, incluindo fontes de sustento tradicionais tais como grupos de parentes ou cônjuges – e o Estado –, não conseguem competir em igualdade de condições. Os "novos pobres" são aqueles que se encontram em uma situação frágil no mercado de trabalho, ou que foram completamente excluídos dele.

A questão da subclasse

O período em que o *welfare state* se fortaleceu, de meados da década de 1970 até o presente, também foi aquele durante o qual os níveis de pobreza (relativa) aumentaram na maioria das sociedades industrializadas. Em que medida essa pobreza foi criada pelas instituições previdenciais, em vez de ser atenuada por elas? E em que sentido, se existe algum, aqueles que se encontram em uma situação de pobreza crônica formam uma subclasse? Essas questões têm sido o centro de arrebatados debates entre a direita e a esquerda há cerca de duas décadas.

PARA ALÉM DA ESQUERDA E DA DIREITA   165

Originalmente, o termo "subclasse" tinha um sentido sociológico razoavelmente claro, que não era especialmente controverso. No entanto, ele se politizou, em virtude de ter sido trazido para o centro das polêmicas acerca das virtudes ou outros aspectos do *welfare state*. Alguns esquerdistas recusam-se a usar o conceito, não por deixar de descrever uma realidade, mas por sua associação com as críticas direitistas à previdência social.

Galbraith é um autor à esquerda que aceita a existência de uma subclasse e que, de fato, afirma que ela é "profundamente funcional" para as sociedades contemporâneas. A subclasse nos Estados Unidos, diz ele, consiste em pessoas que "não compartilham do bem-estar confortável do americano prototípico". Seus membros podem ser encontrados "nos centros das grandes cidades ou, menos visivelmente, em fazendas em más condições, como mão de obra rural migrante ou em primitivas comunidades de mineração". A subclasse é composta principalmente "por membros dos grupos minoritários, negros ou pessoas de origem hispânica". Constitui-se de pessoas dispostas a assumir tarefas que a maioria da população do local recusa. Uma situação muito semelhante, argumenta Galbraith, ocorre também nos países europeus. As tarefas pesadas e incômodas abandonadas pelas populações nativas são lançadas aos imigrantes do sul do Mediterrâneo, da África do Norte, do sul da Ásia e de outros lugares.

Nas palavras de Galbraith, "A comunidade moderna – o sistema de mercado – requer esse tipo de subclasse ... e deve estendê-la a outros países para sustentá-la e renová-la". No entanto, as condições nas quais essa classe vive dão origem ao crime, ao colapso familiar e à desorganização social generalizada. Essa situação ocorre principalmente porque existem barreiras que limitam as oportunidades de mobilidade social ascendente dos membros da subclasse. O racismo e outras influências impedem a assimilação total.

A perspectiva da direita é bastante diferente. A subclasse é uma criação da dependência previdencial, que estabelece e institucionaliza circunstâncias sociais e econômicas que, de outra forma, seriam muito mais fluidas. As subclasses não são formadas por vítimas do sistema de mercado, mas de indivíduos que se excluem desse sistema, optando, em vez disso, por fazer uso dos benefícios do *welfare state*. Uma vida que se apoia na previdência tende a se tornar destituída de preceitos morais – daí a desintegração da vida familiar e comunal estável, algo que, nas palavras de Charles Murray, está "agora contaminando comunidades inteiras".[10] As pessoas que se aproveitam do sistema previdencial tendem a desprezar a comunidade social em sentido mais amplo em vez de admitir deveres para com ela. Uma atitude desnorteada invade suas vidas como um todo, levando a comportamentos irresponsáveis em relação à paternidade ou maternidade e em relação à propriedade. O resultado são as altas taxas de ilegitimidade, lares com apenas um dos pais e criminalidade.

Qual dessas interpretações conflitantes é válida, se é que alguma delas o é? E, de qualquer forma, que evidência existe de que o desenvolvimento das subclasses é um fenômeno real?

A medida da existência de uma subclasse distinta depende de índices sociológicos bastante convencionais – caso existam grupos com oportunidades de vida notavelmente diferentes daquelas que têm as pessoas em situações de classe mais favoráveis. De fato, estudos nos Estados Unidos indicam que uma proporção significativa dos pobres continua atolada na pobreza durante muito tempo, e o mesmo ocorre com seus descendentes. Investigando as evidências disponíveis, Wilson conclui que existe "uma base estável para a aceitação do argumento de que uma subclasse de gueto surgiu e que ela expõe os problemas da pobreza prologada e da dependência em relação à previdência".[11] A mesma conclusão pode ser aceita para outros países industrializados, embora o grau de "endurecimento de classe" observado varie consideravelmente.

Para a análise de questões mais amplas sobre a previdência, muita coisa depende da avaliação do conflito entre as interpretações da direita e da esquerda sobre as origens das subclasses. Para começar, poder-se-ia dizer que o argumento de Galbraith a partir da necessidade funcional parece fraco. Durante certo tempo, uma demanda por mão de obra fez disparar a imigração do Terceiro Mundo para os países desenvolvidos. No entanto, alguns dos grupos representados nas subclasses, mais especialmente os negros norte-americanos, não são imigrantes recentes na sociedade em questão. Além disso, não está claro de que forma os

---

10 MURRAY, C. *The Emerging British Underclass*. London: Institute of Economic Affairs, 1990. p.4.

11 WILSON, W. J. *The Truly Disadvantaged*. Chicago: University of Chicago Press, 1987. p.10.

PARA ALÉM DA ESQUERDA E DA DIREITA   167

que estão há muito desempregados, que passam a representar um fardo financeiro para o resto da sociedade, são funcionais para a ordem social.

Entretanto, ao argumento da direita também se colocam objeções básicas. Por exemplo, se os incentivos previdenciais conduzem ao desemprego da subclasse e à ruptura da vida familiar, essa tendência deveria reverter quando os benefícios previdenciais entram em declínio, como aconteceu em muitos países ocidentais durante os últimos vinte anos. Mas isso não aconteceu. Os níveis de desocupação entre os membros mais jovens dos grupos minoritários nas cidades norte-americanas atingiram proporções calamitosas, mas também aumentaram bastante na Grã-Bretanha e em outros lugares. O desemprego estrutural, associado a um êxodo das famílias operárias e de classe média dos bairros dentro dos limites das cidades – particularmente nítido nos Estados Unidos –, é a principal influência. Os processos envolvidos tendem a se tornar, então, autoconsolidados:

> Dessa forma, em uma comunidade com escassez de famílias regularmente empregadas e com a esmagadora maioria das famílias passando por longas temporadas de desemprego, as pessoas experienciam um isolamento social que as exclui do sistema de rede de empregos que permeia outras comunidades e é tão importante para que essas pessoas fiquem sabendo de empregos oferecidos em diversas partes da cidade, ou mesmo sejam recomendadas para eles. E à medida que as perspectivas de emprego diminuem, tais pessoas não só passam a contar cada vez mais com outras alternativas como a previdência e a economia subterrânea, mas também essas alternativas passam a ser vistas como um modo de vida.[12]

O que acontece é um tipo de espiral destrutiva, em relação à qual os programas previdenciais podem, às vezes, mais contribuir do que neutralizar. Existem aqui semelhanças bastante reais com as circunstâncias de pobreza mais global. Uma sequência de eventos é estabelecida de maneira a destruir as culturas locais e as formas de autoconfiança. Os programas burocráticos de ajuda podem auxiliar de algumas maneiras a atenuar essa situação, mas em outros aspectos eles, na verdade, podem reforçá-la. O resultado é ambivalência e mal-estar psíquico. Os indivíduos

---

12 Ibidem, p.57.

tornam-se dependentes dos sistemas de provimento que reconhecem como estranhos e sobre os quais têm pouco controle; não é de surpreender que eles pudessem apresentar uma tendência a assumir uma postura manipuladora em relação a esses sistemas e que não sentissem um mínimo de gratidão por aquilo que a sociedade mais ampla lhes propiciou, visto que sua dependência dessa comunidade mais ampla é considerada como exclusão de uma participação ativa em tal comunidade.

As influências sociais que criam as subclasses são estruturais antes de serem culturais, mas uma vez que estejam ativas elas podem gerar profunda desmoralização cultural. Os debates entre a esquerda e a direita a esse respeito atualmente são, na verdade, uma repetição da controvérsia criada nas ciências sociais várias décadas atrás pelo conceito de Oscar Lewis de cultura da pobreza. Na base de sua obra sobre a América Latina, Lewis sugeria que, ao se tornarem economicamente marginalizadas, as pessoas desenvolvem respostas adaptativas que são transmitidas de geração a geração. A cultura da pobreza, segundo Lewis, é "uma reação dos pobres à sua posição marginal em uma sociedade capitalista, estratificada em classes e altamente individualizada". Mesmo com seis ou sete anos de idade, as crianças faveladas "geralmente já absorveram as posturas e os valores básicos de sua subcultura e não estão psicologicamente aparelhadas para tirar proveito de condições mutáveis ou de oportunidades ampliadas que podem vir a ocorrer em suas vidas".[13]

A dependência previdencial pode se tornar ligada às culturas da pobreza; o que temos de ter o cuidado de não fazer é supor que as características das culturas da pobreza são totalmente opostas às posturas sociais e culturais encontradas no mundo. Os grupos empobrecidos podem estar estruturalmente "escondidos" dos mais afluentes, que raramente visitam as áreas onde a pobreza está concentrada, se é que o fazem; mas em condições sociais globalizadas, suas vidas não estão culturalmente isoladas. As diferenças étnicas da maioria da população frequentemente estão ligadas ao desenvolvimento das subclasses e podem se tornar um foco de exclusão cultural. No entanto, essas mesmas diferenças com frequência ligam diretamente os pobres a cenários culturais globalizados – no que diz respeito a costumes, religião,

---

13 LEWIS, O. The culture of poverty. In: MOYNIHAN, D. P. *On Understanding Poverty*. New York: Basic, 1968. p.188.

vestuário ou música. Para as populações imigrantes, esses aspectos podem ser elementos de ligação mantidos com seus países e culturas de origem; mas, com frequência, formam diásporas culturais, que podem se estender muito.

As subclasses não são apenas focos de privação dentro das sociedades nacionais; elas são fissuras ao longo das quais o Terceiro Mundo entra em contato com o Primeiro. O isolamento social que separa os grupos desprivilegiados do resto da ordem social dentro das nações espelha a divisão entre ricos e pobres em uma escala global – e está ligado de forma causal a essa divisão. A pobreza no Primeiro Mundo não pode ser abordada como se não tivesse ligação com as desigualdades de uma escala muito maior. Essa é uma questão à qual voltarei no próximo capítulo.

O futuro da previdência: uma orientação preliminar

O projeto do *welfare state* fracassou, por um lado, porque passou a incorporar o que acabou sendo as aspirações deficientes do socialismo, e, por outro, devido ao impacto das mudanças sociais mais amplas que constituem uma preocupação de todo este livro. O "compromisso de classe" das instituições previdenciais poderia permanecer relativamente estável apenas enquanto as condições de modernização simples fossem válidas. Essas eram circunstâncias nas quais a "industriosidade" e o trabalho assalariado permaneceram fundamentais para o sistema social; as relações de classe estavam intimamente ligadas às formas comunais; o Estado-nação era forte e até mesmo, em alguns aspectos, desenvolvia ainda mais seus poderes de soberania; e o risco ainda poderia ser tratado em muito como externo, podendo ser enfrentado por programas bastante ortodoxos de seguridade social. Nenhuma dessas condições se mantém da mesma forma em condições de globalização intensiva e reflexividade social.

Uma das fraquezas estruturais mais importantes do *welfare state* do pós-guerra estava presente na tênue relação entre a promoção de eficiência econômica e as tentativas de redistribuição. Os sistemas previdenciais mostraram-se não só incapazes de realizar muita distribuição de riqueza e renda; o *welfare state*, na verdade, tornou-se em parte um instrumento para ajudar a promover os interesses de uma classe média em expansão. O compromisso de classe não era diretamente entre o capital e a classe trabalhadora; era um compromisso que solidificou os setores intermediários da ordem social.[14]

Redistribuição é um termo ambíguo. Da forma como os socialistas o entenderam, o termo se refere à redução da desigualdade econômica. O *welfare state* não se mostrou muito eficiente no sentido de alcançar esse objetivo, e isso se deve em muito ao grande envolvimento beneficiário da classe média nos programas sociais. A pobreza foi minorada não pela redistribuição dos mais afluentes para os pobres, mas devido aos aumentos totais na riqueza que elevaram o padrão de todos. Isso vale tanto para as sociedades escandinavas, que possuem os programas previdenciais mais visivelmente desenvolvidos, como para qualquer outro lugar. No entanto, redistribuição também pode se referir à partilha de risco. É nesse ponto que os sucessos do *welfare state* foram mais nítidos. O que os programas previdenciais conseguiram efetivamente é uma generalização da seguridade social, em especial ao longo do ciclo de vida.

Esse sucesso é muito real e significativo. Entretanto, ele pressupõe uma distribuição relativamente estável de risco pela sociedade; pressupõe também que o risco pode ser despolitizado, ou ser enfrentado por meio de "contenção".[15] Em uma era de modernização reflexiva, essas questões tornam-se muito mais problemáticas. O risco artificial é instável em relação aos ambientes de ação humana e natural. Ele não pode mais ser enfrentado de maneira atuarial, por meio do controle da "desordem de rotina" dos ambientes, incluindo-se o ambiente da produção capitalista e da natureza.

A questão de risco externo *versus* risco artificial, como tentarei demonstrar, é fundamental para repensar a questão de previdência, e de sua relação com o Estado, nos países industrializados de hoje. O *welfare state* não se originou de um projeto socialista, mas tornou-se cada vez mais atraído para a órbita do socialismo, pelo menos o de tipo reformista. Como tal, ele reflete os paradoxos do pensamento socialista, mas, o que é mais importante, ele faz parte agora de um esforço histórico caduco.

---

14 GRAY, op. cit., 1993.
15 Cf. JANICKE, M. *State Failure*. Cambridge: Polity, 1990.

PARA ALÉM DA ESQUERDA E DA DIREITA

Para a maioria dos socialistas – e também para outros partidários, mais relutantes – o *welfare state* parecia apontar um caminho à frente, na direção de um futuro igualitário e controlável, quer ele fosse ou não visto como um ponto intermediário para o "socialismo total" ou para alguma versão de comunismo. Com o colapso das ambições históricas do socialismo, temos de olhar para o *welfare state* de uma perspectiva bastante diferente – razão pela qual vale a pena salientar suas origens heterogêneas.

CAPÍTULO 6
POLÍTICA GERATIVA E PREVIDÊNCIA POSITIVA

Sistemas previdenciais e incerteza artificial

A conexão entre os sistemas previdenciais e o controle de riscos, como foi sugerido no capítulo anterior, é bastante elementar. Por trás do cálculo de risco encontra-se nada menos do que todo o peso da filosofia do Iluminismo, visto que a ideia de risco é essencial para o esforço de controlar o futuro e de utilizar a história para propósitos humanos. Os conceitos de risco e "acidente" estão intimamente relacionados. Na maioria dos contextos pré-modernos, houve infortúnios em vez de acidentes; o infortúnio era a sina vista, por assim dizer, por seu lado ruim. Era, literalmente, "má fortuna".

O termo "acidente" foi cunhado e popularizado junto com a ideia da regularidade dos acidentes.[1] Os acidentes são oriundos do acaso, que pode ser identificado e catalogado. Eles estão ligados ao conceito de "vida comum" – ou com o Estado – porque têm de ser classificados em termos de grandes populações. Os conceitos de risco e acidente implicam uma ética. Os eventos que aconteciam "naturalmente" costumavam incluir o bem e o mal; fossem concedidos por Deus ou não, parecia não haver

---

1   EWALD, F. *L'etat providence*. Paris: Grasset, 1986. p.17ss.

uma base sobre a qual corrigi-los. A avaliação coletiva de risco, ao contrário, pressupõe e expressa uma situação para a qual o tratamento é desejável e está disponível.

A ideia de risco por definição reconhece os limites de controle. Mas (entendida como risco externo) ela só faz isso ao encarar esses limites como "controláveis" e situando-se fora do campo de ação da própria modernidade. O caráter rígido da difusão da modernidade nos domínios social e natural continua, assim, de forma ininterrupta – pelo menos enquanto o risco puder ser enfrentado com métodos ortodoxos de assistência.

O risco artificial poderia dar a impressão de diferir do risco externo, principalmente na medida em que se esquiva do seguro ou o confunde. Dessa forma, Ewald argumenta que riscos de grande consequência têm certas características que os diferenciam do risco tal como experienciados ou entendidos anteriormente. Os danos associados a esses riscos não podem ser compensados – porque suas consequências a longo prazo são desconhecidas e não podem ser adequadamente avaliadas. Eles expressam "uma causalidade e uma temporalidade que são tão amplas, difusas e extensas" que não podem fugir aos modos ortodoxos de atribuição. Não sabemos como lidar adequadamente com ameaças como essas.[2]

Essas observações são importantes, e à frente falarei mais sobre suas implicações. Não se deve, porém, entender a transição do risco externo para o artificial apenas em relação ao surgimento de acasos esmagadores. Como enfatizei anteriormente, o verdadeiro contraste reside na origem do risco. É exatamente por não ser externa que não se pode lidar com a incerteza artificial de uma maneira atuarial.

A incerteza artificial, como tentei salientar no decorrer do livro, entra profundamente na vida cotidiana – ela não é, ou não é só, expressa em formas de risco mais diretamente globalizadas. A vida cotidiana expressa o risco artificial na medida em que ela se torna destradicionalizada – contanto que a experiência das normas sociais e da natureza "enquanto sina" se reduza. A incerteza artificial – o risco ativamente confrontado dentro de estruturas de ação organizadas de maneira reflexiva – sugere, por motivos que desenvolverei em breve, uma concepção

---

2 Ibidem, p.545-6.

PARA ALÉM DA ESQUERDA E DA DIREITA 175

de *previdência positiva*, ligada de maneira imediata tanto à política de vida como à política gerativa.

Pelo menos algumas das instituições costumeiramente agrupadas sob a rubrica de *"welfare state"* salientaram os aspectos positivos do autodesenvolvimento e da assistência social. Isso se mostrou de maneira mais óbvia em relação à educação. No entanto, como sistema de seguridade social, o *welfare state* tem sido organizado principalmente em termos de risco externo. Dessa forma, as provisões de seguridade social buscam essencialmente dar cobertura a todas aquelas circunstâncias nas quais os indivíduos encontram-se incapazes de alcançar um determinado nível básico de renda e de recursos. As medidas de seguridade social, de um modo geral, não atribuem culpa àqueles que são os beneficiários do auxílio estatal; mas da mesma forma elas também não implicam responsabilidades por parte daqueles que são envolvidos.

A maioria das medidas previdenciais, na verdade, é projetada para enfrentar os eventos depois que ocorreram, e não em sua origem – uma importante fonte do "fracasso do Estado".[3] Os problemas do *welfare state* são vistos normalmente em termos fiscais, e de fato é assim que eles se apresentam em termos eleitoralmente. As instituições previdenciais tornaram-se cada vez mais caras; a revolta dos contribuintes coloca limites decisivos na expansão da renda do Estado para atender a essas necessidades. Ao menos segundo as perspectivas de autores esquerdistas, essa situação é uma influência primordial na difusão da pobreza e no desenvolvimento das subclasses.

As coisas parecem bastante diferentes se entendermos as dificuldades do *welfare state* como resultantes de uma transição da incerteza externa para a artificial. Não é tanto a elevação de custos, e a incapacidade de fazer frente a eles, que está em questão e sim recursos sendo organizados de formas cada vez mais inadequadas aos problemas que devem ser enfrentados. Os sistemas previdenciais projetados para fins emancipatórios tornam-se deslocados e ineficientes sempre que as questões de política de vida tornam-se cada vez maiores e programas políticos gerativos são necessários para enfrentá-las.

A incerteza artificial não faz parte do "círculo fechado" da modernidade do Iluminismo: ela pressupõe medidas que são tão preventivas ou

---

3 JANICKE, op. cit., 1990.

precautórias como as implicadas no desenvolvimento contínuo do conhecimento técnico. No entanto, o caráter imponderável da incerteza artificial significa que essas medidas não podem ser sempre, ou mesmo de forma característica, simplesmente instituídas de cima. O engajamento reflexivo com sistemas peritos – com todas as suas formas de potencial aquisição de poder e todas as suas dependências e ansiedades – torna-se a estrutura necessária dentro da qual o risco tem de ser abordado, em um nível individual e em níveis mais globais. Considerem-se alguns exemplos relevantes.

Ninguém (pelo menos, até o momento) conhece as causas do câncer. No entanto, alguns médicos especialistas acreditam que 80% dos cânceres são resultado de fatores ambientais. O tratamento da doença poderia ser visto exclusivamente em termos de minimização de seus sintomas ou de se encontrar um meio de cura – e, talvez, este seja em algum momento descoberto. No entanto, o "tratamento na origem" nos envolve profundamente em políticas de vida. É provável que os riscos de se contrair câncer sejam minimizados se os seguintes cuidados forem observados: não fumar, evitar exposição excessiva à luz solar, seguir determinados hábitos alimentares em vez de outros, evitar substâncias tóxicas no trabalho ou em casa, utilizar procedimentos preventivos.

Acidentes rodoviários são uma das principais fontes de mortalidade, ferimentos e de incapacitação física nas sociedades modernas: nesse sentido, eles são tão significativos quanto qualquer uma das grandes doenças, especialmente para os grupos mais jovens. Como já ressaltaram muitos observadores, os altos níveis de mortos e feridos nas estradas são aceitos pelos governos e pelos cidadãos leigos – com todos os custos que envolvem – praticamente sem contestação. No entanto, a incidência de mortalidade e ferimentos nos acidentes rodoviários poderia ser bastante reduzida se mais programas gerativos de ação fossem iniciados: carros mais seguros do que os fabricados atualmente; limites de velocidade mais baixos e rigorosamente fiscalizados; melhorias no projeto das estradas; adoção de medidas que propiciassem maior proteção a outros usuários das estradas; e o uso dos transportes públicos incentivado em detrimento dos veículos particulares.[4]

---

4 ZUCKERMANN, W. *The End of the Road*. Cambridge: Lutterworth, 1991.

O terceiro exemplo parece, à primeira vista, bastante diferente dos outros dois. Eu já o mencionei bastante: a esfera do casamento e da família. As medidas de seguridade postas atualmente em prática na maioria das sociedades desenvolvidas, ou em todas elas, foram elaboradas em uma época na qual não só o patriarcado era muito pouco desafiado, mas o casamento era uma sina: o casamento estabelecia um tipo de vida como adequado para os homens e outro como adequado para as mulheres. O risco em ambos os casos era – e geralmente ainda é – tratado como efetivamente externo. No entanto, quando o casamento tornou-se um "relacionamento", um comprometimento, para ambos os sexos, e as mulheres fazem parte, em grandes números, da força de trabalho assalariada, esse tipo de orientação torna-se bastante inadequada.

Atualmente, os sistemas de seguridade social, em sua maioria, tratam os problemas de casamento e de família em termos de uma compensação pelas "vítimas". Uma mulher sozinha que é provedora de uma casa, sem meios diretos de sustento que sejam suficientes, recebe benefícios econômicos; de seu ex-marido ou companheiro, o Estado exige que pague pelo sustento de seus filhos. Uma abordagem política gerativa reconheceria a centralidade da confiança ativa nos relacionamentos atuais, e se concentraria nas condições sob as quais ela poderia ser criada e mantida – até mesmo quando companheiros se separassem em vez de ficarem juntos. Uma abordagem dessas mesclaria componentes educacionais, reguladores e materiais. Por exemplo, muitas mulheres deixam seus companheiros devido à violência que sofrem com eles. Um programa gerativo estaria interessado, acima de tudo, em reduzir os níveis dessa violência – algo que pode efetivamente ser integrado a outras formas de estratégia relacionadas à renovação da família, visto ser bastante comum o fato de homens que são violentos em relação às mulheres terem sido maltratados de uma maneira ou de outra quando crianças.

A título de outro exemplo, vamos considerar a abordagem gerativa enfrentando crimes de violência. O custo dos atuais métodos de combate ao crime violento é muito alto. A resposta a esse tipo de crime, na maioria das sociedades atualmente, é reativa – a maior parte da atenção destina-se a cuidados hospitalares com as vítimas, prisão, ação penal, defesa e encarceramento. No entanto, as estratégias que foram aplicadas com sucesso para reduzir os níveis de fumantes, de pessoas que dirigem embriagadas e de doenças cardíacas também podem ser aplicadas às principais categorias do crime violento. Essas estratégias podem ser divididas em áreas de prevenção primária, secundária e terciária.

Veja-se o caso do fumo, por exemplo. A prevenção primária tem como alvo as pessoas, especialmente os jovens, que não fumam, para se evitar que elas adquiram o vício. Na maioria dos casos, as tentativas preventivas enfocaram as posturas e normas sociais inconstantes. Em uma determinada época, fumar era considerado sofisticado e glamouroso; hoje, ao menos em parte devido a programas de ação específicos, fumar é amplamente reconhecido como prejudicial à saúde e incômodo para os não fumantes. No que diz respeito ao crime violento, as estratégias de prevenção primária significariam um ataque à ideia do "super-herói", aliada a outros aspectos da masculinidade convencional. A glorificação da violência poderia, em algum ponto, tornar-se tão arcaica quanto a glamourização do ato de fumar.

No caso do cigarro, as estratégias de prevenção secundária envolvem políticas elaboradas para ajudar as pessoas a abandonarem o vício – o uso de substitutos para a nicotina, reuniões de grupo, terapias de substituição e assim por diante. Com a prevenção da violência, essas estratégias assumem diversas formas. Elas poderiam envolver, por exemplo, programas terapêuticos dirigidos às muitas crianças que foram vítimas de violência, ou que caracteristicamente recorrem à violência na escola ou em outros lugares em seu relacionamento com os outros.

A prevenção terciária significa responder às patologias produzidas pelo ato de fumar no momento em que elas passam a se desenvolver. Mesmo neste caso, não é sensato pensar apenas em termos de risco externo. O tratamento dos efeitos físicos do fumo precisa estar aparelhado para garantir que os indivíduos alterem posteriormente seus hábitos. O mesmo se pode dizer sobre o crime violento. Como sabemos, as prisões, que foram criadas para transformar determinadas atitudes, com frequência, servem apenas para reforçá-las.

A previdência positiva com frequência exige a intervenção do Estado, mas está claro que não pode estar totalmente confinada dentro dos seus limites. Por exemplo, um interesse gerativo em aperfeiçoar as condições de saúde por meio da redução de poluição poderia exigir cooperação internacional, e até mesmo global. Portanto, o laço intrínseco entre "previdência" e "Estado" está, ao menos em parte, rompido.

Os críticos poderiam apresentar objeções a tudo isso da seguinte maneira: os programas previdenciais positivos não são necessariamente de longo prazo, enquanto as instituições previdenciais têm de lidar com os necessitados imediatamente? De que maneira tais programas representariam uma ajuda em relação às dificuldades fiscais do *welfare state*, uma vez que elas pareceriam muito mais caras do que as medidas "correcionais" em vigor no momento? E, talvez o mais notável: de que forma uma abordagem gerativa contribuiria para investir contra os problemas de pobreza e privação?

Entretanto, cada uma dessas questões poderia ser colocada ao contrário. Alguns dos programas previdenciais positivos deveriam, necessariamente, ser de longo prazo: mas isso, em seu favor, ocorre em um mundo no qual é necessário que se empreendam muitos processos de renovação social e natural. Ainda assim, existem muito mais medidas gerativas a curto prazo que são mais baratas de serem instituídas e mantidas do que as políticas orientadas para o risco externo. E alguns tipos de previdência positiva mais extensa são fáceis de serem introduzidos e baratos: uma proibição de propagandas de cigarros é um exemplo. Políticas probatórias que incentivem a reabilitação de transgressores da lei podem ser muito mais baratas do que mantê-los na prisão.

No que diz respeito à pobreza e à privação, uma nova abordagem é necessária. As tentativas de redistribuição de riqueza ou renda por meio de medidas fiscais e sistemas previdenciais ortodoxos, de um modo geral, não funcionaram. Isso é válido dentro dos *welfare state* dos países industrializados e entre as nações ricas e empobrecidas do mundo. Afirmo que a pobreza provavelmente *só* pode ser combatida com alguma esperança razoável de sucesso por meio de uma concepção de previdência positiva baseada nos interesses comuns da política de vida e da política gerativa. Vou discutir essa questão em detalhe mais à frente; mas ela não pode ser analisada somente em relação às sociedades industrializadas. Uma vez que as condições previdenciais na atualidade são tão fortemente afetadas por influências globalizadoras, não se pode mais falar nos *welfare state* do Ocidente como se eles pudessem prosperar independentemente daquilo que acontece no resto do mundo. Ou, colocando-se a questão de outra forma, se isso acontecesse, eles não só se tornariam baluartes do privilégio, compelidos a manterem o Terceiro Mundo afastado à força, mas dentro desses Estados veríamos também um crescente afastamento das áreas de privilégio em relação aos grupos de subclasse empobrecidos e criminalizados.

Argumentos da pobreza global

Pode parecer que ninguém teria alguma coisa a aprender com as áreas menos desenvolvidas do mundo, ao analisar o futuro do *welfare state* no rico Ocidente. Parece que os únicos problemas que vale a pena serem enfrentados estão relacionados à forma como os países ricos poderiam ser persuadidos a darem um pouco de sua riqueza para ajudar os pobres do mundo, e à especificação dos aspectos que as sociedades mais pobres seriam capazes de copiar dos sistemas previdenciais criados nos Estados mais ricos. No entanto, quero sugerir uma estratégia contraposta – uma política radical de bem-estar social, em termos de Norte e de Sul, tem muito a aprender com as experiências dos mais destituídos.

Os relatórios Brandt, a partir da comissão internacional original estabelecida para investigar a pobreza global, previram uma transferência de recursos em grande escala, do Norte para o Sul, para enfrentar as crescentes desigualdades e as dívidas do Terceiro Mundo.[5] Isso não aconteceu, o que não chega a surpreender. Poder-se-ia apontar como uma das razões a avareza dos países mais ricos – paralela, por assim dizer, ao suposto egoísmo da "maioria satisfeita" dentro desses países –, mas isso significaria deixar passar as próprias deficiências dos relatórios.

Como afirma Paul Ekins, os relatórios Brandt revelam uma preocupação com os Estados e as influências que atuam sobre eles, com a industrialização e o crescimento econômico significando "desenvolvimento" e com instituições e indicadores financeiros entre as soluções propostas.[6] Os países em desenvolvimento de fato conseguiram obter substanciais recursos externos desde o início da década de 1970 – a origem de suas dívidas, uma vez que tais fundos foram obtidos por meio de empréstimo e não por transferências de riqueza. No entanto, a maior parte passou para as autoridades do Estado e foi gasta em itens como projetos de grande capital, construções de prestígio, importações de luxo e armamentos. Uma parte também seguia para contas bancárias particulares no exterior. Os relatórios Brandt negligenciaram a discussão sobre

---

5　THE BRANDT COMISSION, *Common Crisis*. London: Pan, 1983.
6　EKINS, op. cit., 1992, p.23. Muito do que se segue a partir deste ponto eu devo à análise de Ekins.

o fracasso em se fazer um uso produtivo dos empréstimos estrangeiros; ainda assim, por que as grandes transferências de capital teriam destino diferente?

O argumento dos relatórios para uma transferência de fundos dos ricos para os pobres depende de um conceito de equidade mas também de autointeresse. As desigualdades globais são uma afronta a qualquer senso de justiça razoável; reduzi-las, argumenta-se, também auxiliará a prosperidade de todos, porque o Sul menos empobrecido oferecerá mais mercados para que o Norte venda suas mercadorias. No entanto, essa perspectiva está longe de ser convincente; na maioria das avaliações, o Norte lucra muito com a situação atual. "Os recursos do Terceiro Mundo estão disponíveis a um preço tão barato quanto nos tempos coloniais, sem os custos das administrações estrangeiras".[7] Para romper esse impasse, é necessário um programa de reformas mais completo, que se inicie no Terceiro Mundo e não no Primeiro.

Um programa desses deve discutir a própria noção de desenvolvimento como crescimento econômico, reconhecendo também os enormes problemas apresentados pela pobreza global. Ele tem de ser um desafio à modernidade e não uma tentativa de generalizá-la com sucesso em todos os lugares. Os campos de batalha já estão definidos:

> De um lado estão o cientismo, o desenvolvimentismo e o estatismo, apoiados pelos grandes batalhões do *establishment*: a tecnologia moderna e as instituições do capitalismo moderno e do poder estatal. Do outro lado estão as pessoas, principalmente os 30% da humanidade que são dispensáveis no que diz respeito ao projeto moderno, mas que são auxiliados e favorecidos por muitos dos 70% que, do ponto de vista ético, moral e ambiental, consideram esse projeto intolerável.[8]

Qual seria o aspecto de um "desenvolvimento alternativo"? Não seria socialismo enquanto economias centralmente controladas que optariam por não tomar parte na ordem capitalista global; como ocorreu no mundo industrializado, essa é uma solução que comprovadamente apenas piorou a situação que supostamente deveria corrigir. Muito menos seria uma série de esquemas a serem impingidos sobre aqueles que supostamente

---

7 Ibidem, p.29.
8 Ibidem, p.209.

deveriam ganhar alguma coisa com eles. Esse desenvolvimento seria um programa político gerativo que se apoiasse em políticas de ação e atividades já em existência em alguns lugares ou em muitos deles.

Um desenvolvimento alternativo envolveria as seguintes características:

1 Esse tipo de desenvolvimento ocasionaria, e posteriormente incentivaria, *engajamentos reflexivos* que, em todo o mundo, movimentos sociais locais e grupos de autoajuda já estabeleceram com as forças que transformam suas vidas. Tome-se como exemplo o Seventh Generation Fund [Fundo da Sétima Geração], desenvolvido pelos ativistas indígenas norte-americanos. As tradicionais culturas indígenas, segundo os líderes do SGF, têm muito a oferecer à sociedade dominante da América do Norte. A organização busca reconstruir a autonomia política e econômica das comunidades indígenas e proteger aspectos de sua herança cultural. Seu nome originou-se na prática dos índios iroqueses de considerar, antes da tomada de decisões políticas, seu impacto potencial sobre a sétima geração. Seu objetivo é promover o desenvolvimento econômico autônomo, que se utiliza de recursos renováveis e de habilidades locais para o fornecimento de bens e serviços.

2 O desenvolvimento alternativo tem a *limitação de danos* como uma preocupação básica, seja em relação à cultura local ou ao meio ambiente. A modernização em quase todos os lugares, com seus muitos benefícios, teve consequências danosas; em muitas situações não podemos esperar que mais modernização venha a enfrentar esses problemas, uma vez que ela ajudou a criá-los. Esse é um dos principais pontos de ligação de uma política radical de desenvolvimento com o conservadorismo filosófico; o conservadorismo deveria ser entendido, em muitos casos, como uma reação racional ao caráter destrutivo da modernidade.

3 Ele consideraria as *questões de política de vida* fundamentais para a política emancipatória, em vez de simplesmente atuar em sentido contrário. A emancipação não pode mais ser equacionada com a modernização simples, mas exige o enfrentamento de questões de estilo de vida e de ética. A princípio, parece estranho falar em "estilo de vida" relacionado aos pobres e famintos do mundo; mas uma reação à pobreza hoje não pode mais ser considerada puramente econômica. A questão sobre "como viver" em um meio globalizante no qual a cultura local e os recursos ambientais estão sendo desperdiçados possui, na verdade,

PARA ALÉM DA ESQUERDA E DA DIREITA   183

uma importância *específica* para os pobres. Uma luta por autonomia, por autoconfiança, é também uma luta pela reconstituição do local como o meio primordial, muitas vezes o único, para evitar a privação e o desespero endêmicos.

4 Ele promoveria a *autoconfiança* e a *integridade* como os próprios meios de desenvolvimento. A autoconfiança pode, às vezes, acarretar a promoção de mercados, mas ela se refere principalmente à reconstrução das solidariedades locais e aos sistemas de apoio. Existem muitos exemplos de desenvolvimento autoconfiante hoje em dia. Um exemplo é o Grameen Bank em Bangladesh. Seu fundador zombou da sabedoria bancária tradicional ao afirmar que empréstimos aos pobres, sob determinadas condições, não precisam ser caridade – e não precisam se expandir em débitos impossíveis de serem pagos, como acontecia em nível nacional. O objetivo de Grameen é gerar oportunidades para o desenvolvimento local entre os pobres sem terras das regiões rurais. A maioria de seus comodatários são mulheres; alguns lugarejos não aceitam homens como membros do banco. Os benefícios até agora têm sido bastante consideráveis, e o banco apresenta uma taxa de 98% de restituição. Não se deduz daí, é claro, que exemplos específicos como esse possam ser generalizados, dada a diversidade das sociedades por todo o mundo. Os programas de autoajuda que envolvem agricultoras, por exemplo, podem funcionar bem em alguns contextos, mas podem ter vida curta ou serem impossíveis de se implantar em outros.

5 O desenvolvimento alternativo faz a distinção entre *duas fontes diferentes* de crise ecológica. As sociedades ricas criam desastres ambientais por meio do incentivo, ou ao menos tolerância, a padrões perdulários de produção e consumo. As práticas danosas ao meio ambiente daqueles que são muito pobres são mais secundárias e defensivas. Considerando que provavelmente efetuaram a produção renovável durante gerações, à medida que passam a ser deslocados ou marginalizados, eles são forçados a adotar práticas mais destrutivas e de curto prazo a fim de sobreviverem. Seria inútil culpar os pobres por uma situação criada, em grande parte, em outros locais. No entanto, essa é uma situação na qual os ricos e os pobres, a não ser a muito curto prazo, têm os mesmos interesses, porque os recursos que são destruídos com frequência não podem ser substituídos.

6 A melhoria da *posição das mulheres* em relação à dos homens é um aspecto fundamental de um desenvolvimento alternativo. As mulheres

possuem menos do que 1% da riqueza mundial, e ganham menos do que 10% da renda global; entretanto, elas fazem dois terços do trabalho no mundo. A maioria dos diferenciais encontrados dentro das regiões industrializadas aplica-se de maneira até mais intensa em áreas mais empobrecidas. O trabalho assalariado de mulheres concentra-se pesadamente nos setores mais periféricos do mercado de trabalho, com as piores condições, salário líquido baixo e níveis de segurança ruins. No entanto, a política emancipatória tem de ser complementada por interesses de políticas de vida, visto que a questão não é apenas a de se obter maior igualdade entre os sexos; mudanças na feminilidade e na masculinidade, e nos padrões de comportamento associados são reivindicadas e estão acontecendo em quase todos os lugares.

O envolvimento de mulheres nos mercados de trabalho pode ajudar a abaixar os níveis de crescimento populacional, mas de forma alguma isso é o que necessariamente ocorre. O fator mais importante que influencia o crescimento populacional é a aquisição de poder local das mulheres: sua capacidade de tomar suas próprias decisões em relação à reprodução.

7 Saúde pública é sempre problemática para os muito pobres. Um desenvolvimento alternativo enfatiza a primazia de uma *saúde pública autônoma*; nela há um lugar para a medicina científica ocidental, mas também a consciência de suas limitações e de suas tendências contraproducentes. A medicina científica em áreas muito pobres e carentes deve ser considerada uma das abordagens às questões de saúde e de doença. A obra de David Werner, *Where There Is No Doctor*, é talvez o mais conhecido manual de saúde em comunidades muito pobres. Sua abordagem é aberta a aplicações muito amplas, salientando-se as seguintes:

- A saúde pública não é somente o direito de todos, mas responsabilidade de todos.
- Educação a respeito de cuidados pessoais deveria ser a principal meta de qualquer programa ou atividade de saúde.
- Pessoas leigas que recebem informações claras e simples podem evitar e tratar a maioria dos problemas de saúde comuns, em suas próprias casas – de forma mais rápida, mais barata e, com frequência, melhor do que os médicos.

PARA ALÉM DA ESQUERDA E DA DIREITA

- O conhecimento médico não deveria ser um segredo guardado por um pequeno e seleto grupo, mas deveria ser livremente partilhado por todos.
- Pode-se confiar em pessoas com pouca educação formal tanto quanto naquelas que possuem muita. E elas são igualmente inteligentes.
- Cuidados básicos de saúde não deveriam ser oferecidos, e sim incentivados.[9]

8 A *família* é, com frequência, opressiva, em especial para mulheres e crianças. Ainda assim, para as pessoas muito pobres, em toda parte, as ligações familiares propiciam um recurso material e emocional que nenhuma outra instituição pode igualar. Em especial, os laços familiares oferecem segurança social para os indivíduos, protegendo-os quando os tempos são particularmente difíceis. Na verdade, do ponto de vista da comunidade global mais ampla, essa situação pode repercutir. As pessoas podem querer famílias grandes porque quanto maior o número de filhos, especialmente do sexo masculino, maior a segurança para seu futuro. Os jovens cuidarão dos mais velhos. No entanto, mesmo quando o tamanho da família diminui, e as desigualdades dentro da família são reduzidas, ela continua sendo um importante manto protetor. Um desenvolvimento alternativo buscaria manter os laços familiares ao mesmo tempo em que combate o patriarcado e a exploração de crianças.

9 Na família e em outros domínios, esse modelo de desenvolvimento enfatizaria não só os direitos, mas as responsabilidades. O reconhecimento de direitos formais e substantivos (como os direitos das mulheres e das crianças) significa também a especificação de deveres concomitantes. A responsabilidade, de fato, concilia-se com a autoconfiança. Quando a caridade é distribuída sem expectativas recíprocas, como às vezes ocorre, por exemplo, por meio da intervenção de agências de auxílio, o resultado pode ser a dependência.

10 Seria falta de visão fingir que um desenvolvimento alternativo pudesse ser organizado puramente em termos locais. Esse desenvolvimento também depende da intervenção de "grandes batalhões" – Estados, negócios e organizações internacionais. No entanto, essa intervenção precisa ser de natureza gerativa, sensível às necessidades locais e protetora

---

9 WERNER, D. *Where There Is No Doctor*. Palo Alto: Hesperian Foundation, 1977.

dos interesses locais. Sem esse tipo de sensibilidade, os programas de desenvolvimento podem servir para exacerbar as desigualdades globais em vez de saná-las.

Um desenvolvimento alternativo

Um desenvolvimento alternativo: não é exatamente isso que vemos surgir – ou lutando para surgir – também no interior das sociedades mais desenvolvidas? E esse desenvolvimento alternativo não é, ao mesmo tempo, a única maneira pela qual seria remotamente possível a reconstrução do bem-estar social no Norte ser compatível com a crescente prosperidade no Sul? O que está em questão aqui é o aparecimento de uma sociedade pós-escassez – um processo que talvez ainda seja conduzido por aqueles que se encontram nos países mais ricos, mas que apresenta implicações mundiais.

Eu não equaciono uma sociedade pós-escassez com o fim do crescimento econômico; e não se trata de uma ordem social na qual a maioria das pessoas tornou-se rica o bastante para fazer o que quiser. Uma ordem pós-escassez, como já foi notado, começa a surgir quando o crescimento econômico contínuo torna-se prejudicial ou claramente contraproducente; e quando o etos de produtivismo começa a ser amplamente questionado, criando uma pressão para que se percebam e desenvolvam outros valores de vida.

No que diz respeito ao crescimento econômico, muitos críticos estão atualmente inclinados a perguntar de forma retórica aos países afluentes: quanto é suficiente?[10] Quanto é suficiente? A pergunta parece estar relacionada a limites ambientais, ao quanto a terra pode suportar, e isso, em parte, é verdadeiro. No entanto, acima de tudo – ou pelo menos é o que argumentarei – ela diz respeito a práticas de vida. A produção e o consumo contínuos de mercadorias tornaram-se o mecanismo orientador da vida para os setores afluentes do mundo, enquanto os pobres lutam de maneira crônica apenas para sobreviver. "Apenas o crescimento populacional", comenta um observador, "rivaliza com o alto consumo

---

10 DURING, A. T. *How Much is Enough?* London: Earthscan, 1992.

PARA ALÉM DA ESQUERDA E DA DIREITA 187

como causa da decadência ecológica, e pelo menos o crescimento populacional é visto atualmente como um problema por muitos governos e cidadãos do mundo. O consumo, ao contrário, é visto quase universalmente como um bem – na verdade, ele é cada vez mais o objetivo principal da política econômica nacional".[11]

O que foi chamado de a "classe consumidora global" inclui cerca de um quinto da população do mundo, concentrados nas regiões altamente industrializadas, totalizando cerca de um bilhão de pessoas. Seus estilos de vida conduziram a um grande aumento no consumo de matérias-primas, mas a um crescimento ainda maior no consumo de bens e serviços. Nas lojas, vemos uma estonteante variedade de mercadorias, e os centros de compras surgem em todos os lugares; ainda assim, acompanhando essa afluência, existe uma situação na qual a maioria rica está rodeada, em um nível global, pelos pobres do mundo.

Vale a pena estendermo-nos um pouco sobre as semelhanças entre os problemas que afligem a previdência estatal no interior dos setores industrializados do mundo e aqueles que afetam os programas de auxílio estabelecidos para minorar a pobreza do Terceiro Mundo. Em cada um dos casos, as tentativas de assistir aos desprivilegiados são com frequência eficientes. Ainda assim, as críticas feitas contra os programas de auxílio no Sul, apresentadas de maneira mais reiterada por autores esquerdistas, surpreendentemente espelham as críticas ao *welfare state* formuladas por aqueles que estão na direita política.

Mencionei alguns exemplos no capítulo anterior. A construção de grandes represas em regiões empobrecidas do Sul, por exemplo, pode apresentar efeitos que repercutem em uma escala muito maior que aqueles associados à construção de grandes conjuntos residenciais nas áreas pobres dos países industrializados nas décadas de 1960 e 1970. Em determinado momento, as represas foram consideradas um grande símbolo de desenvolvimento industrial nos países do Terceiro Mundo. Elas indubitavelmente podem trazer determinados benefícios para a economia em termos mais amplos, mas às vezes envolvem o desalojamento de muitas populações locais – em alguns casos, de muitos milhares de pessoas –, cujas formas nativas de vida são destruídas e que, com frequência, encontram-se em situação pior, até mesmo em termos

---

11 Ibidem, p.21.

puramente econômicos, do que antes. Dessa forma, um estudo de mais de cinquenta projetos financiados pelo Banco Mundial envolvendo repovoamento não encontrou um único caso no qual as pessoas afetadas tivessem alcançado o padrão de vida que possuíam anteriormente.[12]

Os programas de auxílio, indicaram os observadores – e isso também foi dito acerca dos sistemas previdenciais –, criam burocracias que quase sempre são ineficientes e têm interesses diferentes daqueles aos quais devem servir. Em parte por causa desse fato, os benefícios podem não atingir mais do que uma parcela daqueles que supostamente deveriam auxiliar. Quando o auxílio destrói as tradições locais e os meios de subsistência, os favorecidos podem não só se tornar desmoralizados, mas desenvolver posturas semelhantes àquelas da dependência previdencial nas sociedades economicamente avançadas. Planos de ação iniciados com as melhores intenções, em ambos os casos, apresentam resultados ruins. No caso do auxílio, alguns até chegaram a falar no "auxílio que mata".[13]

Analisemos por um momento duas discussões aparentemente muito diferentes, e com certeza desconexas, que são relevantes para essas questões. A primeira vem de Charles Murray, um dos mais proeminentes críticos do *welfare state*, e também um dos mais controversos. Murray é um enérgico defensor da perspectiva de que os *welfare state* criam subclasses empobrecidas e desmoralizadas. No entanto, o debate sobre o bem-estar social, argumenta ele, deveria deslocar-se da "discussão sobre os embustes previdenciais e começar a considerar o que constitui uma vida boa para as pessoas que o *welfare state* toma sob sua proteção". O objetivo da existência humana, acrescenta ele, não é apenas atingir um determinado padrão de vida, mas sim a aquisição de valores de vida definidos. E esses valores não podem ser efetivamente buscados sem "um forte componente de autocontrole, de autonomia, de contribuição para a comunidade e de recebimento dela". Esses arranjos sociais, diz ele, podem ser estabelecidos, mas não no contexto das atuais instituições previdenciais. Eles acontecem – e, segundo Murray, eles só podem acontecer – nos "pequenos pelotões" de Burke.[14]

---

12 Ibidem, p.95.
13 ERLER, B. *L'aide qui tue*. Lausanne: Éditions d'en-bas, 1987.
14 Citações de MURRAY, C. The prospect for muddling through. *Critical Review*, v.4, 1990.

PARA ALÉM DA ESQUERDA E DA DIREITA   189

Murray, cuja obra foi influenciada pelas experiências na Tailândia rural, pergunta: o que há de errado em ser pobre (uma vez que as pessoas estejam acima dos níveis de subsistência)? Por que deveria haver essa preocupação geral com o combate à pobreza? Nós procuramos combater a pobreza, argumenta ele, a fim de expandir o conjunto da felicidade humana. Ele rejeita a ideia de que a felicidade seja por demais imponderável para ser definida de uma maneira objetiva; ela pode ser resumida como "uma satisfação duradoura e justificada com a vida que se tem como um todo". Adaptando a hierarquia das necessidades humanas de Abraham Maslow, Murray reconhece três condições capacitadoras que são relevantes para a busca da felicidade: recursos materiais, segurança e amor-próprio. Em sua concepção, pouco mais do que a subsistência é necessário no que diz respeito aos recursos materiais quando se busca a felicidade. Baseando-se em materiais de pesquisa de uma série de países no tocante às relações entre renda e felicidade expressa, ele procura mostrar que, depois de um limite bastante baixo, os níveis crescentes de renda não conduzem a graus maiores de felicidade ou de satisfação com a própria vida. O que conta é segurança e amor-próprio, e não riqueza ou renda. Uma pessoa não precisa de muito em termos de bens materiais para buscar a felicidade de maneira real, contanto que as outras condições sejam preenchidas. A pobreza em si não deve necessariamente ser temida ou abominada; a condição fundamental de uma vida decente é o que Murray, baseando-se em Maslow, chama de autorrealização.[15]

Murray não questiona se os afluentes podem ou não aprender com os pobres e está longe de defender o "comunismo" de Durkheim, no qual a pobreza é positivamente louvada em oposição à riqueza. No entanto, os argumentos de Murray poderiam ser utilizados para justificar maior *igualdade* em vez da persistência da desigualdade, visto que a posse de riqueza não necessariamente torna alguém feliz, não mais do que a pobreza enquanto tal é origem de tristeza. Portanto, por que não tentar aproximar as condições de vida de ricos e de pobres, mesmo se isso não for feito por meio de transferências de riqueza ou de renda? Poder-se-ia argumentar que, no que diz respeito à busca da felicidade, o verdadeiro inimigo não é a pobreza nem a riqueza, mas o produtivismo, na forma definida anteriormente.

---

15 MURRAY, C. *In Pursuit of Happiness and Good Government*. New York: Simon and Schuster, 1988.

Comparem-se os argumentos de Murray com a discussão de Serge Latouche sobre a situação dos pobres em todo o globo. A renda *per capita* média dos membros das sociedades mais ricas no mundo, afirma Latouche, é cerca de cinquenta vezes maior que a dos indivíduos nos países mais pobres. Latouche pergunta retoricamente: as pessoas nos países afluentes são cinquenta vezes mais felizes do que aquelas nas regiões empobrecidas? É claro que não. Da mesma forma que Murray, ele supõe que seja possível viver com felicidade em circunstâncias bastante frugais.

Os pobres do mundo, diz Latouche, à primeira vista, parecem habitar um "planeta dos náufragos", à deriva nos bancos de areia da modernidade. Em toda parte, no interior das sociedades desenvolvidas, bem como nos países do Sul, seus modos de vida contrastam com os da "classe consumidora" global. No entanto, a "sociedade dos excluídos", argumenta ele, não é inevitavelmente um desastre; ao contrário, apesar de todas as privações que os pobres enfrentam dia após dia, a "sociedade informal" é variada e fértil em todos os "seus horrores e suas maravilhas".

A economia ou setor informal constitui 60% a 80% do emprego urbano no Terceiro Mundo, mesmo naquelas sociedades que não se encontram entre as mais pobres. Como se pode dizer que tal setor é "secundário"? Talvez, sugere Latouche, devamos considerar a hipótese de que a sociedade informal não representa apenas o entulho da modernidade mas é, em vez disso, uma ordem da qual as instituições modernas dependem. A cultura dos excluídos pode ser mais rica do que o consumismo em tudo, a não ser em benefícios materiais; mais do que a fonte de "um outro desenvolvimento", ela pode ser a "prefiguração de uma outra sociedade", do outro lado do moderno.

O argumento de Latouche a esse respeito reflete surpreendentemente a crítica ao capitalismo feita pelos neoconservadores. A expansão do capitalismo, sugere ele, depende das fontes de simbolismo e moralidade vital que o produtivismo reprime ou empurra para as margens. O setor informal tem dois lados. Em um deles, estão os desmoralizados e os despossuídos, frequentemente aterrorizados pelo crime e em dívida com os traficantes de drogas; no outro, há a sobrevivência e talvez a recriação das tradições locais, uma explosiva variedade de atividades levadas a cabo por neoartesãos, vivendo de suas habilidades localmente desenvolvidas, bem como provendo as necessidades da comunidade.

PARA ALÉM DA ESQUERDA E DA DIREITA

A economia informal, nas palavras de Latouche, é um conjunto de "estratégias de reação global à difusão das instituições modernas", a reação de pessoas "presas entre as tradições perdidas e uma modernidade impossível". Como tal, ela se situa em uma relação de oposição e de simbiose com a ordem moderna. A atividade informal, quer represente claramente "trabalho" visível ou não, obedece a uma lógica diferente do produtivismo. Quando as atividades artesanais produzem um excedente, ele não é investido em uma produção expandida, mas tende a ser usado para sustentar as lealdades e solidariedades locais. O "econômico" aqui não está separado do resto da vida, aos moldes característicos do empreendimento econômico formal. A alternativa não é um desenvolvimento alternativo, mas uma "alternativa *ao* desenvolvimento".

Na visão de Latouche, a tentativa obsessiva de elevar os padrões de vida dos pobres do mundo com frequência gera um verdadeiro empobrecimento de suas vidas. Isso ocorre em relação à solidariedade social e até mesmo em relação à velhice, doença e morte.

> As sociedades do Terceiro Mundo ainda preservam tesouros escondidos na postura que mantêm em relação às pessoas velhas e doentes. A doença e a velhice não são desgraças naturais que separam o indivíduo do mundo dos ativos, e que têm que ser tratadas em isolamento como se fossem motivo de vergonha ... Experiências inerentes à condição humana, e talvez necessárias, não podem ser totalmente negadas; negar sua importância nos empobrece.[16]

Essa fraseologia lembra muito algumas versões do conservadorismo e poderia sugerir uma perspectiva puramente retrógrada. Latouche insiste que não: O "laboratório" de inventividade humana representado pela esfera informal aponta para o futuro, e não só para o passado. É, por assim dizer, uma outra maneira de encarar as limitações da modernidade – mas que apresenta significativos "pontos positivos" ao sugerir modos de vida alternativos no mundo.

É óbvio que a importância social da pobreza não pode ser avaliada apenas em relação à busca de felicidade, e não há dúvidas de que existem poucos, hoje em dia, que defenderiam a pobreza como condição desejá-

---

16 Citações de LATOUCHE, S. *La planète des naufragés*. Paris: Éditions de la Découverte, 1991. p.110, 118-9, 194-5.

vel. A riqueza não necessariamente traz alegria, mas com frequência traz poder e prestígio social; aqueles que mais sofrem privações em um nível econômico tendem a ser relativamente impotentes no que diz respeito a algumas das principais influências que afetam suas vidas. O fato de que os pobres podem, às vezes, estar felizes, caso rejeitemos o comunismo de Durkheim, não é um argumento a favor da pobreza. Ele só pode ser entendido em termos de um confronto mais amplo com o produtivismo – com definições, por exemplo, que entendem bem-estar social apenas como bem-estar econômico.

As questões que então surgem são: será que um movimento em direção a uma ordem pós-escassez revela reações contra o produtivismo compatíveis com as ideias sugeridas por Murray e Latouche? E, se for esse o caso, que implicações deveriam ser inferidas para os debates sobre o *welfare state* nas sociedades industrializadas e sobre a pobreza do Terceiro Mundo? Analisar esses problemas significa identificar algumas das tensões estruturais que agora afetam as sociedades afluentes e considerar de que forma elas se relacionam com as circunstâncias de incerteza artificial.

O losango estrutural

Vou presumir que o produtivismo não pode ser explicado em termos de consumismo; o inverso é verdadeiro. O consumismo tem suas raízes em uma orientação produtivista para o mundo e, de fato, é disso uma expressão bastante direta. Ele é, por assim dizer, uma exploração ativa, maciça, da política de vida, mas realizada sob o domínio do produtivismo em vez de ser impulsionada por uma crítica a ele. Em uma ordem pós-escassez, a influência dominante do trabalho assalariado e das preocupações econômicas é colocada em discussão. Uma orientação voltada para o consumismo já rompe com a ideia de trabalho como porta-bandeira do significado moral (ou melhor, como um substituto desse significado). Mas a necessidade de fazer escolhas vitais é expressa apenas de uma forma distorcida e tacanha, como a compra de bens e de serviços.

O *welfare state*, por razões já mencionadas, está profundamente preso ao produtivismo, que, por sua vez, está preso a padrões e a estilos de vida estabelecidos – estes incluindo, em especial, uma divisão dos papéis de gênero. A administração de risco pode ser tratada como bastante externa quando tais papéis estão relativamente fixos, e um determinado nexo das condições institucionais estabelece as vidas da população durante longos períodos de tempo. A expansão da modernização reflexiva coloca os indivíduos em uma "matriz de decisão" bastante diferente e, associado a isso, cria uma série de tensões diretamente inter-relacionadas no âmago das instituições nas sociedades modernas. Essas tensões incidem ao longo das linhas de conexão entre as quatro áreas institucionais que experienciam a destradicionalização – formando algo semelhante a um losango estrutural.

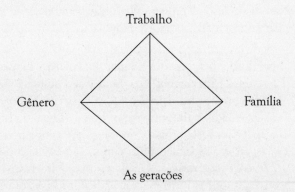

Ao investigar essas tensões, concentrar-me-ei em uma das categorias sociais mencionadas por Latouche: a velhice, um fenômeno intimamente ligado, é claro, à passagem das gerações. Um dos problemas do *welfare state*, pelo menos é o que dizem, é o envelhecimento de sua população (as sociedades do Sul têm o "problema" oposto, com a grande maioria de suas populações composta por indivíduos abaixo dos 25 anos). Daqui a três décadas, se as tendências atuais se mantiverem, o número de pessoas com mais de sessenta anos nos Estados Unidos, por exemplo, irá superar as com 21 em uma proporção de dois para um.

O que é velhice? Para muitos fins, e não só para as estatísticas, a velhice na sociedade ocidental começa aos 65 anos – a idade na qual, na maioria dos países e há algum tempo, os homens tornam-se "pensionistas". A velhice aos 65 é uma criação, pura e simples, do *welfare state*. Ela é uma forma de *dependência previdencial* muito mais difundida do que quaisquer das dependências notadas pelos intérpretes direitistas da subclasse. Bismarck estabeleceu a primeira idade oficial de aposentadoria em 1889, ao fundar o primeiro sistema estatal de seguridade social do mundo. A idade escolhida foi o "setenta" bíblico; esse número, mais tarde, foi reduzido pelos funcionários de seu Estado para 65.

Pensionista – o próprio termo soa a incapacidade e, de fato, designa uma pessoa dependente. Os sistemas previdenciais definem a velhice não como uma condição digna de respeito, mas como uma desqualificação da condição de membro completo da sociedade. O envelhecimento é tratado como "externo", como algo que acontece a uma pessoa, não como um fenômeno ativamente construído e negociado; contra esse pano de fundo, não é de surpreender que a população com mais de sessenta anos seja amplamente julgada um encargo médico e financeiro para o restante da comunidade nacional.

Ainda assim, por que os idosos não poderiam ser considerados um recurso precioso em vez de um dilema financeiro – quase prefigurando uma "sociedade alternativa" aos moldes de Latouche? Os idosos não precisam ser vistos como física ou economicamente dependentes do restante da sociedade. É um mito supor que ser idoso significa estar doente ou incapacitado. Além disso, muitas doenças ou enfermidades que, pelas estatísticas atuais, são mais comuns entre os idosos estão abertas a intervenções gerativas. Uma pesquisa feita pelo National Institution on Ageing [Instituto Nacional de Estudos sobre Envelhecimento] nos Estados Unidos, por exemplo, sugere que muitas das dificuldades físicas da velhice não têm a ver de forma alguma com o envelhecimento, mas sim com práticas de estilo de vida. Existem paralelos e sobreposições semelhantes com os modelos já discutidos de "saúde positiva" como um empenho de estilo de vida. Como nos casos de doenças e incapacidades sofridas por pessoas em grupos mais jovens, a probabilidade de doença em idades relativamente avançadas é fortemente afetada por fatores ambientais, exposição a estresse físico ou psicológico extenso, hábitos alimentares e tendência a realizar exercícios. Um cálculo afirma que 80% dos problemas de saúde de pessoas com mais de 65 anos são, em princípio, evitáveis por meio de mudanças no estilo de vida.[17]

As mudanças demográficas associadas à crescente longevidade e às taxas menores de nascimento mudaram o equilíbrio entre jovens e velhos

---

17 DYCHTWALD, K. *Age Wave*. Los Angeles: Tarcher, 1988. p.35.

PARA ALÉM DA ESQUERDA E DA DIREITA 195

nas sociedades desenvolvidas, desde os tempos de Bismarck. Em vez de um pequeno grupo de pessoas mais velhas receberem os benefícios de uma ampla categoria de pessoas jovens envolvidas no trabalho assalariado, uma grande massa de aposentados idosos é sustentada por um grupo cada vez menor de empregados mais jovens. Um homem que se aposentou com 65 anos em 1935, nos Estados Unidos, contava com mais de quarenta trabalhadores contribuindo para sua pensão. Por volta de 1950, esse número havia diminuído para 17. Para aqueles que se aposentaram em 1990, a proporção era de 3,4 para 1. No ano 2000, ela poderá ter diminuído para menos que 2 para 1.[18]

É, certamente, um "problema" de grandes proporções, quando visto como algo que o Estado deva "enfrentar"; mas, se analisado do ponto de vista da política gerativa, é também uma grande oportunidade de reestruturação positiva. Atualmente, na maioria dos países industrializados, os jovens encontram-se na média dos mais pobres e têm perspectivas imediatas de vida mais sombrias do que os grupos mais velhos. Quanto mais a condição de envelhecimento é tida como provedora de oportunidades de vida e não como uma fonte inerente de privação, tanto mais deve ser questionada a noção de que a provisão previdencial deve estar diretamente ligada à velhice.

Os programas de política gerativa relevantes para os idosos não necessariamente aumentam a longevidade, mas certamente encaram essas pessoas como contribuintes para a solução dos atuais dilemas previdenciais e não apenas como fatores que ajudam a criá-los. Mesmo se a avaliação for feita apenas em termos materiais, os idosos estão se tornando menos pobres do que outros grupos. No Reino Unido, a proporção da décima parte da população mais pobre que estava acima dos 65 anos era de 36% em 1979; em 1990, esse número havia diminuído para 22%. Entre as crianças (com idade abaixo de 16 anos), a tendência vai na direção oposta. Em 1979, a proporção de crianças em ambiente doméstico com renda abaixo da média para toda a população era de 10%; em 1990, essa proporção havia aumentado para mais de 30%.

Quando "inventaram" que a velhice estava acima de 65 anos, os estágios de vida já estavam estabelecidos como uma sequência – como um "plano linear de vida" a ser aceito como uma sina:

---

18 Ibidem, p.68.

Em termos simples: primeiro você aprendia, em seguida trabalhava (na família ou em uma carreira), e então você morria. ... No fim da adolescência, você deveria saber "o que queria ser" para o resto da vida. Se fosse uma mulher solteira com mais de trinta anos, estava a caminho de ser uma solteirona. Quando escolhia um companheiro, era "até que a morte os separe". A idade entre trinta e quarenta anos era o período para criar os filhos; entre os cinquenta e os sessenta, se vivesse tanto tempo, era o período de se tornar avô ou avó ... o caminho da infância à velhice era linear; ele se movia em uma direção, com pouco espaço para hesitações, desvios, experimentação ou segundas chances. Esse plano linear de vida era mantido em vigor pelas forças da tradição...[19]

"Segundas chances": essa expressão resume muita coisa, não só a respeito das novas oportunidades – e ansiedades e privações – envolvidas no envelhecimento, mas também aquelas que afetam a família, o gênero e o trabalho. Uma *política de segundas chances*, na qual o termo "segundas" precisa ser entendido, por assim dizer, de maneira plural, deve constituir um aspecto fundamental do processo de repensar a previdência, em termos de política de vida e em cada um desses domínios institucionais.

Uma vida mais longa tem implicações importantes e diretas para cada uma das três outras áreas do losango estrutural. Novos relacionamentos, e possíveis cisões, entre as gerações estão afetando a família tanto quanto as mudanças que influenciam o casamento e a sexualidade, ainda que estas sejam indubitavelmente fundamentais. Com o avanço da destradicionalização na área da vida familiar, famílias recombinantes passam a existir não só por meio do divórcio e de novos casamentos, mas como resultado de novas ligações formadas durante as gerações. Também nesse caso, o que poderia parecer apenas um processo de desintegração, fonte de problemas previdenciais, está – do ponto de vista da política gerativa – repleto de possibilidades de retomada das solidariedades familiares. Quatro gerações, às vezes até mesmo cinco, vivem simultaneamente agora; existem muitas evidências de novas formas de laços intergeracionais que estão surgindo dessa situação historicamente sem precedentes.[20]

---

19 Ibidem, p.90-1.
20 BECKER, U., BECK-GERNSHEIM, E. *The Normal Chaos of Love*. Cambridge: Polity, 1995.

PARA ALÉM DA ESQUERDA E DA DIREITA   197

Todos esses laços, bem como aqueles no interior dos núcleos familiares, estão começando a ser negociados em vez de passados por sangue, da forma analisada em um capítulo anterior. De qualquer modo, o núcleo familiar não significa a mesma coisa que costumava significar quando entendido no contexto da difusão das gerações. Os relacionamentos que atravessam as gerações ou desaparecem ou já se tornam muito mais comuns do que eram. As relações entre pais e filhos frequentemente mudam suas características quando se prolongam no tempo sob a forma de relações entre adultos. Por exemplo, torna-se bastante comum para filhas e mães sobreviveram juntas durante quarenta anos ou mais; talvez somente durante menos de que duas décadas o relacionamento entre elas seja semelhante àqueles que ocorrem entre pais e filhos inseridos na tradição.

A masculinidade, destradicionalizada e – pela primeira vez – colocada na defensiva, representa um papel fundamental em tudo isso. A questão básica não é tanto se os homens serão capazes de se apegar indefinidamente a seus privilégios econômicos, mas sim se eles serão capazes de romper com os ideais de masculinidade fixados pelo desempenho na esfera pública, no domínio do trabalho ou em outras atividades, visto que, atualmente, a "revolução emocional" na qual as mulheres são os principais determinantes está correndo impetuosamente em direção a uma sexualidade masculina recalcitrante – uma fonte primordial de violência, como tentarei mostrar no próximo capítulo. Numa visão negativa, uma das consequências é que a família degenera em uma diversidade de arranjos sociais instáveis ou de curta duração que comprometem o desenvolvimento "normal" das crianças e produzem um número cada vez maior de "lares destruídos". O Estado é, então, forçado a recolher os pedaços – ou, talvez, ele mesmo tenha ajudado a criar o problema antes de qualquer outra coisa. Ao mesmo tempo, o questionamento das mulheres em relação a seus papéis tradicionais de gênero faz que elas entrem em grande número num mercado já desorganizado. Elas tornam-se dependentes não de um provedor, mas de um mercado de trabalho que simplesmente não pode criar empregos suficientes para todos, para elas ou para os homens.

"Vamos nos livrar dos salários-mínimos" e "permitam que o mercado de trabalho tenha a flexibilidade necessária", diz a direita – talvez associando essa postura à busca por uma reversão dos "valores familiares" tradicionais; "vamos apoiar o *welfare state* e aumentar os impostos de forma que todos possam ser atendidos", replica a esquerda – ou pelo menos é o que fazia até que essa perspectiva se tornou eleitoralmente problemática. No entanto, cada uma dessas abordagens está em más condições, tendo em vista as mudanças que transformaram a ordem social nas últimas décadas e que oferecem novas oportunidades, se os debates costumeiros sobre bem-estar social forem reestruturados.

CAPÍTULO 7
PREVIDÊNCIA POSITIVA, POBREZA E VALORES DE VIDA

O *welfare state* não pode sobreviver em seus moldes atuais; ou, se o fizer, é provável que seja progressivamente desgastado ou reduzido, até mesmo por governos que apoiam firmemente os princípios a ele subjacentes. A alternativa, viável dentro da estrutura do realismo utópico, é a promoção de tendências que incentivem o surgimento de uma ordem pós-escassez. O conservadorismo filosófico pode contribuir muito para a exploração dos parâmetros dessa ordem, especialmente quando integrado aos interesses da política de vida entendida de um modo gerativo. Uma sociedade pós-escassez, que não é um Estado-nação, mas uma sociedade inerentemente globalizante, é aquela que se adapta ao risco artificial e, em um sentido mais amplo, aos limites da modernidade enquanto uma orientação para o controle e para as "soluções" apresentadas pelo produtivismo e pela tecnologia aos problemas da vida.

É possível perceber conexões estreitas e potencialmente proveitosas entre as mudanças estruturais que agora estão ocorrendo nas sociedades industrializadas, além da exigência de um reexame de valores vinda de críticos de orientações políticas bastante diferentes. Viver uma vida feliz e satisfatória é uma coisa, a criação de riqueza é outra. Essas coisas podem ser colocadas juntas? E se de fato for possível reconciliá-las, isso pode ser obtido de maneira a promover maior igualdade, dentro de sociedades específicas ou em um nível mais global?

ANTHONY GIDDENS

Ao contrário do que diz Latouche, não existe alternativa *para* o desenvolvimento, pelo menos nas regiões mais pobres do mundo, se "desenvolvimento" for entendido como crescimento econômico. Mas existem formas de desenvolvimento que, sem dúvida, são diferentes, com estratégias e objetivos diversos; e, nesse sentido, existem algumas conexões importantes entre as tendências de mudança imanentes nos países ricos e nos países mais pobres.

Trabalho, produtivismo, produtividade

Essas conexões podem ser ressaltadas por meio da comparação de alguns traços do setor informal com as características de uma ordem pós-escassez emergente. Essa comparação sugere a existência de diversas áreas principais de semelhança no que diz respeito à natureza e ao papel do *trabalho* em relação à *solidariedade social* e à *tradição local*. A "outra sociedade" que Latouche considera estar prefigurada na vida dos muito pobres encontra seu eco, e talvez comece a tomar forma concreta, em um mundo pós-escassez. Não diríamos que uma vem "antes" da modernidade e a outra "depois"; cada uma delas constitui um tipo de restauração e recuperação parcial dos modos de vida que as instituições modernas basicamente destruíram ou reprimiram.

O produtivismo é um etos no qual o trabalho possui um papel bastante característico e central – o trabalho expressa a primazia da "indústria", no sentido ativo dessa palavra, na vida da sociedade moderna. Max Weber, é claro, há muito tempo demonstrou como é historicamente incomum a postura em relação ao trabalho característica da ordem moderna e que revelou algumas das principais origens culturais do produtivismo. De acordo com Weber, o produtivismo pode ser visto como um etos no qual "trabalho", enquanto ocupação assalariada, foi separado de outros domínios da vida, de uma forma bastante clara. O trabalho torna-se um porta-estandarte do significado moral – ele define se os indivíduos sentem-se dignos e socialmente valorizados ou não; e a motivação para trabalhar é autônoma. O motivo de uma pessoa desejar trabalhar, ou se sentir compelida a isso, é definido em termos do que é o próprio trabalho – a necessidade de trabalhar tem sua própria dinâmica interna.

Pode-se dizer que, em uma sociedade destradicionalizadora, o principal inimigo da felicidade é a postura compulsiva. É uma sociedade que

PARA ALÉM DA ESQUERDA E DA DIREITA 201

tende a estimular *vícios* – aqui entendidos como força impulsora emocional ou motivacional que não é controlada pelo indivíduo. O conceito de vício de fato só faz sentido em uma ordem pós-tradicional. Em uma cultura tradicional, é inteiramente razoável supor que aquilo que se fez ontem seja um guia de como se deve agir hoje e amanhã, não importando o quão rápido as tradições possam mudar; a tradição fornece um modelo moral e interpretativo, acomodando as emoções em um conjunto de práticas de vida. O vício, em contraste, assinala a influência de um passado cujo poder indutor não tem qualquer outro fundamento lógico que não ele próprio.[1]

Weber mostrou que o trabalho foi uma das primeiras arenas da vida social a se tornar destradicionalizada, diagnosticando também seu caráter compulsivo. A maioria das sociedades pré-modernas parece não ter tido uma palavra para "trabalho", presumivelmente porque o trabalho não era de pronto diferenciado das outras atividades. Além disso, à medida que ia sendo reconhecido como um tipo característico de atividade, o trabalho não definia um papel especificamente masculino.

Muito se deduziu da discussão de Weber sobre o puritanismo, e esse "protestantismo ascético" pode muito bem ter sido o ímpeto original que ajudou a moldar a formação das primeiras instituições econômicas modernas. A civilização moderna, de acordo com Weber, baseava-se na abnegação e na repressão das necessidades – todo mundo é um puritano secular. No entanto, qualquer um que siga essa tese de maneira rígida tem dificuldade de explicar a disseminação do consumismo, que parece quase a antípoda da autodisciplina e da frugalidade.

Seria possível reconstruir a tese de Weber de uma maneira bastante diferente. Pode-se dizer que a postura exibida pelos primeiros empresários em relação à acumulação, e que se disseminou por toda a sociedade, é obsessiva. Quando o puritanismo se retira, ele é impulsionado por sua própria lógica interna. Essa lógica é, na verdade, uma expressão não de abnegação, mas sim da orientação da modernidade para o controle. O produtivismo, no qual o trabalho tornou-se autônomo, empurra para as margens da vida social a maioria daquelas formas de experiência moral que ligavam a existência humana à tradição e à natureza independente.

Uma vez que o trabalho é definido principalmente como um papel masculino, preocupação com emoções, cuidado e responsabilidade

---

1 GIDDENS, op. cit., 1994.

tendem a se tornar incumbências das mulheres.[2] As mulheres tornaram-se as guardiãs, por assim dizer, de boa parte da urdidura moral da vida social, que já esteve entrelaçada de maneira mais firme em formas tradicionais mais amplas. A autonomia do trabalho na modernização simples estava, portanto, estreitamente relacionada a uma redistribuição nas divisões de gênero e uma remodelagem da família. As mulheres tornaram-se "especialistas no amor", enquanto os homens perderam o contato com as origens emocionais de uma sociedade na qual o trabalho era o ícone. Aparentemente de pouca importância, por estar relegada à esfera privada, a "faina de amor" das mulheres tornou-se tão importante para o produtivismo quanto a própria autonomia do trabalho. O produtivismo, essa "indústria" que criou a riqueza das nações, pressupunha uma "economia paralela" na qual valores puramente econômicos eram efetivamente depreciados e rejeitados.

No setor informal das sociedades do Sul, essa economia paralela geralmente permanece enredada com as relações familiares patriarcais. O trabalho e a interação familiar tendem a se misturar. No entanto, em outros aspectos, o setor informal e a ordem pós-escassez começam a se parecer um com o outro. Em uma sociedade pós-escassez, o produtivismo começa a se decompor – e também é ativamente combatido. São diversas as razões para isso. Uma sociedade de reflexividade intensiva não é aquela na qual uma postura compulsiva em relação ao trabalho pode passar despercebida, em razão da exigência de se submeter os motivos a um questionamento declarado. A entrada maciça das mulheres no mercado de trabalho assalariado, associada ao impacto do feminismo, rompe as condições infraestruturais que sozinhas tornavam tolerável uma orientação compulsiva em relação ao trabalho. Elas lutam por igualdade no domínio público e esforçam-se para criar um "eu público"; conforme as mulheres se recusam a assumir as tarefas emocionais das quais depende a autonomia do trabalho, os homens são cada vez mais compelidos a enfrentarem seus próprios "eus ocultos".

A autonomia do trabalho ainda sobrevive como o etos dominante e define o significado da experiência de desemprego. Ao mesmo tempo, existem tendências contrárias muito claras. Mais provável do que a

---

2 GILLIGAN, C. In a Different Voice. Ed. rev. Harvard: Harvard University Press, 1993.

incorporação em grande escala das mulheres em empregos tipicamente masculinos é a ruptura com o padrão masculino característico do próprio trabalho. Os números totais de horas trabalhadas por homens em ocupações assalariadas caiu pela metade durante os últimos cinquenta anos. Por enquanto, a maioria dos homens ainda enfrenta, ou espera enfrentar, uma vida de trabalho em tempo integral. Mas, mesmo se eles a desejarem intensamente, para muitos essa expectativa irá se mostrar irreal. O objetivo do pleno emprego, tão estreitamente ligado ao *welfare state*, passa a fazer pouco sentido. As perguntas agora são diferentes. Emprego sob que condições? E que relação o trabalho deveria ter com outros valores de vida?

São exatamente essas as perguntas a que o setor informal, nos países em fase de industrialização – e, em menor grau, nos industrializados também –, de certa forma "respondeu". A distinção entre trabalho que obtém recompensa econômica direta e trabalho executado com outros objetivos é imprecisa. As pessoas estão em contato com os dilemas morais mais amplos de suas vidas – que agora ressurgem de maneira visível também nas sociedades modernas.

Uma sociedade que se afasta do produtivismo não necessariamente se afasta da criação de riqueza. Entendo que isso seja verdadeiro tanto para o setor informal como para a ordem pós-escassez. Aqui é preciso que distingamos com clareza entre *produtivismo* e *produtividade*. Reduções no tempo gasto no trabalho assalariado e padrões familiares mutáveis são emancipatórios ao se afastarem do produtivismo em direção à produtividade. O produtivismo hoje inibe a produtividade; distinguir os dois nos ajuda a perceber por que uma economia pós-escassez não é necessariamente uma economia sem crescimento.

É a produtividade aperfeiçoada que conduz à redução do dia de trabalho. A produtividade, nesse sentido, significa o retorno gerado pelo investimento de *tempo*, seja este sob a forma de mão de obra assalariada ou de capital. A produtividade da mão de obra sempre foi de interesse primordial dos empregadores, em virtude da natureza do contrato entre trabalhadores e capitalistas. O taylorismo, a aplicação da "administração científica" ao local de trabalho, foi fruto desse interesse e, em determinado momento, parecia pronto para maximizar a produtividade por meio da "mecanização do trabalhador". A produtividade aumentada dessa maneira mostrou-se historicamente tão limitada quanto a economia de planificação central. Embora o taylorismo de forma alguma tenha desaparecido, tornou-se claro que a produtividade agora está estreitamente envolvida com a autonomia e a flexibilidade nos sistemas de produção.

No entanto, a produtividade do capital e dos recursos materiais é tão importante quanto a produtividade da mão de obra, e há muito tempo tem sido negligenciada. A maioria dos economistas, ortodoxos e mais radicais há muito assumiram que o capital monetário, uma vez investido, era produtivo. Todavia, como acima de tudo demonstrou a experiência das economias de planificação centralizada, o retorno de capital investido varia muito, seja em uma perspectiva de longo ou de curto prazo. A mesma experiência mostra que a produtividade dos recursos (como terra ou riquezas minerais) de forma alguma é dada por eles.

Bem como a produtividade da mão de obra, a produtividade do capital não depende exclusivamente das condições econômicas. E em nenhum caso a produtividade pode ser definida em termos puramente econômicos. A falha básica do neoliberalismo é ver ambas apenas em relação às condições e à competitividade do mercado. Cada uma delas é organizacional e, nas atuais condições, responde à autonomia e à tomada de decisões de baixo para cima. A "produtividade", por sua vez, só pode ser medida de uma maneira exclusivamente econômica, quando o trabalho é autônomo e não se considera a reprodução de recursos materiais. Em uma economia pós-escassez, os indicadores sociais de produtividade necessariamente ganham uma importância fundamental ante os indicadores econômicos.

Não está claro se a produção enxuta, o sistema de produção introduzido primeiramente no Japão pode ser mais ou menos universalmente implementado.[3] Mas a produção enxuta tem algumas características muito interessantes em relação ao que estou discutindo. Não há dúvida sobre sua influência na produtividade, pelo menos em determinados setores industriais básicos; existe um grande diferencial de produtividade entre as empresas japonesas e europeias da indústria automobilística, por exemplo.[4]

---

3 Sobre essas questões, aproveitei-me de comunicações pessoais com Dr. Peter Mc- -Cullen. A ele devo os esclarecimentos de alguns aspectos fundamentais relacionados aos métodos de produção enxuta.

4 WOMAK, W. et al. *The Machine that Changed the World*. New York: Free Press, 1990.

PARA ALÉM DA ESQUERDA E DA DIREITA · 205

A produção enxuta está relacionada ao uso eficiente do tempo, mas não considera o tempo como algo que não deva ser gasto, um cálculo de esforço objetivado. Ao contrário, o valor do tempo é entendido em relação ao trabalho cooperativo e às parcerias estabelecidas entre montadoras e fornecedores. A produção enxuta usa menos de tudo, inclusive tempo imediato de trabalho, em relação a outros sistemas de produção; mas faz isso em um contexto social rico e como parte de processos de investimento a longo prazo. Muitos afirmaram que os métodos da produção enxuta só podem ser introduzidos, com eficiência, fora do Oriente se o Ocidente adotar valores orientais mais generalizados. De certa forma adiantando o próximo capítulo, esses valores dizem respeito a uma visão da natureza em harmonia com os seres humanos, em vez de algo a ser tratado instrumentalmente; uma postura de confiança no *self*; e uma perspectiva holística sobre *self* e corpo. Entretanto, como procurarei demonstrar à frente, o que está em questão em um mundo voltado para a produtividade e não para o produtivismo não é um transplante de valores orientais, que acompanhe as indústrias transplantadas, mas a recuperação de uma série de preocupações éticas esmagadas por um sistema produtivista.

Quando a produtividade significa produtivismo, ela tem associações infelizes. Livre desse contexto, não há motivos para que ela não se estenda a áreas não econômicas em uma ordem pós-escassez. A produtividade se opõe à postura compulsiva e à dependência, não só no trabalho, mas em outras áreas, até mesmo na vida pessoal. Existe um laço estreito entre autonomia e produtividade. Uma vida produtiva é aquela bem vivida, mas é também aquela na qual um indivíduo é capaz de se relacionar com os outros como um ser independente, possuindo um senso desenvolvido de autoestima.

Do *welfare state* à previdência positiva

Vou repetir, neste ponto, a tese afirmada anteriormente: os atuais problemas do *welfare state* não deveriam ser vistos como uma crise fiscal (muito menos são o resultado da necessidade das sociedades ocidentais de competirem mais intensamente do que antes nos mercados mundiais), mas como uma crise da administração de risco. O que vem depois, à luz das mudanças sociais e tensões estruturais que acabamos de analisar?

Vamos supor que levemos a sério a proposição de que o objetivo do bom governo deveria ser promover a busca de felicidade, e tanto o "bem-estar" social quanto o individual deveriam ser definidos dessa forma. Vamos também aceitar que a felicidade é promovida pela seguridade (do espírito e do corpo), autorrespeito e oportunidade de autorrealização, além da capacidade de amar. A ideia de que os seres humanos lutam pela felicidade acima de qualquer outra coisa remonta, no mínimo, a Aristóteles. Ainda assim, poder-se-ia entender a busca de felicidade como um valor universalizável, como uma qualidade característica da modernidade. A "virtuosa atividade da alma" de Aristóteles ligava a felicidade aos atrativos da tradição sedimentada; a felicidade como meio e objeto da emancipação é uma concepção muito posterior, que passa a existir devido à modernidade e, mesmo assim, é reprimida pelas próprias forças de desenvolvimento que as instituições modernas soltaram no mundo.

Se universalizada, a felicidade não é uma condição ameaçadora para os outros, e nem é refratária à solidariedade social. Além disso, pelo menos nas condições modernas de vida, ela é necessariamente uma busca ativa, se definida como foi mencionado acima. "Felicidade", já foi dito por um dos mais proeminentes estudiosos contemporâneos do assunto, "não é algo que acontece". Ela não é "o resultado de boa sorte ou do acaso aleatório". A felicidade "não depende de eventos externos, mas sim da maneira como nós os interpretamos"; ela é "uma condição que deve ser preparada, cultivada". Depende menos do controle do mundo exterior do que do interior. "As pessoas que aprendem a controlar a experiência interior serão capazes de determinar a qualidade de suas vidas, que é o mais próximo que qualquer um de nós pode chegar de ser feliz."[5]

Vamos colocar essas reflexões diante das seguintes afirmações:

não temos de continuar sendo vítimas. O presente é o momento de poder. Sempre podemos optar, no presente, por mudar nossas crenças negativas

---

5 CSIKSZENTMIHALYI, M. *Flow*: The Psychology of Happiness. London: Rider, 1992. p.2.

PARA ALÉM DA ESQUERDA E DA DIREITA 207

... Meu corpo, minha saúde, meus relacionamentos, meu trabalho, minha situação financeira – tudo em minha vida – espelham meu diálogo interior. Portanto, se mudarmos nossos pensamentos, teremos sentimentos e experiências diferentes.[6]

Alguma coisa que evocasse um etos diferente poderia soar mais distante dos debates sobre o *welfare state*? É provável que essas observações sejam um anátema, em especial para aqueles que estão na esquerda. Desde que Marx falou da religião como o coração de um mundo sem coração, os esquerdistas têm demonstrado forte tendência a enfatizar as condições materiais como a influência dominante na qualidade de vida acessível aos indivíduos. O poder, diriam eles, é objetivo, estruturado em circunstâncias reais de vida social; portanto, que sentido haveria em se falar do "presente como momento de poder" para uma pessoa que vive na pobreza, cuja vida é trabalho árduo? Experiência interior, diálogo interior: que possível importância poderiam essas coisas ter para aquela pessoa, a não ser como um débil substituto da emancipação material, adequada? Qualquer um que assumir esse caminho ao falar de reforma social, argumentam eles, provavelmente acabará simplesmente aquiescendo às desigualdades e privações do *status quo*.

Ainda assim, a questão admite que se reenfatize que felicidade e seu oposto não têm relação específica com a riqueza ou com a posse de poder. Um grupo de pesquisa na Itália realizou entrevistas minuciosas com aquelas pessoas que são a maior fonte de preocupação da esquerda no momento, e que provocam grande ansiedade na direita – andarilhos sem-teto ou "gente de rua". Os pesquisadores encontraram muitas evidências dos "horrores" de Latouche: pessoas que desistiram de ter esperança ou que se voltaram para uma vida de violência, drogas e crime. Mas esses mesmos pesquisadores ficaram espantados ao ver quantas pessoas haviam conseguido transformar condições de vida ruins em um conjunto de experiências satisfatório e até mesmo enriquecedor. Um dos entrevistados, um egípcio que passa suas noites nos parques de Milão, consegue comida em programas de caridade e faz serviços esporádicos quando pode, descreve sua vida como uma odisseia:

---

6 CORBETT, N. *Inner Cleansing*: Living Clean in a Polluted World. Bridport: Prism, 1993. p.150-1.

Depois da guerra de 1967, eu decidi deixar o Egito e começar a andar de carona pela Europa ... Tive que lutar contra muitas coisas. Passei pelo Líbano e sua guerra, pela Síria, Jordânia, Turquia, Iugoslávia, antes de chegar aqui ... tem sido uma aventura que até agora já dura vinte anos, mas que vai continuar pelo resto de minha vida ... O leão, quando corre atrás de um bando de gazelas, só consegue pegar uma por vez. Eu tento ser assim, e não como os ocidentais que ficam loucos de tanto trabalhar, embora não possam comer mais do que o pão de cada dia.[7]

Previdência em uma sociedade pós-escassez

De que forma os sistemas previdenciais – supondo-se que ainda se queira manter o nome – seriam reorganizados em uma ordem pós--escassez? As considerações seguintes podem fornecer um modelo de resposta. Esses sistemas necessitariam livrar-se da confiança nos "cuidados preventivos" como principal meio de enfrentar o risco; integrar-se a um conjunto de interesses de vida mais amplo que o do produtivismo; desenvolver uma política de segundas chances; criar na população uma série de pactos ou acordos sociais, não só entre as classes, mas também entre outros grupos ou categorias; e centrar-se naquilo que anteriormente chamei de concepção gerativa da igualdade. A lista é enorme, mas isso ajuda a ressaltar a frágil posição daqueles que fazem da defesa do *welfare state* o núcleo de suas perspectivas políticas.

Os cuidados preventivos não só significam lidar com situações e eventos depois que eles aconteceram, mas estão bastante envolvidos com a perspectiva atuarial que supõe que o futuro é, em princípio, previsível. A reflexividade social, combinada com a incerteza artificial, destrói esses pressupostos, mas ao mesmo tempo cria novas oportunidades.

Considere-se novamente um exemplo da situação dos idosos. De um ponto de vista gerativo, é importante criar condições sob as quais os talentos e habilidades dos idosos sejam usados e nas quais "aposentadoria" não seja um tudo ou nada. A aposentadoria obrigatória em uma idade fixa parece funcional segundo o critério produtivista, porque tira pessoas do mercado de trabalho, contribuindo, assim, para a redução do

---

7 Estudo citado em CSIKSZENTMIHALYI, op. cit., 1992, p.196-7.

desemprego. Em um sistema de pós-escassez, a situação parece diferente. Enquanto as pessoas mais velhas podem, de maneira geral, continuar a trabalhar, as saídas e reentradas voluntárias nos mercados de trabalho provavelmente tornar-se-ão mais comuns em todas as idades. Anos sabáticos, aposentadoria gradual e "ensaios de aposentadoria" são possíveis quando a aposentadoria no sentido tradicional efetivamente deixa de existir.

As pessoas mais velhas já estão sendo pioneiras em alguns daqueles modos de vida que Latouche recomenda em sua avaliação do setor informal. A maioria das pessoas com mais de 65 anos, homens e mulheres, quer fazer algum tipo de trabalho assalariado, contanto que não seja excessivamente pesado ou mecânico. Elas não querem trabalhar por trabalhar, mas pelas satisfações que o trabalho pode trazer; e avaliam o valor do trabalho em relação a outros interesses de vida. Da mesma forma que ocorre com todos os outros setores da população, os modos de vida social são muito menos "determinados" para os idosos do que costumavam ser; eles são "experimentadores sociais" ativos nos domínios das relações familiares e da sexualidade, da mesma forma que no mundo do trabalho.

Idosos que parecem querer ficar jovens: seria possível ver nisso uma negação da morte. No entanto, poder-se-ia argumentar que colocar os idosos em seu próprio "gueto previdencial" tem sido um mecanismo perpetuador dessa mesma negação – parte de um conjunto mais amplo de repressões sociais por meio das quais a doença e a morte são isoladas de todos.[8] Uma política de vida para a velhice recupera a finitude como horizonte de existência, mas vê sua aceitação como um meio de intensificar os prazeres e as recompensas da vida.

Da filosofia abstrata aos negócios rotineiros de financiamento: de que forma uma orientação em termos de política de vida para a velhice seria paga? E quem a pagaria? Essas são perguntas bastante difíceis se inseridas no contexto da suposição de que os problemas do *welfare state* são primordialmente orçamentários – e a velhice é um "problema externo" que requer uma solução distributiva. Simplesmente não há dinheiro suficiente para continuar a financiar esquemas de pensão universal que ofereçam benefícios significativos, tendo em vista os outros

---

8 GIDDENS, op. cit., 1991, cap.5.

compromissos que os *welfare state* devem atender. Vistos de maneira gerativa, os problemas básicos de custos e de eficiência econômica ainda teriam de ser resolvidos, mas não seriam examinados em termos de distribuição, ou apenas em termos daquilo que o Estado pudesse fornecer. A reestruturação do trabalho é um requisito fundamental para uma sociedade que se está afastando do produtivismo em direção à produtividade; e isso provavelmente irá promover um corte nas divisões de idade. Em outras palavras, os idosos podem e devem ser considerados parte dos setores da sociedade que criam riqueza, igualmente capazes de contribuir para a renda tributária.

Abandonar uma ênfase nos cuidados preventivos significa enfrentar o risco de uma maneira direta e engajada, sem a expectativa de criar contextos de ação totalmente controlados. Quando as decisões sobre estilo de vida são bastante importantes para os outros (em princípio, até mesmo em uma base mundial) e para o próprio futuro remoto do indivíduo, o que se tornou fato agora, novas éticas de responsabilidade individual e coletiva precisam ser formadas. Em sua maioria, elas só podem ser enfrentadas gerativamente; o Estado só pode tentar fornecer as circunstâncias que favoreçam seu surgimento, incluindo o exercício de sanções negativas que lhe forem relevantes. Além disso, em muitos aspectos elas escapam à abrangência do Estado em termos de sua extensão – o que é verdadeiro, por exemplo, em relação ao impacto de algumas formas de poluição ambiental sobre a saúde.

Em algumas situações, ir além do produtivismo pode significar proteger as tradições e solidariedades locais, mesmo que isso entre em conflito com o objetivo de elevar os padrões materiais de vida. Defender a tradição da maneira tradicional, como afirmei ao longo deste livro, é potencialmente perigoso. O mesmo se aplica quando a autonomia da comunidade local é tratada como um valor fundamental. Nesse sentido, o destino do "controle comunitário" nos Estados Unidos na década de 1960 é ilustrativo. Originalmente, a ideia era um *slogan* da esquerda. No entanto, como apontaram os críticos na época, o controle comunitário era o que exigiam as pessoas que lutavam para preservar o sistema escolar segregado; e é o que têm aqueles que se encontram nos bairros ricos, afastados dos pobres da cidade.[9]

---

9 GLAZER, J. *The Limits of Social Policy*. Cambridge: Harvard University Press, 1988. p.122.

PARA ALÉM DA ESQUERDA E DA DIREITA 211

Dito isso, os projetos previdenciais que não respeitam os laços e modos de vida locais podem ser quase tão destrutivos quanto as forças de mercado que procuram neutralizar. Quando Glazer observa que "a criação e construção de novas tradições, ou novas versões de velhas tradições, devem ser levadas a sério enquanto uma exigência do próprio plano de ação social",[10] ele sem dúvida está correto. Ainda assim, as tradições deveriam ser entendidas de uma maneira pós-tradicional, enquanto formas de prática convencional ou ritual abertas ao contato dialógico com outras. Poder-se-ia notar aquilo que Claude Lévi-Strauss escreveu a respeito dessas questões. A liberdade que "é planejada em uma base racional", argumenta ele, pode minar a si mesma, visto que tal estratégia, com frequência, ignora "aquele número indefinido de lealdades cotidianas, a teia de solidariedades particulares que salvam o indivíduo que está sendo esmagado pela sociedade como um todo".[11] Às vezes, essas certamente podem ser, nas palavras de Lévi-Strauss, "as tradições e costumes cujas raízes são obscuras"; mas elas podem igualmente ser os tipos de atividades inovadoras notadas por Latouche.

A promoção de "um número indefinido de lealdades cotidianas" tem de ser um dos elementos de uma política de segundas chances. "Começar de novo" é um componente inevitável da vida social vivida não mais como sina, seja no domínio das relações pessoais e do casamento, do trabalho, ou em outras esferas. As medidas previdenciais podem criar guetos excludentes, como no caso da velhice: o que parecem ser benefícios econômicos servem na verdade para fixar um indivíduo em uma posição ou *status* social, de onde é difícil escapar.

Uma política de segundas chances, como outros aspectos da política de vida, não pode ser apenas uma questão de provisão material, mas deve enfocar a experiência pessoal e a autoidentidade. Tome-se como exemplo a questão do desemprego. Da mesma forma que "aposentadoria", o "desemprego" foi criação de uma sociedade na qual o patriarcado era a norma, e o trabalho era equacionado com o envolvimento no mercado de mão de obra. Se o trabalho não é definido em termos de produtivismo, a questão sobre o que é realmente desemprego torna-se muito complexa. O "diálogo interior" e a "experiência pessoal" pareceriam estar a

---

10 Ibidem, p.8.
11 LÉVI-STRAUSS, C. Reflections on Liberty. *New Statesman*, p.387, 26 maio 1977.

quilômetros de distância do desemprego, mas sem dúvida não é o que acontece. O desemprego não pode nem mesmo existir sem um elemento básico de experiência subjetiva: para estar desempregada, uma pessoa precisa querer ter um trabalho assalariado. E não simplesmente um trabalho; possivelmente, ninguém que está desempregado assumiria *qualquer* trabalho que esteja sendo oferecido.

Não é comum entendimento que muitas pessoas mais velhas, provavelmente a maioria, estão, na verdade, desempregadas segundo definições ortodoxas do termo. As pesquisas indicam que cerca de 40% das pessoas com mais de 65 anos que não têm empregos – e 60% dos homens – gostariam de trabalhar se pudessem encontrar um emprego adequado. Neste caso, por força das circunstâncias, o "desejo de trabalhar" tornou-se substancialmente desligado do produtivismo; isso também é verdadeiro para uma grande proporção de donas de casa criando filhos, que dizem que gostariam de trabalhar se isso fosse, de alguma maneira, possível. O produtivismo vê o trabalho assalariado (para os homens) como fundamental para a vida; as experiências e sutis motivações que cercam aquilo que significa estar "empregado" e "desempregado" recebem pouca atenção. A condição "natural" dos homens entre a idade de sair da escola e a idade de aposentadoria é estar em um emprego assalariado. O desemprego é simplesmente definido como uma situação diferente dessa.

Desse ponto de vista, o conceito de segundas chances torna-se tão fácil de definir quanto desinteressante. O plano de ação previdencial consiste em expandir o mercado de trabalho para atender à demanda ou pagar para aqueles que estão sem trabalho; as segundas chances consistem em colocar desempregados em empregos. Em uma sociedade mais preocupada com a produtividade do que com o produtivismo, o conceito torna-se muito mais rico e mais abertamente psicológico e experimental. Uma política de segundas chances concentrar-se-ia em como o desemprego pago se relaciona com outros aspectos das experiências e valores de vida dos indivíduos, no que diz respeito a diversas transições diferentes, ou mudanças, em suas circunstâncias sociais.

O desemprego involuntário, da mesma forma que um divórcio indesejado, é com frequência traumático em razão do dano que causa ao senso de segurança do indivíduo e a seu amor-próprio, e também devido à privação econômica que causa. "O presente é o momento de poder": essa tese faz muito sentido no contexto das circunstâncias totalmente materiais de desemprego. Qualquer um que estude a experiência de desemprego, seja de uma perspectiva estreita de produtivismo ou não, chega quase que imediatamente à questão da autoidentidade. Assim como a definição de desemprego depende substancialmente de posturas subjetivas, o mesmo ocorre com as reações a ele; estas resultam de narrativas de autoidentidade, bem como da ação para desintegrá-las ou alterá-las. Em seu estudo sobre pessoas que vivem às margens do mercado de trabalho na Grã-Bretanha, Bill Jordan e seus colegas deixam claro que a incapacidade e a aquisição de poder enredam-se firmemente com as imagens do *self*. A administração de identidade é o ponto central que poderia marcar até onde a relação de uma pessoa com o mundo – quer ela esteja "desempregada" ou não – é experienciada como incapacitadora ou geradora de oportunidades para autopromoção ou autorrenovação.[12]

É claro que uma política de segundas chances não iria negligenciar as condições materiais que permitiam aos indivíduos negociar mudanças em suas circunstâncias de vida. No entanto, é no mínimo igualmente importante procurar desenvolver meios pelos quais as identidades danificadas possam ser curadas e um forte senso de amor-próprio seja desenvolvido. É provável que haja muitas objeções a essa articulação. As pessoas podem mudar sua perspectiva psicológica diante das privações materiais que não têm poder para controlar? E os estados psíquicos dos indivíduos representam algo que os governos podem ou devem influenciar?

A resposta a essas perguntas é: sim, podem – e é o que acontece. Até onde essa mudança é possível depende menos de circunstâncias materiais puras do que de fatores como as "lealdades cotidianas" nas quais possam se apoiar. Dessa forma, uma mulher, no estudo acima mencionado, fala de sua luta para escapar do confinamento dos afazeres domésticos e retornar ao mundo externo. Ela conseguiu fazer isso, em parte, porque suas responsabilidades na criação dos filhos diminuíram e, em parte, porque conquistou o apoio de uma rede de amigos: "Então já faz um certo tempo que eu ... meio que me libertei de tudo aquilo [risos]. Sem me libertar de tudo realmente. Abri as minhas asas ... é agradável saber que depois que as crianças saem para a escola, de manhã,

---

12 JORDAN, B. et al. *Trapped in Poverty?* London: Routledge, 1992.

o dia é só meu ... Esqueci o que [inaudível] bom, eu esqueci completamente como era antes."[13]

Se um bom governo, entre outros objetivos, significa facilitar a busca de felicidade, ele com certeza tem de se preocupar com os estados psíquicos de seus cidadãos, e não só com seu nível de prosperidade material. Muitos fatores podem entrar em jogo aqui. As políticas que mantêm ou criam redes de interação social podem fornecer condições de mobilização do desenvolvimento psíquico; o apoio de grupos de autoajuda de diversos tipos pode desempenhar um importante papel; as situações que desgastam o amor-próprio podem ser ativamente atacadas – e muito mais.

Divisões de classes e conflitos sociais

O "acordo" do *welfare state* do pós-guerra, de maneira geral, tem sido interpretado principalmente em termos de classes. Hoje, esse "acordo" vem sendo proporcionado mais pela globalização do empreendimento capitalista do que pelas instituições do Estado. A imobilidade do movimento trabalhista não é o resultado da "institucionalização do conflito de classes", mas das novas condições de competição econômica global. As relações de classes simultaneamente tornaram-se mais centradas no mercado de trabalho e refratadas por meio de novos mecanismos de exclusão.

A classe, no sentido de ação coletiva, é parcialmente tirada do jogo, mas sua influência é sentida fortemente em outras divisões sociais que se tornam o foco das tensões sociais reais e potenciais. Essas tensões concentram-se em quatro diagonais do losango estrutural analisado anteriormente. Elas são capazes de romper a ordem social tão ameaçadoramente quanto jamais ocorreu nos antigos conflitos de classe, embora de um modo bastante diferente. Será que as divisões entre grupos jovens e mais velhos poderia se tornar uma ameaça ao tecido social? Certamente que sim, por mais estranha que seja essa perspectiva. Nos Estados Unidos, a American Association of Retired Persons [Associação Norte--Americana de Aposentados] tem nada menos que trinta milhões de

---

13 Ibidem, p.314-5.

membros – se fosse um país independente, seria a trigésima maior sociedade no mundo. É um grupo extremamente ativo, que tem conseguido um sucesso notável junto ao Congresso, incluindo a garantia de abolição da aposentadoria compulsória por idade.

No entanto, o poder e a influência dos idosos, à medida que se libertam de seu "gueto de dependência", provavelmente se estendem para além dos grupos de pressão. Suas necessidades provavelmente passarão a dominar alguns aspectos do programa político, dentro e fora do processo eleitoral formal. A proporção de pessoas idosas que aparecem para votar nas eleições locais e nacionais está crescendo na maioria dos países do Ocidente, em contraste específico com os grupos jovens. Alguém disse que "O gigante só começou a acordar" – "está sendo preparada uma batalha que ameaça dividir a nação e colocar geração contra geração".[14]

Uma batalha entre pais e filhos, um segundo lado do losango estrutural, poderia refletir essas divisões, mas também tem outras origens. O conflito de gerações nesse nível é criado pela marcha das mudanças sociais e tecnológicas, que separa as experiências dos filhos das experiências dos pais; o conflito é criado também pelos ressentimentos que os filhos, que têm mais direitos formais do que antigamente, podem vir a sentir em relação a cuidados paternos inadequados.

O progresso nos direitos das crianças é com certeza bem-vindo e representa uma contribuição significativa para o potencial da democracia emocional. Apesar do furor que causou em muitos países, o direito das crianças de se divorciarem dos pais é perfeitamente coerente com as relações familiares pós-tradicionais. Como no caso do divórcio entre cônjuges, suas implicações dependem não de sua difusão estatística, mas das condições sociais circunvizinhas; os direitos podem criar novas solidariedades e também destruir as antigas. Uma batalha generalizada de filhos contra pais poderia depositar grandes fontes de tensão nas instituições previdenciais. Não só aumentou a proporção de crianças aos cuidados de agências previdenciais nas últimas duas décadas na maioria dos países industrializados, como também uma grande parte dos sem-teto é formada por crianças e jovens.

---

14 DYCHTWALD, op. cit., p.63.

Os jovens também integram uma grande parcela dos desempregados. Algumas dessas pessoas estão entre os pioneiros sociais de hoje, sensíveis aos múltiplos significados do trabalho e afastando-se deliberadamente do mercado de trabalho para buscar outras possibilidades. No entanto, a grande maioria é simplesmente bloqueada em relação às oportunidades de emprego. Será que eles, e outros entre os desempregados, vão se tornar alienados em relação à maioria que está empregada, que, por sua vez, conduzirá uma luta de classes contra eles, mediada pela estrutura fiscal do Estado? Possivelmente, caso o *welfare state* continue orientado para o objetivo de pleno emprego no sentido ortodoxo – um ideal agonizante quanto mais nos aproximamos de uma sociedade pós-escassez.

De todas as batalhas políticas e reais descritas aqui, o conflito entre os sexos é o mais profundo em suas implicações, para a emancipação pessoal e social, mas também para a tensão e a divisão. O programa neoliberal para um restabelecimento dos "valores familiares" está geralmente associado a um ataque ao *welfare state*, mas, de fato, uma defesa desses valores, caso isso fosse de alguma forma viável, seria o principal esteio a manter o *welfare state* intacto. Os atuais sistemas previdenciais dependem fundamentalmente, para seu funcionamento, de diferenciais de gênero e de formas familiares estabelecidas. A reivindicação das mulheres por autonomia e igualdade é irreversível. Ainda assim, a maioria das mulheres continua a executar a maior parte das tarefas associadas ao cuidado dos outros nas sociedades modernas e, muito frequentemente, sem remuneração. Uma reafirmação dos "valores familiares", apoiando-se no papel diligente das mulheres, não é conceitualmente diferente de um imposto a elas instituído – "um imposto oculto e não consentido".[15]

Não é só a igualdade econômica que está sendo discutida aqui, mas uma luta, por assim dizer, entre duas formas muito generalizadas de política de vida. Com toda a possibilidade de um grande número de variações individuais, as mulheres, de um modo geral, falam "em uma voz diferente"da dos homens.[16] Quem irá falar por nós todos? Será que

---

15 GLENNESTER, H. *Paying for Welfare, Welfare State Programme*. London: London
 School of Economics, 1992. p.21.
16 GILLIGAN, op. cit., 1993.

os modos de vida geralmente associados às formas ocidentais de masculinidade – aquela masculinidade impulsiva e compulsiva que Max Weber identificou – vão se tornar cada vez mais generalizados, associados, talvez, à supremacia das relações de mercado em todos os ângulos da vida? Ou será que a feminilidade, com sua grande ênfase em interdependência, entendimento e cuidado emocionais, será transferida cada vez mais para a esfera pública? Essas perguntas, cujas respostas continuam abertas, relacionam-se a quase todas as outras questões levantadas nesta obra.

Um *pacto entre os sexos*, se fosse possível ser estabelecido, no interior das sociedades industrializadas e em um nível mais global é, de muitos modos, a chave para a recuperação de outras formas de solidariedade. O que acontece à vida familiar, por razões óbvias, serve tanto para fazer a conexão entre as gerações quanto para desfazê-la; e o que acontece às divisões de gênero é profundamente relevante para as transformações no mundo do trabalho, assalariado ou não, o qual é, claro, também afetado intensamente por essas transformações. Os sistemas previdenciais que continuam a depender, implicitamente ou não, de um modelo de patriarcado provavelmente desmoronarão completamente.

Os afluentes contra os pobres? Um modelo gerativo de igualdade

De um modo geral, o *welfare state* não tem conseguido transferir recursos dos grupos mais afluentes para os pobres.[17] O modelo de criação de riqueza dos neoliberais também não funcionou; nos países onde essa abordagem foi tentada de maneira séria, o resultado foi um diferencial cada vez maior entre ricos e pobres.[18] O que fazer? Será que devemos nos resignar com uma ordem social na qual toda esperança de maior igualdade desapareceu? Não, mas temos de pensar em nivelamento de uma nova maneira, da forma sugerida no capítulo anterior. O contexto para essa pressuposição é uma sociedade pós-escassez, movendo-se para além do produtivismo; e uma sociedade que, cada vez mais, faça parte de

---

17 TOMASSON, R. F. *The Welfare State, 1883-1983*. London: Jai, 1983.
18 PIERSON, C. *Beyond the Welfare State?* Cambridge: Polity, 1991.

uma ordem globalizada, em vez de estar concentrada no interior do Estado-nação. O que esse nivelamento envolveria? Em que sentido, se é que existe algum, os ideais socialistas de igualdade seriam mantidos?

O objetivo da igualdade, como já enfatizei, nunca esteve plenamente integrado às hipóteses centrais do pensamento socialista – ele corresponde mais ao resíduo do "comunismo" de Durkheim. O "controle inteligente" da vida social – sujeitando as forças de mercado a uma direção central – não apresenta uma relação especial com um etos de igualdade, a não ser, talvez, enquanto criador de um poder autoritário que poderia tirar dos ricos para dar aos pobres.

O modelo gerativo de igualdade, combinado a um conceito de pós-escassez, não enfrenta esse problema. O nivelamento aqui é entendido em dois sentidos interligados – em termos de colaboração mútua para superar os "males" coletivos e em termos de um movimento generalizado afastando-se do produtivismo. Ele se baseia menos em uma partilha rigorosa de coisas materiais que em uma indiferença em relação a elas, associada a um entendimento "defensivo" dos limites do interminável crescimento econômico.

Voltemos aos bens relevantes à busca da felicidade: segurança, amor-próprio e autorrealização. A posse de riqueza não necessariamente permite aos indivíduos alcançarem essas qualidades, da mesma forma que a pobreza material não necessariamente as erradica. A riqueza certamente não lhes é irrelevante, mas o quão relevante é depende das condições nas quais é produzida e realizada. Além disso, existem muitas outras circunstâncias existenciais que afetam a posse de riquezas (individual ou social) mais ou menos completamente. Em uma sociedade que se afasta da orientação de controle da modernidade, nem os acidentes nem os fenômenos básicos de nascimento, doença e morte podem ser totalmente neutralizados. Eles não podem ser simplesmente "aceitos" (o novo medievalismo), ou o resultado certamente será a incapacidade ou a desmoralização; no entanto, eles podem ser confrontados ativamente de uma forma que se adaptem à noção de previdência positiva. Como em outros lugares, o risco tem de ser enfrentado como risco, incluindo-se a "condição de risco do risco".

Colocar a felicidade como um valor primordial e universalizável possibilitaria uma sociedade de robôs felizes, sem iniciativa e satisfeitos de vaguear à toa durante o dia todo. A questão é o oposto disso. A busca de felicidade exige um engajamento ativo nas tarefas da vida, envolvendo

PARA ALÉM DA ESQUERDA E DA DIREITA

prazer no emprego de capacidades e habilidades. Em um nível psicológico, as chances de viver com felicidade parecem pressupor o enfrentamento de desafios, sejam estes autoinduzidos ou de origem externa.[19] A pobreza, da mesma forma que outras circunstâncias potencialmente debilitadoras da vida, pode ser opressiva porque é capaz de levar à debilitação dessas capacidades e habilidades e porque pode induzir uma atmosfera de desesperança. Os dois inimigos da felicidade são a desmoralização – um mergulho na apatia ou o desespero – e a postura compulsiva, essa dependência impulsiva de um passado emocional não controlado.

Os esquemas de previdência positiva, orientados para o risco artificial e não para o externo, seriam direcionados para a promoção do eu *autotélico*.[20] O eu autotélico é aquele que apresenta uma confiança interna que vem do amor-próprio e no qual um sentido de segurança ontológica, que se origina em confiança básica, permite a apreciação positiva da diferença social.[21] Ele se refere a uma pessoa capaz de traduzir potenciais ameaças em desafios gratificantes, alguém que é capaz de transformar entropia em um fluxo coerente de experiências. O eu autotélico não procura neutralizar o risco ou supor que "uma outra pessoa vai cuidar do problema"; o risco é enfrentado como o desafio ativo que gera a autorrealização.

Em uma ordem pós-tradicional, a administração de escolha em relação à informação reflexivamente ordenada deve estar preparada para a criação de comprometimentos. O comprometimento, seja em relação a pessoas ou a objetivos de vida, é uma das principais forças de "superação" – que permite aos indivíduos lidarem com o estresse e enfrentarem padrões perturbadores de eventos. O comprometimento evidencia o desenvolvimento do eu, mas é quase o contrário de egoísmo; ele é a capacidade de suster o envolvimento em uma série de tarefas mantidas ao longo de um extenso período de tempo.

Uma pessoa que dá atenção a uma interação, em vez de se preocupar com o self obtém um resultado paradoxal. Ela não se sente mais como um

---

19 CSIKSZENTMIHALYI, op. cit., 1992.
20 Ibidem, p.208 ss.
21 GIDDENS, A. *The Consequences of Modernity*. Cambridge: Polity, 1990. [Ed. bras. *As consequências da modernidade*. São Paulo: Editora UNESP, 1991.]

220 ANTHONY GIDDENS

indivíduo isolado, mas o seu self torna-se mais forte. O indivíduo autotélico desenvolve-se além dos limites da individualidade ao investir energia psíquica em um sistema no qual ele está incluído. Graças a essa união entre a pessoa e o sistema, o self surge em um nível mais alto de complexidade ... [isto, no entanto,] requer determinação e disciplina. A experiência excelente não é o resultado de uma abordagem hedonista e irresponsável da vida ... é preciso desenvolver habilidades que estendam as capacidades, fazendo que a pessoa se torne mais do que é.[22]

Como resultado da maneira pela qual o *welfare state* se desenvolveu, com base em preocupação de ajudar (e também de regulamentar) os pobres, a "previdência" passou a ser genericamente igualada à melhoria do grupo dos desprivilegiados. Mas, por que não supor que os programas previdenciais devessem ser direcionados para os afluentes tanto quanto para aqueles que se encontram em circunstâncias de privação? Essa conclusão advém do conceito de previdência positiva; e, como tentarei demonstrar, em vez de acentuar as desigualdades preexistentes, esses programas poderiam ser um importante meio de superá-las.

Segurança, amor-próprio, autorrealização – esses são bens escassos para os afluentes e para os pobres, e estão comprometidos pelo etos do produtivismo e não só pelas desigualdades distributivas. Além disso, os efeitos destas desigualdades têm de ser estabelecidos junto com o dano coletivo originado pela afluência – seus efeitos não podem, de maneira alguma, ser totalmente descarregados sobre os pobres.

A postura compulsiva pode prejudicar a busca de felicidade de maneira tão absoluta quanto a desesperança. Em uma determinada época, essa observação poderia ter parecido um apelo piedoso ao comunismo no sentido de Durkheim – os ricos deveriam renunciar a suas riquezas ou passá-las aos pobres, uma vez que a posse de riqueza corrompe psicológica e materialmente. No entanto, piedade ou altruísmo nada têm a ver com isso em uma sociedade em que o produtivismo, e as orientações psicológicas que lhe são subjacentes, encontrou seus limites, e na qual "mais do mesmo" tornou-se autocontraditório e destrutivo.

O conforto da dependência torna-se um alvo *generalizado* em uma sociedade pós-escassez. A superação da dependência previdencial signi-

---

22 CSIKSZENTMIHALYI, op. cit., p.212-13. Ver também *The Evolving Self*. New York: Harper Collins, 1993, em especial o Capítulo 8, para uma explicação dessas ideias.

fica a superação das dependências em relação ao produtivismo, e ambas podem ser combatidas da mesma maneira. Como em outras áreas, estamos hoje em uma encruzilhada. As desigualdades existentes poderiam tornar-se mais arraigadas. No entanto, não é provável que uma situação como essa amplie o total de felicidade dos privilegiados ou dos despossuídos. Para estes, a pobreza vai se tornar cada vez mais uma fonte de degradação, de desintegração social e de dependências de todos os tipos, à medida que as subclasses se tornam mais firmemente radicadas. Para os mais afluentes, é provável que o preço seja uma existência encastelada, na qual a crescente prosperidade tem um preço alto e todos os grupos sofrem com os efeitos da decadência ambiental e os riscos a ela associados.

Um modelo gerativo de igualdade, ou de nivelamento, poderia fornecer a base de um novo pacto entre os afluentes e os pobres. Esse pacto seria um "acordo de esforços" baseado em uma mudança de estilo de vida. Suas forças motivadoras seriam a aceitação da responsabilidade *mútua* de enfrentar os "males" que o desenvolvimento trouxe consigo; uma necessidade de mudança de estilo de vida por parte de *ambos*, os privilegiados e os menos privilegiados; e uma *concepção ampla* de previdência, afastando o conceito da provisão econômica para os despossuídos e aproximando-o da promoção do eu autotélico.

A responsabilidade mútua de enfrentar os "males coletivos" tende a derivar diretamente da importância cada vez maior do risco artificial. A poluição do ar, a morte das florestas ou a espoliação estética do meio ambiente não se adaptam às divisões de classes. Vistos como riscos externos, esses fatos seriam tratados como "custos de seguro" ambientais, a serem assumidos pelas empresas ou pelo contribuinte; tratados como risco artificial, eles sugerem, em vez disso, mudança de estilo de vida. Qualquer um que deseje viver de maneira mais saudável partilha com outros um interesse comum ao confrontar uma vida que se tornou amarga – na qual as vantagens da afluência simultaneamente produzem efeitos danosos que a própria afluência não consegue sanar. Dessa forma, não se trata aqui de pagar o conserto desse dano, nem de comprar a própria saída da situação. Essas são, na verdade, ruas sem saída.

Os interesses comuns que os afluentes e os pobres têm em relação à mudança de estilo de vida dizem respeito a um afastamento do produtivismo em direção à produtividade. Esse movimento, por sua vez, liga-se a outras mudanças já mencionadas que estariam associadas a uma ordem pós-escassez emergente. A autonomia do trabalho e seu oposto, a conotação inequivocamente negativa do desemprego tendem a ser definidas em relação à postura compulsiva notada por Weber. Essa postura compulsiva é marcada por gêneros e ancorada em uma divisão de papéis sexuais que agora ou se desfez, ou passou a estar sob forte pressão. Um questionamento da autonomia do trabalho e das divisões de gênero a ela associadas é rico em implicações para a igualdade gerativa, visto que uma orientação para o produtivismo tem sido, há muito tempo, um fenômeno primordialmente do domínio público masculinizado. Atualmente, ninguém pode dizer com certeza se os ideais masculinos vão se tornar hegemônicos para ambos os sexos ou não. No entanto, um mundo no qual os homens não mais valorizam o sucesso econômico da maneira como faziam e no qual eles vivam mais para o amor e a comunicação emocional – o mínimo que se pode dizer é que esse mundo seria muito diferente do atual.

Ao colocar em discussão a autonomia do trabalho, os privilegiados poderiam aprender mais com os pobres do que o contrário, visto que as pessoas mais ou menos constantemente "desempregadas", quaisquer que sejam as privações sofridas, passam forçosamente a ter, com relação à vida, um entendimento cujo ponto central ou principal influência motivadora não é o trabalho assalariado. O acordo de esforços com os pobres não seria a transferência direta de riqueza, mas uma transferência de oportunidades de emprego advindas das mudanças de atitude em relação ao trabalho por parte dos mais afluentes. Falar dos pobres efetuando uma contribuição recíproca em termos de estilo de vida poderia soar estranho; de que maneira tal contribuição poderia ser considerada? Seria apoiada exatamente nas mesmas características reveladas pelos modelos de desenvolvimento alternativo para os pobres do Terceiro Mundo. Autoconfiança, integridade e responsabilidade social, incluindo a preocupação ambiental local, seriam o "tributo" que o resto da sociedade pediria – e procuraria promover.

Que papel teria o Estado: ainda haveria um *welfare state* em uma sociedade pós-escassez? A resposta é não. O Estado certamente teria de continuar a fornecer uma ampla série de bens e serviços, orientado para a prevenção de dependências em vez de sua persistência. No entanto, ele precisaria agir em cooperação com uma diversidade de grupos, especialmente os grupos de autoajuda, não só locais mas também transnacionais.

Tudo foi dito do ponto de vista do realismo utópico. Mas, em que medida isso é realista? Quais seriam os meios sociais de estabelecer pactos de estilo de vida, especialmente entre os ricos e os pobres? As considerações que são potencialmente motivadoras desse pacto são bastante claras, mas existem o desejo ou os mecanismos sociais disponíveis para que ele aconteça? No que diz respeito às sociedades industrializadas, poderia parecer que voltamos ao problema de uma deficiência de recursos e também ética.

No entanto, esse não é necessariamente o caso – embora não seja minha intenção aqui propor pacotes de reforma específicos ou analisar de que maneira poder-se-ia criar um suporte eleitoral para eles. São vários os meios de gerar um pacto de estilo de vida afluente/pobre:

1 Um interesse comum em proteção ambiental e na redução de toxicidades pode ser usado para estabelecer políticas que, na verdade, são redistributivas em favor dos pobres. Isso acontece, como já foi mencionado, em razão da tendência de os grupos desprivilegiados, com frequência, serem levados a seguir práticas ou estilos de vida prejudiciais ao meio ambiente, e estas atuam no sentido de reforçar suas privações. Além disso, uma redução nos perigos em geral melhoraria a vida dos menos privilegiados em um grau relativamente maior do que a dos mais afluentes.

2 As mesmas considerações se aplicam à proteção das tradições e das solidariedades locais.

3 Maior flexibilidade de empregos para os mais afluentes não precisa levar a mercados de trabalho duais se combinada com movimentos em direção a outros "acordos" sociais (especialmente entre os sexos). A igualdade promovida por meio de transferências de oportunidades de emprego pode ser ampliada por uma diversidade de medidas a curto prazo. Estas poderiam incluir, por exemplo, o emprego em um "terceiro setor" estabelecido pelo Estado e dedicado a tarefas de cuidado social e comunitário.

4 Os sistemas previdenciais existentes podem ser reconstruídos de forma a desvencilhar a provisão de "ciclo de vida" do objetivo de reduzir as desigualdades estruturais – em especial, o objetivo de evitar a formação de subclasses excluídas.

5 Na ampliação do total de felicidade humana, tão importantes quanto as medidas e provisões econômicas são aquelas que afetam os direitos democráticos e a evitação de violência. Embora estas sejam clara e fortemente influenciadas pelas desigualdades econômicas, elas não são, de forma alguma, totalmente determinadas por essas desigualdades. Além disso, muitos "efeitos opostos" são possíveis, atuando para ajudar a reduzir a privação econômica.

Permanece ainda a questão sobre a possibilidade de um pacto de estilo de vida, como o sugerido aqui para os países ricos, poder também funcionar se aplicado às divisões entre Norte e Sul. Empiricamente, não se poderia responder a essa pergunta positivamente com qualquer grau de certeza. No entanto, em termos analíticos, poder-se-ia perguntar: que outra possibilidade existe? É improvável que as transferências diretas de riqueza em grande escala aconteçam em um futuro próximo e, em todo caso, elas poderiam ser contraproducentes. Um movimento positivo em direção a um sistema pós-escassez, por parte da classe consumidora global, associado a um "desenvolvimento alternativo" para os pobres do mundo, é o único meio plausível de criar um mundo mais equilibrado.

A questão de isolar os valores de vida que são relevantes para uma ordem pós-escassez volta-se diretamente para os problemas ecológicos – definidos de maneira apropriada. Uma vez que os movimentos ecológicos têm sido vistos por muitos como tão importantes hoje em dia, é adequado discuti-los agora com alguma extensão; é isso que passo a fazer no próximo capítulo.

CAPÍTULO 8

A MODERNIDADE SOB UM SIGNO NEGATIVO: QUESTÕES ECOLÓGICAS E POLÍTICA DE VIDA

Seria possível ver na extraordinária explosão das ideias verdes, nas últimas décadas, as origens de um radicalismo político renovado? Com certeza, os defensores das teorias ecológicas acreditam que sim. Carolyn Merchant, por exemplo, diz que a "ecologia radical" propõe uma "nova consciência de nossas responsabilidades em relação ao resto da natureza e aos outros humanos. Ela busca uma nova ética da natureza e da formação de pessoas. Ela dá às pessoas o poder de fazer mudanças no mundo que sejam coerentes com uma nova visão social e uma nova ética".[1]

Murray Bookchin é apenas um dos muitos a sustentar que o pensamento ecológico pode, segundo suas palavras, "recuperar a própria ideia de uma crítica radical da vida social". Ele afirma que, atualmente, o pensamento radical perdeu sua identidade. O que agora chamamos de "radical" – o radicalismo da esquerda – tornou-se "um detestável arremedo de três séculos de oposição revolucionária", composto das "simples sombras da ação direta, do comprometimento resistente, dos conflitos insurgentes e do idealismo social que marcou todos os projetos revolucionários na história". O marxismo e o socialismo, de maneira mais genérica, são cúmplices da ordem social que afirmam atacar. Ao descrever

---

1 MERCHANT, C. *Radical Ecology*. London: Routledge, 1992. p.1.

o marxismo como "nada além de um monopólio capitalista de Estado criado para beneficiar todo o povo", diz Bookchin, Lenin não só vulgarizou as ideias de Marx, mas também revelou a natureza básica do projeto socialista. O pensamento do Iluminismo apresentava uma visão ética de uma vida digna; mas essa visão foi traída pelo socialismo, em vez de ser por ele desenvolvida. Nas teorias socialistas (e também em algumas outras perspectivas bastante opostas), "a natureza torna-se, pela primeira vez, simplesmente um objeto para a humanidade, uma questão puramente utilitária; ela deixa de ser reconhecida como um poder em seus próprios termos; e o conhecimento teórico de suas leis independentes surge apenas como um estratagema criado para sujeitá-la às exigências humanas, seja como objeto de consumo ou como meio de produção".

O radicalismo pode ser resgatado, e até mesmo aprofundado, continua Bookchin, pelo movimento ecológico. A maioria dos ganhos produzidos por vários séculos de "desenvolvimento" econômico foi invalidada pela separação entre os seres humanos e a natureza e pela degradação ecológica resultante. É preciso estabelecer uma nova harmonia entre a natureza e a vida social humana, baseada em profundas revisões de nossos modos de vida atuais. Temos de promover "uma nova sensibilidade em relação à biosfera" e "restaurar o contato da humanidade com o solo, com a vida animal e vegetal, com o sol e o vento".

Uma sociedade ecológica, na perspectiva de Bookchin, seria aquela na qual o equilíbrio e a integridade da biosfera seriam preservados, ou restaurados, como um fim em si mesmo. Essa sociedade promoveria a diversidade entre os grupos humanos e na natureza. Ela teria como pressuposto uma notável descentralização de poder em benefício de comunidades locais e autônomas, baseadas em "pequenas" tecnologias, e seria guiada por um "holismo ético que teria suas raízes nos valores objetivos que surgem da ecologia e do anarquismo".[2]

A "ecologia profunda" de Arne Naess, muito discutida na literatura da política verde, desenvolve ideias análogas. Em termos sucintos, a ecologia profunda propõe serem necessárias uma nova política e uma nova filosofia moral que vejam os seres humanos inseridos na natureza

---

2 Citações de BOOKCHIN, M. *Toward an Ecological Society*. Manfred-Buffalo: Black Rose, 1986. p.1, 202.

PARA ALÉM DA ESQUERDA E DA DIREITA   227

e dela fazendo parte, e não como superiores a ela: a "igualdade biosférica" coloca os humanos em um nível igual ao de todas as outras coisas vivas. A ecologia profunda também enfatiza o caráter interligado da natureza e da comunidade social – algo que, segundo dizem, era entendido nas culturas "primitivas", mas que foi abandonado nas civilizações modernas. Horticultores e caçadores-coletores representam modelos aos quais a humanidade deveria retornar, apesar da virtual erradicação desses grupos pelo "avanço" da modernidade. A capacidade humana de deslocamento seria pauta para todas as regiões ecológicas; as pessoas seriam capazes de viver como "primitivos do futuro", recuperando a diversidade ecológica na condição de "habitantes"da Terra.[3] Como afirma Edward Goldsmith, "é em direção às sociedades tradicionais do passado que devemos nos voltar em busca de inspiração".[4]

Apesar da hostilidade de escritores como Bookchin, muitos autores da esquerda têm se apoderado do pensamento ecológico. Afinal de contas, a mudança de vermelho para verde representa um refúgio útil para um radicalismo refutado. Se uma revolução socialista não é mais viável, por que não pensar, então, nas utopias verdes? Se o capitalismo não vai cair em uma crise econômica que venha a gerar uma transição para o socialismo, quem sabe ele não sucumbirá a uma crise ecológica? Dessa forma, Alain Lipietz lembra o *Manifesto Comunista* ao falar em um "espectro que assola o mundo" perto da virada do novo milênio – um espectro que não é mais o comunismo, mas o radicalismo ecológico.

"Os crimes contra a natureza", diz ele, "estão em alta, e cada crime contra a natureza é um crime contra a humanidade". A lógica da acumulação capitalista depende da maximização dos retornos econômicos à custa de todas as outras coisas, levando à espoliação da natureza, algo que atualmente chegou a uma situação desesperadora. A expansão em escala total das formas capitalistas de produção "saturou nosso ecossistema e reduziu significativamente o tempo disponível para nos adaptarmos à ruptura que nós próprios causamos". Não pode haver soluções parciais, apenas soluções mais criteriosas: "a ecologia, que anteriormente ocupava a 'periferia' da economia, está hoje no âmago do

---

3 NAESS, A. The shallow and the deep, long-range ecology movement: a summary. *Inquiry*, v.16, 1972.
4 GOLDSMITH, E. *The Great U-turn*. Hartlan: Green Books, 1988.

228 ANTHONY GIDDENS

problema ... o desafio que propusemos a nós mesmos é assumir a responsabilidade pelo destino de todo o planeta ...".[5]

No entanto, embora os movimentos verdes tendam com frequência a situar-se na esquerda, não existe uma afinidade óbvia entre a ecologia radical e o pensamento esquerdista. As primeiras formas de ecologia e conservacionismo estavam associadas especialmente à crítica da modernização oriunda do Velho Conservadorismo. Foi Burke quem escreveu que a Revolução Francesa havia feito tudo "desviar-se do caminho da natureza em direção a esse estranho caos de imprudência e infâmia". A natureza deveria ser defendida contra as incursões do expansionismo econômico, que ameaçava suas harmonias internas, bem como suas belezas. Ideias como essas tornaram-se importantes no fascismo; os nacional-socialistas tencionaram realizar grandes programas de conservação e reflorestamento.[6]

Não há necessidade de mencionar essas conexões históricas para perceber as afinidades entre as filosofias verdes e o conservadorismo. A "conservação da natureza", não importando a forma como seja interpretada, tem laços evidentes com o conservadorismo enquanto proteção de uma herança do passado. Como já mencionei anteriormente neste livro, alguns dos principais conceitos da história verde, tais como desenvolvimento sustentado, promoção da variedade local ou respeito pela interdependência das coisas transmitem elementos básicos do conservadorismo filosófico. Os pronunciamentos dos teóricos ecológicos às vezes se assemelham bastante aos dos conservadores. Veja-se Goldsmith, por exemplo, falando sobre o declínio da comunidade e da família. "O maior dano causado pelo *welfare state* ...", diz ele, "é provocar a desintegração da unidade familiar". Essa "unidade básica do comportamento humano, sem a qual não pode haver sociedade estável, não pode sobreviver a uma situação na qual as funções que normalmente deveria exercer foram usurpadas pelo Estado". Ao falar da questão do gênero, ele afirma que as diferenças naturais entre homens e mulheres deveriam formar a base da divisão do trabalho:

---

5 LIPIETZ, A. *Towards a New Economic Order*. Cambridge: Polity, 1992. p.51-5.
6 HARVEY, D. The nature of environment. In: *Socialist Register*. London: Merlin, 1993.

> Homens e mulheres parecem diferentes pelo fato de serem diferentes ... [nos dias atuais] existe uma tendência de as mulheres sujeitarem-se exatamente à mesma educação dos homens, e serem encorajadas, de todas as maneiras, a competir com eles. Isso só pode significar a posterior ruptura da unidade familiar, que depende, para sua sobrevivência, de uma divisão do trabalho bem definida entre seus membros ...[7]

Gray observa que os autores e partidos verdes foram bastante atacados por críticos conservadores, durante um período recente. Os verdes foram acusados, entre outras faltas, de difundir as ideias socialistas com outra roupagem, de serem hostis à ciência, de fazer julgamentos apocalípticos injustificados e de corroer a solidariedade social. Ainda assim, os interesses verdes têm em comum com o conservadorismo uma série de ideias:

> sobre o contrato social, não como um acordo entre indivíduos anônimos, efêmeros, mas como um pacto entre as gerações dos vivos, dos mortos e daqueles que ainda vão nascer; o ceticismo tóri acerca do progresso, e a consciência de suas ironias e ilusões; a resistência conservadora às inovações e às experiências sociais em grande escala; e, talvez principalmente, o princípio conservador tradicional de que o desenvolvimento do indivíduo só pode ocorrer no contexto das formas de vida comum.[8]

Gray, na verdade, quer apropriar o pensamento verde ao conservadorismo, atenuando ao longo do processo as propostas verdes mais importantes de reforma social.

No entanto, as ideias ecológicas não tiveram uma ligação privilegiada com o conservadorismo, não mais do que com a esquerda ou com o liberalismo. Seria mais exato ver as filosofias verdes como refletoras das mudanças na orientação política que procurei abordar neste estudo. Elas não são caracteristicamente nem da direita nem da esquerda. Elas resistem ao progressivismo que sustenta ser possível mudar tudo para melhor; mas, ao mesmo tempo, defendem formas de radicalismo com implicações que estão muito além de qualquer coisa que possa ser desenvolvida nos modelos usuais de socialismo. Não decorre dessa observação que devamos aceitar a teoria política verde sem questiona-

---

7 GOLDSMITH, op. cit., 1988, p.17, 45.
8 GRAY, op. cit., 1993, p.124.

230 ANTHONY GIDDENS

mentos; essa teoria é tanto uma expressão dos problemas políticos e sociais que enfrentamos atualmente quanto uma solução para eles. E, é claro, existem muitas versões da filosofia política verde, nem todas coerentes com as outras.

Pensando sobre a natureza

A preocupação de que um mundo em industrialização poderia crescer além de seus recursos data do século XIX, mas só se tornou difundida há uns trinta ou quarenta anos. A inquietação concentrou--se primeiramente no crescimento populacional. Em 1948, Fairfield Osborn escreveu que "a maré da população sobre a Terra está subindo, o reservatório dos recursos vivos da Terra está baixando".[9] Esse tema malthusiano foi desenvolvido para incluir as formas pelas quais o desenvolvimento econômico estava produzindo a destruição ambiental. Já na década de 1970, a maioria das discussões ainda se concentrava em questões ambientais no contexto de fronteiras e interesses nacionais. A publicação do relatório do Clube de Roma, *The Limits to Growth*, descrito por um resenhista como "Malthus com um computador", contribuiu bastante para que o foco dos debates assumisse um nível mais global. O modelo de computador usado no estudo projetava algo como um colapso global em um determinado ponto do próximo século. O relatório recebeu sua parcela de críticas. Um autor, por exemplo, chamou-o de "exemplo fascinante de como o trabalho científico pode ser afrontosamente ruim e, no entanto, ser muito influente".[10]

Desde a época de sua publicação inicial, a preocupação com o esgotamento de recursos não renováveis tem se mantido intensa, mas foi acrescida de outras preocupações. Aquilo que foi chamado de "segunda onda ambiental" focalizou as ameaças à biosfera. Nenhuma delas (como o aquecimento global) representa processos inquestionáveis. Quanto aos autores ecológicos, eles acenam com uma situação de grande perigo para a humanidade e para os ecossistemas da Terra. Para seus críticos, essas

---

9 OSBORN, F. *Our Plundered Planet*. London: Faber, 1948. p.68.
10 SIMON, L. J. *The Ultimate Resource*. Princeton: Princeton University Press, 1981. p.286.

PARA ALÉM DA ESQUERDA E DA DIREITA 231

ameaças são exageradas, e talvez não sejam um resultado da intervenção do homem na natureza. Assim, segundo Lal, as evidências sobre o aquecimento global são ambíguas, e os cientistas não estão de acordo quanto a sua interpretação. Dependendo do cientista que é consultado, "nós vamos fritar, ou vamos congelar, ou pode ser que não haja qualquer mudança".[11] A diminuição da camada de ozônio, diz ele, poderia estar ligada às variações no ciclo solar não às atividades humanas. Outros autores, mesmo aqueles que são solidários às preocupações ecológicas, questionaram a aplicabilidade universal de ideias como desmatamento para pastagem e desertificação.[12]

No entanto, ninguém duvida de que em poucas décadas as ações humanas terão tido um impacto muito maior sobre o mundo natural do que em qualquer época anterior, e o ambientalismo, tendo sido uma preocupação adicional, passará a ser algo que todos os observadores levam a sério. A defesa do meio ambiente, a salvação da natureza, a defesa dos valores verdes – essas ideias tornaram-se um lugar-comum. Ainda assim, de que maneira deveríamos entender a noção de "meio ambiente" e, mais especificamente, a de "natureza"? Em qualquer interpretação do pensamento ecológico, muita coisa depende desses termos.

Muitos autores verdes distinguem entre "ambientalismo" e "ecologia" – considerando basicamente o primeiro como reformista e o segundo como revolucionário. A distinção é semelhante àquela que Naess faz entre ecologia profunda e superficial. O ambientalismo, ou "ecologia superficial", não tem como ponto de convergência a "recuperação da natureza", mas sim o objetivo mais modesto de controlar os danos que os humanos causaram ao mundo físico. O "ambiente" é, em termos básicos, um agrupamento de recursos; a humanidade tem de cuidar para não desperdiçá-los se quiser salvaguardar seu próprio futuro. A postura do ambientalismo é a de promover "o uso parcimonioso de recursos não renováveis e o uso de recursos renováveis sem diminuir sua qualidade ou colocar em perigo seu fornecimento".[13] A natureza é talvez considerada um objeto de beleza, separada dos seres humanos, mas não

---

11 LAL, D. *The Limits of International Cooperation*. London: Institute of Economic Affairs, 1990. p.12.
12 ADAMS, W. M. *Green Development*. London: Routledge, 1990. p.91ss.
13 MACEWEN, A., MACEWEN, M. *National Parks*: Conservation or Cosmetics. London: Allen and Unwin, 1982. p.10.

intrínseca à definição de uma forma aceitável de vida social humana em si. Compare-se isso ao que Naess fala sobre a ecologia profunda: "Distanciar-se da natureza e do 'natural' significa distanciar-se de uma parte daquilo de que o 'eu' é feito. Sua 'identidade', 'aquilo que é o eu individual', e, consequentemente, o sentido de *self* e de autorrespeito, todas essas coisas acabam se desintegrando".[14]

Embora o ambientalismo possa muito bem ficar sem ela, a "natureza" é tão importante para o pensamento ecológico quanto a "tradição" para o conservadorismo. No entanto, em cada caso, elas tendem a ser recebidas como ideias, e podem ser empregadas para apoiar várias interpretações e posições diferentes. Algumas versões da ecologia possuem uma inclinação teológica: não devemos nos intrometer naquilo que é uma criação divina. Outras levam bastante a sério a metáfora da natureza como mãe natureza. Assim, em oposição à "abordagem mecanicista" da natureza, associada à ciência, na qual a "natureza" é concebida como a fonte inanimada de recursos naturais, Rupert Sheldrake sustenta uma visão da natureza como viva. Essa perspectiva nos permite "começar a desenvolver um entendimento mais amplo da natureza humana, moldada pela tradição e pela memória coletiva; ligada à Terra e aos céus, relacionada a todas as formas de vida; e conscientemente aberta ao poder criativo expresso em toda evolução". Tal perspectiva , diz ele, é "implicitamente feminina": as palavras "natureza" e "natural" têm suas origens no processo de maternidade.[15] O tema foi desenvolvido mais detalhadamente por um grande número de "ecofeministas".

À maioria dessas versões de teoria verde falta precisão, exatamente pelo fato de "natureza" continuar sem definição ou por ser entendida de uma maneira excessivamente aberta. Alguns filósofos simpatizantes da política verde têm tentado injetar argumentos mais incisivos na teoria ecológica. A obra de Goodin é um exemplo proeminente. Existe uma "teoria verde de valor" que é coerente, afirma Goodin, na qual se baseiam as formas mais desenvolvidas das ideias ecológicas, e que nos permite deixar de lado "algumas perspectivas mais loucas" relacionadas a transformações da consciência, cosmologias da Nova Era, e assim por diante – que os verdes "às vezes adotam".

---

14 NAESS, A. *Ecology, Community and Lifestyle*. Cambridge: Cambridge University Press, 1982. p.164.

15 SHELDRAKE, R. *The Rebirth of Nature*. London: Rider, 1991. p.189, xiii.

PARA ALÉM DA ESQUERDA E DA DIREITA 233

Goodin distingue três abordagens à teoria de valor. A visão neoliberal analisa valor em termos de satisfação do consumidor; ela se baseia em uma interpretação de preferências. Por outro lado, as concepções socialista e, em especial, marxista discernem o valor na produção. A teoria verde do valor difere das duas por ligar valor aos recursos naturais ou, visto que a palavra "recurso" sugere ambientalismo, aos atributos naturais que os tornam valiosos. Eles são valiosos, argumenta Goodin, exatamente por resultarem de processos naturais e não de atividades humanas.

Como isso acontece? Goodin segue em frente valendo-se de um exemplo. Vamos supor que uma companhia de desenvolvimento vai minar uma área de beleza natural. A companhia garante que, depois de terminar, irá recriar a área exatamente como era. O local teria para nós o mesmo valor se tivesse sido preservado? Segundo a visão de Goodin, a resposta é não. Embora a paisagem em cada caso pareça idêntica, a versão recriada não teria a mesma história que a original. Um objeto que é falsificado, não importando o quão meticulosamente isso é feito, não tem o valor do artigo autêntico.

Não é essa história em si, diz Goodin, que nos leva a valorizar a paisagem natural, mas sim o fato de que essa paisagem, como parte de um mundo natural mais amplo, fornece um contexto no qual as pessoas conseguem ver "algum sentido e padrão em suas vidas". "O que é especialmente valioso nos produtos de processos naturais é que eles são produtos de algo maior do que nós mesmos."

Para que isso seja verdadeiro, a natureza não pode ser tiranizada pelos seres humanos. Compare-se um tradicional vilarejo inglês, com sua igreja, casas e cercas vivas (que se adaptam à natureza) com uma cidade como Los Angeles (que impõe sua própria ordem, artificial, sobre a natureza). Não se pode dizer, admite Goodin, que o vilarejo inglês seja mais "natural" do que Los Angeles. Ambos são produtos humanos; os humanos, por seu termo, são parte da natureza. "O que está em discussão não é a naturalidade de sua criação ... na verdade, no caso em questão, a humanidade não trata mal outras partes da natureza. E isso possibilita à humanidade obter satisfação a partir do reflexo de seu ambiente mais amplo, de uma forma que não acontece quando esse ambiente origina-se mais exclusivamente de sua própria criação."[16]

---

16 Citações de GOODIN, R. E. *Green Political Theory*. Cambridge: Polity, 1992. p.17, 37, 38, 52.

A dificuldade em relação à defesa que Goodin faz dos valores verdes é que a natureza não pode mais ser defendida da maneira natural. Dizer que precisamos de algo "maior" ou mais duradouro do que nós mesmos para dar um propósito e um significado a nossas vidas pode ser verdadeiro, mas com certeza não é equivalente a uma definição do "natural". Na verdade, isso se aplica melhor à "tradição" do que à "natureza"; é por isso que a ideia de tradição aflora com tanta frequência na teoria verde.

O paradoxo é que a natureza foi acolhida apenas à beira de seu desaparecimento. Vivemos hoje em uma natureza remodelada, destituída de natureza, e isso tem de ser nosso ponto de partida para uma análise da teoria política verde. Como escreveu Ulrich Beck:

> Natureza não é natureza, mas sim um conceito, norma, memória, utopia, contraimagem. Hoje, mais do que nunca, agora que não mais existe, a natureza está sendo redescoberta, mimada. O movimento ecológico tornou-se presa de um mal-entendido naturalista de si mesmo ... "Natureza" é um tipo de âncora pela qual o navio da civilização, navegando em mares abertos, conjura e cultiva o seu contrário: a terra firme, o ancoradouro, o recife que se aproxima.[17]

Isso não significa que não mais possamos ter *qualquer* ideia coerente sobre a natureza, ainda que A. D. Lovejoy tenha conseguido reunir sessenta sentidos diferentes nos quais o termo foi usado. Qualquer tentativa, porém, de extrair valores *da* natureza certamente está fadada ao fracasso. A crise ecológica é uma crise criada pela dissolução da natureza – "natureza" definida em seu sentido mais óbvio, como quaisquer objetos ou processos que existem independentemente da intervenção humana.

O que vou propor a seguir é que as questões ecológicas devam ser entendidas como parte de um acordo com a modernização reflexiva, no contexto da globalização. Os problemas de ecologia não podem mais ser separados do impacto da destradicionalização. Ambos suscitam a antiga pergunta, "como viveremos?", em uma nova roupagem – em uma situação na qual o avanço da ciência e da tecnologia, associado aos

---

17 BECK, op. cit., 1994, p.65.

PARA ALÉM DA ESQUERDA E DA DIREITA

mecanismos de crescimento econômico, força-nos a enfrentar problemas morais que já estiveram ocultos na naturalidade da natureza e da tradição. Os riscos associados à incerteza artificial demonstram a necessidade de lidar com esses problemas – mas se eles são vistos simplesmente como "perigos naturais", seu verdadeiro caráter é interpretado erroneamente.

O tema que pretendo desenvolver decorre de ideias introduzidas em capítulos anteriores. A civilização moderna avança por meio da tentativa de imposição de controle humano sobre os meios ambientes de ação, inclusive o natural, que já foram bastante externos a esse tipo de ação. Essa orientação para o controle, fortemente ligada a uma ênfase no desenvolvimento econômico contínuo mas sem ser a ele redutível, enfrenta seus limites à medida que é generalizada e globalizada. Um desses limites diz respeito à prevalência da incerteza artificial, que compromete a própria orientação para o controle; um outro limite está relacionado aos efeitos que essa orientação tem sobre questões e dilemas morais básicos de nossa existência.

O ambientalismo, de um modo geral, entende o risco apenas em termos de risco externo; a ecologia, em contraste, tenta se apoderar das questões práticas e éticas que defrontamos em termos de critérios naturais ou da recuperação das harmonias naturais perdidas. Uma vez que são, primordialmente, experienciadas como fracassos, essas questões retornam, antes de mais nada, "sob um signo negativo"; no entanto, cada uma delas, quando vista positivamente, revela considerações morais que são relevantes à pergunta "como viveremos?" em um mundo de tradições perdidas e de natureza socializada.

Podem-se distinguir vários domínios ou contextos principais nos quais a "natureza" (com frequência também combinada com a tradição) desapareceu ou está desaparecendo.[18] Natureza aqui significa aquilo que é "natural" ou preexistente em nossas vidas; se isso não for muito paradoxal, uma subcategoria é a natureza entendida como o ambiente físico não humanizado.

---

18 Isso corresponde ao que defini como as quatro áreas básicas da questão existencial na vida social; ver GIDDENS, op. cit., 1991, Capítulos 2 e 8.

Natureza:	– poluição, degradação ambiental
	+ proteção renovada do mundo não humano
Reprodução:	– engenharia genética aleatória, eugenia
	+ apropriação positiva da vida, sexualidade
Sistemas globais:	– desastres de grandes proporções, acidentes que se originam em risco artificial
Pessoalidade:	+ cooperação global e desenvolvimento sustentável
	– ameaças ambientais à saúde, inexpressividade pessoal, vícios
	+ abordagem holística do corpo e do *self*

No restante deste capítulo, vou discutir esses diversos domínios em relação ao risco e à renovação moral.

Natureza: vivendo nela e com ela

Os protestos contra a poluição e outras formas de dano ambiental começaram a ser reações localizadas a acidentes, no sentido de Ewald – derramamento de óleo, solos contaminados, árvores destruídas. Entendida como risco externo, a degradação ambiental é vista por cientistas e leigos em termos de "efeitos colaterais".[19] O desenvolvimento industrial, em outras palavras, tem consequências imprevistas; mas os riscos envolvidos podem ser avaliados e os níveis de perigo, controlados. Assim, a qualidade do ar em uma determinada cidade pode ser monitorada e mantida em níveis "aceitáveis", mesmo que isso signifique que as fábricas, às vezes, tenham de ser fechadas durante muitos dias, quando os níveis de poluição aumentam.

No entanto, só é possível determinar "níveis aceitáveis", com alguma precisão, em um determinado tempo ou lugar. Como se pode saber quais os efeitos que um determinado processo ou conjunto de substâncias químicas poderia ter sobre a terra ou sobre o corpo humano daqui a trinta anos – ou daqui a várias gerações? As medidas utilizadas para

---

19 BECK, op. cit., 1992, p.61ss.

PARA ALÉM DA ESQUERDA E DA DIREITA 237

limitar os riscos, se envolverem inovações tecnológicas, podem elas próprias ter efeitos colaterais que só seriam descobertos mais tarde, talvez muito mais tarde.

Quando o risco ainda é visto como risco externo, a ciência pode continuar a oferecer uma impressão de segurança, até mesmo de certeza, para os indivíduos leigos (e profissionais da política). No entanto, a incerteza artificial possui conotações bastante diferentes – visto que a ciência, a tecnologia e a indústria estão em sua própria origem. Algumas pessoas podem começar a desconfiar da ciência e a se afastar da indústria moderna. Ainda assim, a ciência e a tecnologia são os únicos meios de colocar em perspectiva os próprios danos que causam. Os pensadores ecológicos desenvolvem suas críticas somente pela pressuposição de um aparato de ciência e toda a infraestrutura social que o acompanha. Muitos se voltam para as próprias formas de ciência e tecnologia que atacam em outros contextos, a fim de definir o que é "natureza".

Uma série de incoerências ou lapsos surgem nas teorias políticas verdes que defendem um retorno a uma natureza independente:

1 Tornou-se um lugar-comum na literatura da ecologia profunda a exigência de "uma revolução não violenta para derrubar toda nossa sociedade industrial poluidora, saqueadora e materialista e, em seu lugar, criar uma nova ordem social e econômica que permitirá aos seres humanos viverem em harmonia com o planeta".[20] No entanto, se uma estratégia dessas fosse ao menos remotamente viável, ela prejudicaria a ênfase na interdependência das coisas, na continuidade, que supostamente são valores verdes fundamentais. Um plano de ação desse tipo é tão internamente contraditório quanto implausível.

2 A proteção da biosfera e o desenvolvimento de idiossincrasia biótica local são rotineiramente confundidos com preservação – ou reinvenção – de tradições sociais e culturais. Desde a manutenção dos costumes e da vida de aldeia até o restabelecimento religioso e espiritual, assume-se que um "retorno à natureza" propicie uma justificativa para que se preserve a tradição. Sheldrake, por exemplo, passa diretamente de uma análise do mundo natural para uma discussão sobre como "os membros de tradições religiosas diferentes estiveram empenhados em

---

20 Jonathan Porritt e David Winner, citados em DOBSON, A. *Green Political Thought*. London: Unwin Hyman, 1990. p.7.

uma redescoberta de sua relação espiritual com o mundo vivo".[21] Apesar disso, não existe uma relação estreita entre uma coisa e outra.

3 Supõe-se que aqueles que vivem "perto da natureza" estão intimamente em maior harmonia com ela do que aqueles que são modernos – daí a admiração frequentemente expressa por pequenas sociedades horticultoras ou caçadoras/coletoras. No entanto, como observaram os críticos ligados à antropologia, a natureza com frequência só se torna uma força benéfica depois de ter sido bastante subjugada pelo controle humano; para muitos que vivem próximos a ela, a natureza pode ser hostil e temida. Além disso, até mesmo as sociedades com baixo nível de desenvolvimento tecnológico às vezes apresentam um histórico de destrutibilidade ambiental.

4 O domínio sobre a natureza significa destruí-la no sentido de que aquela natureza socializada, por definição, deixe de ser natural; mas isso não é *ipso facto* o mesmo que causar danos ao meio ambiente. A socialização da natureza, como se depreende do item anterior, pode torná-la benigna e, dessa forma, realmente permitir, com ela, uma "harmonia" que não era possível anteriormente. Além disso, domínio pode, com bastante frequência, significar tanto o cuidado com a natureza como o processo de tratá-la de uma forma puramente instrumental ou indiferente.

5 A reivindicação da ecologia radical por uma profunda descentralização da vida social – e até mesmo pelo desaparecimento das cidades – baseia-se na ideia de que a diversidade biótica produz interdependência cooperativa. No entanto, esse objetivo entra em conflito com a exigência de que sejam introduzidas medidas vigorosas para o controle dos danos ambientais. Com frequência, essas medidas só poderiam ser tomadas se, na verdade, houvesse autoridades globais mais centralizadas do que as existentes no momento.

6 Supõe-se que as pequenas comunidades locais maximizam a solidariedade e a democracia, além de, é claro, adaptarem-se com mais facilidade à natureza. Bookchin fala por muitos ao observar que "O pequeno ... não é meramente 'bonito'; é também ecológico, humanístico e, acima de tudo, emancipatório ... precisamos começar a descentralizar nossas cidades e estabelecer comunidades ecológicas inteiramente novas

---

21 SHELDRAKE, op. cit., 1991, p.153.

PARA ALÉM DA ESQUERDA E DA DIREITA 239

que se amoldem aos ecossistemas nos quais elas se encontram".[22] No entanto, as pequenas comunidades não produzem tipicamente a diversidade que os ecologistas estão buscando; elas a desencorajam. Nas pequenas comunidades, como salientei anteriormente, o indivíduo tende a estar sujeito à "tirania do grupo"; a solidariedade mecânica é inimiga da independência do espírito. A hostilidade de alguns verdes em relação à vida na cidade parece ingênua e irreal, quando não completamente deslocada. As cidades são, há muito tempo, centros de diversidade e de sofisticação cultural. Uma extensa variedade de interesses e perspectivas florescem mais prontamente nas cidades que no ambiente mais homogêneo da comunidade local isolada. Como demonstrou Claude Fischer, as cidades também não são necessariamente cenários nos quais as interações anônimas e impessoais prevaleçam às mais personalizadas.[23]

A ecologia privilegia os sistemas que ocorrem naturalmente em relação aos outros, mas isso é um erro. Sem dúvida, existe uma série de situações nas quais a humanidade deveria tentar se afastar das intervenções que afetam o meio ambiente, ou tentar eliminar os efeitos colaterais. Entretanto, a maioria dos modos de vida com os quais temos de lidar são sistemas *ecossociais*: eles dizem respeito ao meio ambiente socialmente organizado. Nenhum apelo à natureza pode nos ajudar a decidir se essa retratação é ou não adequada em qualquer caso específico. Na maioria das áreas ambientais, não poderíamos começar a desenredar o que é natural do que é social – mais importante ainda, procurar fazer isso é geralmente irrelevante para os esforços a fim de elaborar programas de ação. Isso nos livra da tarefa impossível de ter de afirmar que Los Angeles é, de alguma forma, menos natural do que um vilarejo inglês; e nos incumbe de fazer julgamentos sobre *todas* as paisagens ou arenas ecológicas. "O meio ambiente" não deveria ser usado como uma forma sub-reptícia de contrabandear a "natureza". Los Angeles é uma parte do meio ambiente tanto quanto uma campina.

Dessa forma, todos os debates ecológicos atualmente versam sobre a natureza controlada. É claro que isso não significa dizer que a natureza passou completamente para o controle humano; os limites desse controle são expostos pelos próprios fracassos nas tentativas de estendê-lo

---

22 BOOKCHIN, op. cit., 1986, p.68.
23 FISCHER, C. *The Urban Experience*. New York: Harcourt Brace, 1984.

indefinidamente. No entanto, a questão de o quanto devemos "acatar" os processos naturais não depende do fato de alguns desses processos serem extensos demais para que possamos abrangê-los. Ela depende de em que medida concordamos com o fato de que seria melhor restaurar alguns fenômenos naturais que influenciamos ou poderíamos influenciar. Qualquer restauração é, em si, pelo menos de maneira indireta, uma forma de controle – a criação de parâmetros de "proteção".

Parece claro que o controle da natureza atualmente tenha de ser, em boa parte, defensivo – a geração de muitas ameaças novas e riscos de grande consequência impede que seja de outra maneira. Os critérios para avaliação da natureza controlada em uma perspectiva positiva não dizem respeito à natureza em si, mas aos valores que conduzem esse controle, não importando se nos referirmos a áreas densamente urbanizadas ou a regiões ermas.

Quando a preservação está envolvida, a proteção da tradição deve ser separada da proteção da natureza. Ou, em outras palavras, não deveríamos supor que estamos defendendo a natureza – muito menos defendendo-a de uma forma natural – quando, na verdade, estamos protegendo um cenário social ou um modo de vida específicos. Goodin argumentou que essas duas coisas estão, na verdade, ligadas. Os conservadores, com frequência, querem preservar não só a terra, mas as construções que aí estão: por exemplo, casas antigas, igrejas ou casas de fazenda. Ninguém poderia dizer que elas sejam parte da natureza, por maior que seja a liberdade de interpretação do termo. Desse modo, parece que elas estariam fora da "teoria verde de valor" de Goodin, visto que, aparentemente, ninguém poderia dizer que tais itens são "maiores do que os seres humanos", uma vez que são construções humanas. Na verdade, diz Goodin, elas podem ser consideradas dessa forma. Não é apenas o fato de objetos ou fenômenos serem espacialmente maiores do que nós mesmos que os torna um foco dos valores verdes; o fato de estarem situados em uma história mais ampla do que a história pessoal de cada um pode ter exatamente o mesmo efeito. "Podemos, então, falar na preservação de coisas em geral, levando-se em consideração sua história, humana ou natural. Isso nos fornece um argumento que é intelectualmente importante e politicamente poderoso para a preservação de monumentos antigos e de lugares históricos."[24]

---

24 GOODIN, op. cit., p.50.

No entanto, esse argumento nada mais é do que uma versão de conservadorismo filosófico, sujeita às objeções que podem ser feitas contra esse conservadorismo quando ele procura defender a tradição da maneira tradicional. Não há nada de errado em querer preservar construções antigas, mas não devemos, e de qualquer forma não podemos, manter os modos de vida com os quais elas estão associadas. No entanto, sem esses modos de vida, as velhas construções dificilmente são "maiores do que nós mesmos" – elas são símbolos do passado, relíquias ou monumentos. Se queremos *realmente* preservar pelo menos alguns dos antigos modos de vida, não podemos fazer isso baseados na ideia de que eles são maiores do que nós, uma vez que eles podem incluir formas de atividade que são nocivas. Podemos querer preservar um patíbulo, por exemplo, mas não a prática dos enforcamentos públicos de criminosos sem importância.

Tão importante para as questões ecológicas quanto o controle do meio ambiente é o controle da ciência e da tecnologia, vistas no contexto da indústria moderna. Não podemos escapar da civilização científico-tecnológica, não importando as "nostalgias verdes" que ela tende a provocar. Viver em uma era de risco artificial significa confrontar o fato de que os "efeitos colaterais" das inovações técnicas não são mais efeitos colaterais. Falarei mais sobre essa questão à luz de outras considerações que serão desenvolvidas à frente.

A pergunta "como viveremos?" é suscitada por qualquer tentativa de decidir o que preservar – da natureza ou do passado – que não sejam os problemas que pesam ostensivamente sobre a sobrevivência global. Os problemas ecológicos revelam o quanto a civilização moderna passou a confiar na expansão do controle e no progresso econômico como um meio de reprimir os dilemas existenciais básicos da vida.

Questões de reprodução

Um dos desenvolvimentos mais notáveis da ciência, nos últimos anos, foi a convergência entre a biologia e a genética. Na esteira de novas formas de tecnologia reprodutiva, tais como a fertilização *in vitro*, surge o projeto de decifração e possivelmente de controle dos mecanismos de herança humana. O objetivo do Projeto Genoma é obter o mapeamento de cada gene no DNA humano. Várias deficiências herdadas, ou doenças com um componente genético podem ser identificadas e, em princípio, corrigidas. Tem sido dito que, se os pesquisadores alcançarem o sucesso previsto por alguns, o Projeto Genoma "transformará o século XXI na era do gene. Embora o Projeto Genoma possa ser comparado ao programa Apolo, ele transformará a vida humana e a história humana de uma forma muito mais profunda do que todas as invenções de alta tecnologia da era espacial [e pode até mesmo] ... nos levar a entender, no nível mais fundamental, o que significa ser humano".[25]

As implicações prolongam-se em todas as direções. A genética moderna é um grande negócio que, além de atrair financiamentos em grande escala dos governos, apresenta o atrativo de enormes lucros para aqueles que conseguem patentear e comercializar as descobertas feitas. A engenharia genética já é, sozinha, uma indústria em grande escala. O Projeto Genoma provavelmente isolará muitos milhares de genes humanos, com base nos quais as proteínas correspondentes poderão ser produzidas em grandes quantidades. Independentemente do sucesso desse projeto, os geneticistas já conseguiram identificar as funções de proteínas vitais para o organismo humano, tornando-as amplamente disponíveis.

O hormônio do crescimento humano é um caso ilustrativo da questão, sintomático de uma variedade indefinida de possibilidades atuais e futuras.[26] Uma determinada proporção de crianças não atinge a altura normal porque elas não possuem quantidades suficientes da proteína que faz o crescimento "natural" acontecer. Desde o início da década de 1960, era possível tratar algumas dessas crianças usando hormônio extraído das glândulas pituitárias de pessoas que morriam. No entanto, parece que uma das pessoas de quem o material foi extraído sofria de uma forma rara de doença infecciosa do cérebro. Como consequência, em diversos países onde o procedimento foi usado, algumas das pessoas tratadas morreram dessa doença.

Mais tarde, descobriu-se como produzir o hormônio do crescimento artificialmente, sem qualquer risco de uma contaminação daquele tipo. Entretanto, como resultado disso, o hormônio agora está sendo

---

25 WILKIE, T. *Perilous Knowledge*. London: Faber, 1993. p.3.
26 Ibidem, cap.7.

PARA ALÉM DA ESQUERDA E DA DIREITA 243

empregado para "tratar" crianças que não têm deficiências pituitárias, mas cujos pais simplesmente querem que elas sejam mais altas. A maioria dessas pessoas é baixa, mas o hormônio foi usado meramente por pais que acreditam que maior altura deve conceder vantagens na vida. Isso acontece apesar do fato de não ser exatamente claro se, de fato, o hormônio faz as crianças normais crescerem mais ou não. Além disso, existem algumas evidências (bastante frágeis) de que pessoas idosas que receberam o hormônio estão menos propensas à retração muscular que tende a ocorrer em idades avançadas. O hormônio do crescimento humano também tem sido usado para tentar melhorar a força e a resistência dos atletas, embora mais uma vez seja controverso se isso realmente acontece ou não. De qualquer forma, a demanda é tão grande que hormônio falsificado está sendo vendido em grandes quantidades. No entanto, existem indicações de que o hormônio de crescimento pode causar sérios danos a pessoas que o tomam para melhorar sua habilidade atlética; algumas mortes foram atribuídas a isso.

A história (e, é claro, essa é a única história até agora) é totalmente típica dessas inovações científicas e das oportunidades e riscos da incerteza artificial em geral. Os dilemas propostos pelo Projeto Genoma e pesquisas análogas parecem, até certo ponto, óbvios. Até onde deve-se permitir que os cientistas continuem um trabalho que abre possibilidades que são tão assustadoras quanto potencialmente benéficas? A anatomia não depende mais do destino; mas será que é moralmente aceitável para nós projetar não só o ambiente em que vivemos, mas também nossa constituição física e, talvez, até mesmo psicológica? Alguns imaginaram a criação de uma nova super-raça de humanos, imunes a uma diversidade de doenças e incapacidades que hoje são comuns.[27]

Essas respostas e perguntas são certamente importantes, mas elas implicam que as pesquisas desse tipo podem e devem ser tratadas em seus próprios termos – dentro dos domínios de ação aos quais elas pertencem diretamente. No entanto, não existe diferença de princípio entre essa inovação científica e a desintegração da natureza que se pode encontrar em outros domínios da atividade humana. Todas as conotações da incerteza artificial estão presentes no exemplo do hormônio de crescimento. Traçando a história de sua implementação, começamos com

---

27 HARRIS, J. *Wonderwoman and Superman.* Oxford: Oxford University Press, 1992.

a descoberta "rotineira" dos efeitos colaterais: a extração inicial do hormônio revela certos riscos à saúde. A produção da proteína por meio de engenharia genética parece minimizar os riscos envolvidos no procedimento anterior e, ao mesmo tempo, estende consideravelmente o potencial âmbito de aplicação do hormônio. Ainda assim, novos riscos são criados, de um tipo mais imponderável do que os percebidos anteriormente. E quem sabe se haverá efeitos a longo prazo para aqueles que foram expostos ao hormônio de crescimento, ou até mesmo para seus descendentes – ou quais seriam esses efeitos?

Aquilo que começa como uma forma de tratamento para uma moléstia específica passa a abalar e a mudar ativamente a definição do que é "normal", visto que o normal no que diz respeito à altura, e a tantas outras coisas que afetam o corpo, era determinado pela natureza. O quão alto é ser alto? A pergunta significava alguma coisa quando se aceitava a vontade do acaso, por assim dizer, quanto à própria altura; ela se torna mais difícil de responder se a altura não é mais um dado desse tipo.

Não é a ciência em si que está em julgamento aqui; é o envolvimento da ciência e da tecnologia com a orientação da modernidade para o controle. A estrita integração da ciência com as instituições modernas dependia do fato de a autoridade científica possuir a força das tradições que ela supostamente se dispunha a rejeitar. A ciência pura atuava dentro de sua própria esfera demarcada: as "verdades" emergiam dessa esfera logo que as observações e teorias tivessem sido testadas de uma forma satisfatória dentro da comunidade científica. Esse arranjo funcionou bem enquanto a "natureza" permaneceu relativamente intacta e os riscos enfrentados pelas aplicações tecnológicas da ciência eram externos em vez de fabricados. Quando essa relação muda e as disputas "internas" à ciência começam a entrar reflexivamente nas arenas não científicas do discurso e da atividade, essa situação não pode mais ser mantida. Ou, melhor dizendo, ela *é* mantida de maneira bastante comum, até mesmo quando o caráter problemático das circunstâncias com as quais agora precisamos lidar rotineiramente é somente aprofundado ao se tratar uma incerteza artificial como um risco externo.

Nas novas circunstâncias de hoje, o progresso da ciência participa nos limites da modernidade e também os revela. A ciência e a orientação para o controle não podem mais fazer o trabalho de legitimação que, durante tanto tempo, foi tão fundamental para o desenvolvimento social moderno. A esfera "protegida" que tornou possível a atividade científica

PARA ALÉM DA ESQUERDA E DA DIREITA   245

imparcial é rompida à medida que a reflexividade se desenvolve e o risco artificial aparece. A própria modernidade tornou-se experimental – um grande experimento com todas as nossas vidas envolvidas nele; mas ele não é, em nenhum sentido, um experimento realizado sob condições controladas.

As descobertas da ciência são questionadas, criticadas, usadas em conjunto com outras fontes reflexivamente disponíveis de conhecimento. Em uma ordem destradicionalizadora, poucos têm condições de ignorar as descobertas em relação, por exemplo, aos benefícios e riscos de se comer diversos tipos de comida, as várias espécies de riscos à saúde, os perigos ecológicos, e assim por diante. Em níveis locais, coletivos e mais globais, todos nós, de alguma maneira e em algum contexto, nos relacionamos com as descobertas da ciência – e também com as tecnologias que podem surgir dessas descobertas ou a elas estar relacionadas.

Como consequência disso, a ciência muda seu papel, em nossas vidas individuais e na ordem social mais ampla.[28] Muitas afirmações científicas entram em discussão pública bem antes – segundo as fórmulas preestabelecidas da ciência – de poderem ser consideradas "provadas". No que diz respeito aos "males" das inovações científicas, os indivíduos ou grupos, com frequência, não estão dispostos a esperar até que as afirmações tenham sido "adequadamente estabelecidas", uma vez que os perigos que podem enfrentar se essas afirmações forem válidas podem ser prementes. Por conseguinte, não é de surpreender, por exemplo, que os pânicos em relação à comida se tornem comuns. Um item alimentar que as pessoas estão acostumadas a consumir de maneira regular de repente torna-se suspeito, não importando o que os cientistas – ou alguns deles, visto que a opinião científica está frequentemente dividida – dizem sobre o assunto.

Embora as reações possam ser menos intensas, algo semelhante se aplica no que diz respeito aos benefícios positivos afirmados em relação às descobertas científicas. Os atletas interessados em melhorar sua força física apoderaram-se do hormônio do crescimento, apesar do fato de esse efeito ter sido pouco documentado e de serem desconhecidas mesmo as consequências a curto prazo da ingestão desse hormônio. Poder-se-ia dizer que os testes científicos "colocarão as coisas em dia" à medida que

---

28 Essas mudanças são muito bem documentadas em BECK, op. cit., 1994.

mais testes forem realizados; mas, além da impossibilidade de se testar as consequências a longo prazo, a questão é que cada contexto de uso de uma inovação científica provavelmente criará novas circunstâncias às quais os antigos testes não se aplicam mais.[29]

Assim, os componentes centrais da ciência entendida "tradicionalmente" passam por tensões e, às vezes, desintegram-se completamente. A ciência depende da avaliação desinteressada e imparcial de afirmações de validade. A imparcialidade, por sua vez, pressupõe que os cientistas estão livres de terem de responder pelas consequências sociais de suas descobertas, uma vez que a ciência, dedicada à busca da verdade, trilha seu próprio caminho.

Ainda assim, quando tantas implicações reflexivas práticas passam a estar associadas à investigação científica, até mesmo a validade das descobertas só pode ser julgada pela própria ciência. As pessoas que criaram o Projeto Genoma nos Estados Unidos propuseram que 3% do financiamento da iniciativa deveriam ser gastos no estudo das implicações sociais e éticas das pesquisas – o maior programa de pesquisa bioética do mundo. No entanto, o verdadeiro questionamento do projeto virá da diversidade de envolvimentos reflexivos que ele criará e que já criou.

Pode parecer que os dilemas morais e éticos suscitados por pesquisas como o Projeto Genoma surgiriam exclusivamente dos novos campos que ele abre. Em outras palavras, pareceria que a ética surge apenas quando a natureza se desintegra diante da intervenção humana. Afinal de contas, nós (com todas as ambiguidades que essa pequena palavra acarreta) temos de tomar decisões, fazer escolhas, em relação a coisas que foram anteriormente fixadas pela ordem natural; e essas decisões continuamente escapam a um modelo "técnico".

Entretanto, quero propor uma nova perspectiva. As questões éticas que nos colocam frente a frente com a desintegração da natureza têm suas origens na repressão de questões existenciais exercida pela modernidade. Tais questões agora retornam com força total, e é sobre *elas* que devemos decidir no contexto de um mundo de incerteza artificial. O desejo de um retorno à "natureza", segundo essa perspectiva, é uma "nostalgia saudável", na medida em que nos força a enfrentar as

---

29 Ibidem, p.211.

PARA ALÉM DA ESQUERDA E DA DIREITA

preocupações de estética, o valor do passado e um respeito dirigido igualmente às fontes humanas e não humanas de vida. Não podemos mais responder a essas questões por meio da tradição – entendida da maneira tradicional –, mas podemos nos apoiar na tradição para fazê--lo. No caso da reprodução, o que está em discussão é a possibilidade de uma apropriação positiva do caráter moral da vida. O comentário do cronista do Projeto Genoma é bastante correto:

> Quando estiver completo, o Projeto Genoma terá custado mais de três bilhões de dólares e ocupado as energias e intelectos de milhares dos cientistas mais criativos do mundo, durante um período de quase duas décadas ... Ele terá estabelecido um mapa genético completo para a humanidade, revelando não só as diferenças entre um humano e outro, mas também expondo de maneira profunda as semelhanças entre os humanos e o resto do mundo vivo. No entanto, após todo esse esforço, [o desafio que propõe] ... é redefinir o sentido que temos de nosso próprio valor moral ... de que os seres humanos detêm um valor moral que é irredutível.[30]

O Projeto Genoma pode ser tecnologicamente mais avançado do que outras áreas de tecnologia reprodutiva, mas ele nos leva de volta às mesmas questões propostas por essas áreas.

Considerem-se, por exemplo, as controvérsias sobre o aborto. A reação que se poderia ter em relação a elas é de desespero: de que forma os grupos que se digladiam poderiam chegar a um acordo? No entanto, todo o debate poderia ser visto pelo ângulo de investigar proveitosamente os problemas do valor da vida humana. A questão do aborto estimula determinados tipos de fundamentalismo: mas, ao mesmo tempo, talvez ele enfraqueça outros. Se Ronald Dworkin estiver correto em sua análise da questão, os dois principais grupos do debate compartilham, e, na verdade, têm sido forçados a explicitar um comprometimento com a santidade ou inviolabilidade da vida humana.[31] Ele tenta demonstrar que também é possível que esse princípio se difunda em outras atividades não humanas que possuem um investimento de criatividade em sua reprodução. Todo aborto é algo a se lamentar, porque nega a realização

---

30 WILKIE, op. cit., 1993, p.120-1.
31 DWORKIN, R. *Life's Dominion*. London: Harper Collins, 1993.

do potencial de criatividade do feto. Apesar de sempre ser algo ruim, o aborto nos estágios iniciais da gravidez pode ser justificável em casos em que sua ausência poderia causar um dano maior à realização do potencial humano. Não é o estar vivo em si que se reveste de valor, mas o tipo de vida que um indivíduo é capaz de ter.

É claro que os argumentos de Dworkin não vão acabar com os embates sobre o aborto. No entanto, a discussão que ele promove sugere que a razão pela qual o assunto se tornou tão importante, hoje em dia, é exatamente a de que a santidade da vida humana se transformou numa reivindicação de valor universal, o próprio contrário de um pluralismo de valor arbitrário. Aqueles que acreditam que o aborto é, por definição, errado em todas as circunstâncias não podem concordar com os adversários que sustentam que o aborto deve tornar-se livre. Mas, na verdade, esse debate está apontando para uma situação global na qual as reivindicações morais de vida e a realização do potencial humano são premissas mais ou menos pressupostas. E, certamente, essa circunstância é nova.

A ordem dos riscos de grande consequência

Consciência da santidade da vida, consciência da importância da comunicação global – esses são os polos interligados da política de vida atualmente. A consciência global – ou, talvez, se pudesse dizer consciência dos interesses comuns da humanidade como um todo – figura como o outro lado do mais ameaçado dos "males" no horizonte humano. As metáforas e a imagística são abundantes, é claro, desde "espaçonave Terra" até "progresso para um pequeno planeta", entre muitas outras. Em uma perspectiva mais sofisticada, existe a ideia de Gaia, o mundo como "uma entidade viva com os equivalentes dos sentidos, inteligência, memória e a capacidade de agir".[32] Aquilo que, à primeira vista, parece nos afastar dos seres humanos, na condição de espoliadores da unidade biótica da natureza, na verdade nos impele em direção a eles. Os riscos de grandes consequências são o lado negativo da interdependência humana que está germinando rapidamente.

---

32 PEDLER, K. *The Quest for Gaia*. London: Paladin, 1991. p.94.

PARA ALÉM DA ESQUERDA E DA DIREITA 249

Os riscos de grandes consequências estão em uma categoria própria, como já enfatizei, apenas nos termos de sua escala absoluta. A escala inegavelmente concede a esses perigos uma fenomenologia específica. Afastados de todos e aparentemente não afetados, de forma alguma, por qualquer coisa que os indivíduos possam fazer, esses riscos ainda assim afetam as consciências das pessoas de forma mais universal do que outras ameaças, simplesmente porque não existe meio de escapar deles. Mais que quaisquer outros perigos, esses riscos são refratários a testes segundo os procedimentos usuais da ciência. Seu diagnóstico possui um forte elemento contrafactual, e o mesmo ocorre com quaisquer soluções instituídas como tentativa de se opor a eles, uma vez que existe a ideia de que, se essas soluções funcionarem, nunca saberemos se as afirmações diagnósticas originais estavam corretas ou não.

O aquecimento global exemplifica essa questão perfeitamente. Se esse aquecimento está ou não ocorrendo é um assunto controverso. O curso de ação mais prudente – sempre partindo-se do princípio de que as medidas necessárias poderiam ser tomadas, de maneira viável, em um nível global – seria adotar medidas preventivas, pressupondo-se que o aquecimento global está de fato acontecendo e que terá consequências prejudiciais. No entanto, se tais medidas forem de fato implementadas, seria fácil argumentar, retrospectivamente, que isso foi apenas um outro pânico e que se fez um grande esforço por nada.

O mesmo pode acontecer em uma perspectiva contrária, quando se diz que os modos de minimizar os riscos de grandes consequências "funcionaram". Dessa forma, muitas pessoas argumentavam que as armas nucleares mantinham a paz entre os Estados Unidos e a URSS durante a Guerra Fria. Ainda assim, é óbvio que um crítico poderia afirmar que a paz era mantida apesar da existência dos armamentos nucleares. Só se poderia provar que a teoria da dissuasão estava errada em circunstâncias nas quais não existiria mais ninguém para contar a história.

A consciência dos riscos de grandes consequências é, sem dúvida, um dos fatores que estimulam um desejo de voltar à segurança da natureza. Muitos sentem que, na condição de humanidade coletiva, nós interferimos seriamente nas propriedades regenerativas do ambiente natural, às quais deveria ser permitida a recuperação de sua forma original. Entretanto, como em outras áreas, existem poucas soluções naturais e uma tendência nítida de naturalizar os problemas sociais.

Excetuando-se pela ocorrência de algum tipo de cataclismo, nossa recém-descoberta interdependência global não vai desaparecer, não importando em que medida seja empreendido um afastamento sistemático da socialização da natureza – o que não é, de qualquer forma, realmente viável.

Os riscos de grandes consequências, mais do que qualquer outra forma de perigo, tornam visível o contraste entre as ameaças externas e a incerteza artificial. As calamidades naturais, é claro, sempre foram mais ou menos algo comum. Muitas catástrofes naturais ainda ocorrem, mas, em especial nos setores desenvolvidos do mundo, elas têm sido em sua maioria substituídas por *desastres* – e pela ameaça cada vez maior do "pior que está por vir". Os desastres rasgam o véu que separa o risco externo da incerteza artificial. Desastres de um tipo relativamente menor podem ser previstos em conjunto, com razoável precisão, e suas prováveis consequências podem ser avaliadas. Estas, em sua maioria, são de curto prazo e controláveis. Sendo assim, elas podem ser encaixadas nos parâmetros de risco externo.

O desastre em grande escala é algo diferente. Quanto maior um desastre potencial, maior a probabilidade de que as autoridades no poder e os especialistas técnicos digam que ele "não pode ocorrer". Além disso, na maior parte do tempo, nós nem mesmo sabemos o que é que "não pode ocorrer" – as consequências imprevistas são inúmeras. Ou, por outro lado, os grandes desastres são possibilidades contrafactuais para as quais o passado oferece pouca orientação, como é o caso de todas as grandes ameaças que pairam sobre nós.

Desastres como a fusão na usina nuclear de Chernobil têm consequências que se ramificam indefinidamente, futuro adentro. No que diz respeito às reações dos peritos em segurança de outros lugares, o "não pode acontecer" torna-se "não pode acontecer aqui" (talvez, até acontecer). Mas, para muitas pessoas, Chernobil já "aconteceu aqui" – mesmo que seja muitos anos antes de serem conhecidas as consequências a longo prazo do desastre, se é que elas virão a ser conhecidas. Embora o vazamento de radiação já tenha ocasionado muitas mortes, e embora os modos de vida de povos inteiros, como os lapões, tenham sido afetados, embora animais tenham sido dizimados e colheitas destruídas, Chernobil foi normalizada com bastante rapidez. Os níveis de radiação têm sido considerados "seguros" na maior parte da Europa já há algum tempo. Ainda assim, quem sabe o que é segurança quando se está lidando com eventos que não apresentam precedente histórico?

PARA ALÉM DA ESQUERDA E DA DIREITA

Ao contrário dos desastres de pequena escala e de uns poucos perigos de ocorrência natural, os efeitos dos desastres em grande escala não podem normalmente ser delimitados com facilidade, em termos de tempo e espaço. Por outro lado, os efeitos ambientais desses desastres também podem ser exagerados; dessa forma, alguns deles, vistos em retrospecto, podem parecer apenas mais um susto. Alguns dos grandes derramamentos de óleo, por exemplo, foram solucionados com bastante rapidez, e os efeitos colaterais (ao menos aparentemente) foram controlados. Quando os alertas revelam ser apenas sustos, aqueles que apontam para a existência contínua de grandes riscos provavelmente serão rotulados de mercadores do juízo final. No entanto, esses sustos são tão intrínsecos às condições da incerteza artificial quanto as "ameaças genuínas". A questão é que as ameaças nessas circunstâncias são apenas isso – não se pode saber com antecedência o quão "reais", como no caso dos riscos externos, visto que elas são situações passíveis de envolverem fatores que não foram enfrentados antes.

Em julho de 1993, o rio Mississippi arrebentou suas margens e inundou extensas áreas dos Estados Unidos, da cidade de St. Louis até mais ao sul. A inundação devastou uma área do tamanho da Inglaterra; cinquenta mil pessoas foram forçadas a abandonar suas casas, mais de trinta pessoas morreram, e os custos de reparação dos prejuízos foram estimados em dez milhões de dólares. Um observador comentou que o acontecimento foi "uma humilhação da mais rica e poderosa nação da Terra, que se tornou impotente e foi reduzida à condição de um país do Terceiro Mundo por um capricho da natureza ... foram muitas as imagens de um desastre de Terceiro Mundo: pontes caídas, flagelados fugindo com tudo aquilo que pudessem carregar, o mau cheiro dos esgotos em todos os lugares".[33] Uma catástrofe natural, como tantas outras ocorridas na história? Talvez sim – mas talvez não. Alguns afirmam que o próprio sistema de barragens, muros de contenção, diques e canais de irrigação construídos para controlar a propensão do rio para transbordar levou à inundação, ou, ao menos, agravou-a. Além disso, as chuvas pesadas vieram fora de época: julho normalmente é um mês de calor intenso e até mesmo de seca. Teriam as chuvas, talvez, sido um produto de mudanças climáticas produzidas pelo homem? Ninguém pode garantir.

---

33 MILLER, R. A hard rain, *Sunday Times*, 25 jul. 1993.

O nível de inundação que ocorreu foi bastante inesperado; mas, se alguém houvesse afirmado que um desastre era iminente, e se o sistema de prevenção de enchentes tivesse funcionado, essa pessoa poderia muito bem ter sido acusada de alarmista. No entanto, vamos supor que um aviso dessa natureza fosse ouvido e que o sistema, agora reforçado, tivesse aguentado com facilidade. Criar ansiedade nas mentes dos poderes constituídos poderia ter sido a condição para que algo fosse feito. Ainda assim, o próprio sucesso das medidas tomadas poderia tê-las feito parecer, antes de mais nada, desnecessárias.

Existe aqui um princípio geral que afeta a incerteza artificial. Considerem-se, por exemplo, os programas educacionais instituídos para combater a disseminação da AIDS. Ninguém sabe (pelo menos por enquanto) se a AIDS é uma doença que surgiu "naturalmente", ou se ela teve sua origem em aspectos ainda não identificados de tecnologia ou de mudança ambiental induzida pelo homem. Não temos precedentes históricos diretos aos quais recorrer a fim de limitar sua disseminação ou buscar uma cura. Os programas educacionais são importantes nesse contexto porque a forma pela qual a difusão da AIDS pode ser limitada é convencer as pessoas a alterarem seus hábitos sexuais.

Para tornar esses programas bem-sucedidos, pode ser necessário enfatizar, nos termos mais enérgicos possíveis, que a AIDS vai se espalhar rapidamente se as mudanças comportamentais adequadas não forem adotadas. Existem duas possibilidades de que aquilo que é um alerta justificado se torna amplamente visto como a criação de um alarme irresponsável. O conhecimento científico sobre a AIDS ainda é insubstancial, apesar das enormes somas que estão sendo gastas com pesquisas em todo o mundo. Pode vir a acontecer que determinadas influências inibam a disseminação da AIDS além de um certo ponto, ou que as atuais interpretações de suas causas e formas de transmissão sejam incorretas. Mas um alerta justificado também pode se tornar, posteriormente, um susto, simplesmente porque funciona. A incidência de AIDS poderia se revelar muito mais baixa do que é sugerido – mas como um resultado das mudanças comportamentais geradas por aqueles prognósticos e pelos programas que inspiraram.

Da mesma forma que os outros "males" da modernidade, os riscos de grandes consequências revelam uma utopia – que certamente possui alguns aspectos de realismo. Não é uma utopia de um mundo que tenha retornado a sua "ordem natural", com a humanidade tendo se retirado,

PARA ALÉM DA ESQUERDA E DA DIREITA 253

ou confinado suas aspirações, de forma a submeter-se a um sistema orgânico muito maior do que ela própria. É uma utopia de cooperação global, que reconhece a unidade-na-diversidade dos seres humanos. Os "males" nos mostram aquilo que deveríamos tentar evitar – eles são utopias negativas. No entanto, eles também ostentam um signo positivo importante. As complicações reflexivas dos riscos de grandes consequências que acabamos de mencionar não significam que não podemos resolver os problemas que enfrentamos. Elas confirmam e amplificam a conclusão de que as dificuldades de uma civilização científico-tecnológica não podem ser resolvidas apenas por meio da introdução de mais ciência e tecnologia.

Meio ambiente, pessoalidade

Mudar dos riscos globalizados para a situação do indivíduo pode parecer uma transição peculiar, mas é algo bastante apropriado em um mundo no qual os desenvolvimentos globais e as ações individuais se tornaram tão estreitamente ligadas. O *self* e o corpo não representam o campo menos importante no qual a "natureza" esmorece. No entanto, também nesse sentido, como em qualquer outra área, aquilo que era natureza foi entremesclado com a tradição.

O *self*, é claro, nunca foi fixado, um pressuposto, à maneira da natureza externa. Possuir um *self* é possuir autoconsciência, e esse fato significa que os indivíduos em todas as culturas moldam ativamente suas próprias identidades. O corpo também nunca foi simplesmente um dado. As pessoas sempre adornaram e mimaram (e, às vezes, também mutilaram) seus corpos. Os místicos têm sujeitado seus corpos a todos os tipos de regimes, em busca de valores sagrados.

No entanto, em uma sociedade destradicionalizadora, a exigência de se construir um *self* como um processo contínuo torna-se mais incisivamente necessária do que nunca. Os regimes do corpo não são mais uma exclusividade dos idealistas religiosos, mas passaram a incluir todos que buscam organizar um futuro pessoal no contexto do conhecimento médico e dietético reflexivamente disponível.

O *self* era desenvolvido em contextos locais de atividade e em relação a critérios relativamente bem-definidos de associação a um grupo. "Ter um *self*" significava "ser" alguém de um tipo específico; no entanto, agora, "ter um *self*" é "descobrir-se" por meio daquilo que se faz. Sendo simultaneamente uma emancipação e uma fonte de grandes ansiedades, o projeto reflexivo do *self* atua dentro da orientação para o controle característica da modernidade, e também a compromete. Uma pessoa não pode "tornar-se alguém" sem redescobrir a vida moral, não importando o quão oblíquo ou fragmentário seja esse reencontro. Ou, talvez, isso deva ser dito de outra forma. Sem esse contato com uma ética da vida pessoal, uma frágil postura compulsiva tende a assumir o controle – e isso certamente torna-se comum.

O corpo teve de ser criado reflexivamente, desde que a influência combinada de globalização e reflexividade suprimiu sua aceitação como parte da "paisagem" predeterminada da vida das pessoas. Hoje, pelo menos nos países ocidentais, estamos todos em uma dieta, não no sentido de que todos tentam ficar magros, mas no sentido de que devemos escolher como e o que comer. A produção de gêneros alimentícios não é mais determinada por processos naturais; e as dietas locais são cada vez menos determinadas por aquilo que é cultivado e produzido localmente, ou pelos costumes locais. A disponibilidade de gêneros alimentícios não depende das estações ou dos caprichos do clima, na medida em que a produção e distribuição de alimentos se torna globalizada. Isso também não se aplica apenas aos mais afluentes; poucos estão isentos, uma vez que a maior parte da comida passa a ser produzida industrialmente.

O fato de o *self* e o corpo não serem mais "natureza" significa que os indivíduos precisam negociar as condições de suas vidas no contexto das muitas formas novas de informação com as quais, de alguma forma, é preciso lidar. A complexa relação entre alertas e pânicos aplica-se, aqui, da mesma forma que em áreas mais globais. Os alertas que dizem respeito à saúde, com frequência, surgem antes do "teste completo" das hipóteses científicas, e sem consentimento dos próprios cientistas. Alguns alertas, é claro, revelam-se, depois do evento, simples pânicos – embora uma pesquisa posterior possa fazer que esse julgamento também se modifique. A longo prazo, os perigos considerados inerentes ao consumo de gêneros alimentícios e a adoção de determinados estilos de vida devem ser enfrentados com determinação. Os indivíduos poderiam ignorá-los – tanto mais porque aquilo que é considerado saudável em um momento poderia ser questionado por uma pesquisa subsequente. Ainda assim, é

PARA ALÉM DA ESQUERDA E DA DIREITA 255

virtualmente impossível não se ter alguma percepção das mudanças nas teorias e descobertas científicas que sejam relevantes para os riscos e vantagens dos alimentos e dos estilos de vida. Qualquer um que persista com a dieta local de costume o faz sabendo que alguns itens nela podem conter perigos específicos para saúde. Além disso, apegar-se a uma dieta preestabelecida, como acontece com outros aspectos da tradição e do costume, poderia facilmente se tornar um esforço bastante proposital, em vez de resultar de aspectos "naturalmente determinados" do contexto local, visto que, talvez, ela tenha de ser mantida contra outras tendências; ou os gêneros alimentícios em questão, por se tornarem "esotéricos", só podem ser obtidos com algum esforço.

Na assistência à saúde, bem como em tantas outras áreas, uma volta ao "natural" é uma reivindicação que se ouve em todos os lados. Do renascimento da medicina tradicional, pela substituição de drogas produzidas industrialmente por ervas, até a prática da homeopatia, vem ocorrendo um desvio dos métodos medicinais modernos. Esse acontecimento não é produzido principalmente por movimentos sociais, embora aqueles associados a grupos ecológicos prefiram, com frequência, as terapias "naturais" em detrimento da medicina científica. Ele é encontrado sempre que os indivíduos desenvolvem um ceticismo em relação à ciência, ceticismo esse originado pelo já mencionado caráter cada vez mais público e controverso das descobertas científicas.

O modelo científico de assistência à saúde está, sem dúvida, encurralado. Em parte, isso se deve a uma acumulação de pontos negativos, incluindo o fato de que os custos dos serviços de saúde pública ultrapassam as capacidades dos governos de pagar por eles. No entanto, por trás desses fatores, pode-se traçar uma nova estimativa da conexão de saúde positiva com a transformação dos estilos de vida locais e globais. É grande o número de possíveis e cada vez mais bem documentadas ameaças à saúde que se originam nas mudanças ambientais. A poluição do ar está no mesmo patamar que qualquer síndrome conhecida, em termos do número de pessoas por todo o mundo que morrem das patologias por ela ocasionadas.[34] Os fatores ambientais podem influenciar bastante as principais doenças fatais, suas causas e a amplitude de sua disseminação.

---

34 ATKINSON, A. *Principles of Political Ecology.* London: Bellhaven, 1991. p.97ss.

256   ANTHONY GIDDENS

A ecotoxicidade é um perigo que afeta potencialmente a todos, não importando de que maneira ou onde as pessoas vivam. Ela resulta das substâncias químicas que são propositadamente aplicadas na agricultura e em outros contextos, ou que atingem indiretamente o meio ambiente por meio de áreas de despejo de detritos, esgotos e por outros canais. Uma vez que a contaminação é tão genérica, os programas de purificação possuem um valor apenas limitado: as substâncias químicas circulam pelo solo, pela água e pelo ar. Alguém disse que a ecotoxicidade é "como ser comido por mil formigas. Leva algum tempo, mas as mordidas acabam vencendo pela persistência. É envenenamento em câmera lenta". Uma vez mais, os modos ortodoxos de avaliação de risco e os níveis de segurança não têm muita relação com o fenômeno, e o conhecimento de seus efeitos a longo prazo é muito reduzido. Cada substância química potencialmente tóxica é, de modo geral, examinada separadamente, e em condições de laboratório e não de campo. Esses testes só poderiam ser realizados com alguma precisão real (e mesmo assim, somente para efeitos a curto prazo) se pudéssemos encontrar pessoas vivendo em um ambiente intacto e expô-las à substância química específica para a qual um padrão de segurança seria estabelecido. Não existe, porém, um ambiente assim em qualquer lugar do mundo. A abordagem costumeira que se faz da ecotoxicidade "é como a de um entomologista que avalia as mil formigas que estão comendo alguém com base nos padrões de sangramento provocados pelas mordidas de três delas, recomendando que se tome cuidado com essas três".[35]

A ecotoxicidade, da mesma forma que outros "males" revelados pela modernização reflexiva, tem seus próprios pontos positivos, suas próprias utopias. Considerada sob um signo positivo, ela sugere que os cuidados com o *self* e com o corpo poderiam ser integrados, e talvez devessem ser integrados, aos programas de renovação ambiental. "Como viveremos?": essa pergunta não pode mais ser respondida em termos do controle de risco externo, ou deixada para os elementos remanescentes da tradição. Enfrentá-la significa deliberar, de uma forma aberta e pública, de que maneira a restauração social e ambiental poderia estar ligada à busca de valores positivos de vida. Nesse sentido, a política de vida inevitavelmente

---

35 Citações de HALL, R. H. *Health and the Global Environment*. Cambridge: Polity, 1990, p.104-5.

está centrada em preocupações éticas muito básicas – preocupações que têm sido representadas de maneira relevante na história do conservadorismo, mas que outras perspectivas políticas deixaram quase que completamente intactas. O conservadorismo filosófico não teve medo de tornar públicas questões de vida, finitude e morte; e ele coloca a "existência", da maneira expressa nos símbolos e práticas tradicionais, como anterior ao "conhecimento" ou ao controle. Podemos ver agora o quão válida é essa perspectiva, embora reconheçamos que o conservadorismo, em si mesmo e por si mesmo, não pode enfrentar suas implicações ao defrontar com um mundo pós-tradicional, no qual a "natureza" não mais existe.

Conclusão

A política ecológica é uma política de perdas – a perda da natureza e a perda da tradição –, mas também é uma política de recuperação. Não podemos voltar à natureza ou à tradição, mas, individualmente e como humanidade coletiva, podemos buscar a remoralização de nossas vidas no contexto de uma aceitação positiva da incerteza artificial. Dito dessa forma, não é difícil perceber o porquê de a crise ecológica ser tão fundamental para as formas de renovação política discutidas neste livro. Ela é uma expressão material dos limites da modernidade; a restauração do ambiente danificado não pode mais ser entendida como um fim em si, e o mesmo se dá com a reparação da pobreza.

Viver sem a natureza ou sem a tradição ou, mais precisamente, viver em uma situação na qual natureza e tradição podem ser reconstruídas apenas de uma forma ativa não precisa conduzir ao desespero moral expresso por algumas pessoas da direita, que veem as antigas verdades desaparecerem para sempre, nem precisa levar à "indiferença refinada" adotada por alguns dos proponentes do pós-modernismo. Muito menos existe uma incompatibilidade inevitável entre uma política ecológica positiva e o igualitarismo – a igualdade sendo entendida de uma forma gerativa. Na forma que vou propor no capítulo de conclusão, os diversos dilemas e oportunidades apresentados pela desintegração da natureza, vistos sob um signo positivo, revelam valores para nós universais em um mundo no qual a interdependência humana é extensa e integral. São exatamente esses os valores que fornecem um modelo geral para as concepções de previdência positiva, tendo em vista que o afastamento do produtivismo, como tentei demonstrar, implica uma recuperação dos valores positivos de vida, guiada pelos temas da autonomia, solidariedade e busca da felicidade.

Da natureza, ou o que costumava ser a natureza, até a violência: entre os riscos de grandes consequências que enfrentamos atualmente, nenhum é mais ameaçador do que o prenúncio de uma guerra em grande escala. A Guerra Fria está ficando cada vez mais distante; isso significa que o mundo é menos perigoso do que era antes? De que maneira deveríamos buscar limites para a violência em um mundo de incerteza artificial? São essas as perguntas que tentarei responder no próximo capítulo.

CAPÍTULO 9

A TEORIA POLÍTICA
E O PROBLEMA DA VIOLÊNCIA

O problema de controle ou limitação da violência é um dos mais difíceis e exigentes em termos de assuntos humanos, mas a teoria política de esquerda e a liberal raramente o abordaram. Muita coisa já foi escrita sobre as origens da guerra e a possibilidade de paz. Ainda assim, essa literatura, em sua maior parte, permaneceu desligada das teorias de constituição interna das sociedades e dos governos – ela se preocupou com o comportamento dos Estados-nação na arena internacional.

O pensamento político de esquerda tem, com frequência, enfrentado a questão da violência revolucionária, discutindo esse assunto em sequência à discussão sobre a violência repressiva do Estado. A maioria dos esquerdistas, no entanto, assumiu que a violência não seria um problema em uma sociedade socialista e, portanto, refletiu muito pouco sobre as formas pelas quais as relações sociais poderiam se livrar dela. Grande parte dos tipos de pensamento liberal não são, afinal, tão diferentes, uma vez que o pensamento político liberal foi elaborado em torno da ideia do contrato, e um contrato é essencialmente uma negociação pacífica de troca.

Os conservadores de várias tendências deram mais atenção ao papel da violência, especialmente a da guerra, na vida social. Na verdade, algumas versões do pensamento conservador glorificaram a guerra e os valores marciais. Contudo, o que os filósofos conservadores, de um modo geral, não fizeram foi considerar de que maneira a guerra e a violência poderiam ser transcendidas, uma vez que os conservadores tendem a supor que estas sejam inerentes à condição humana.

Existem, é claro, numerosos contextos nos quais a violência aparece na vida social humana, quase sempre relacionada a estruturas de poder. A violência, como diz Clausewitz, está normalmente no outro extremo da persuasão; ela é um entre outros meios pelos quais indivíduos, rupos ou Estados buscam impor sua vontade a outros. Não tentarei discutir as origens ou a natureza da violência em geral, nem analisarei a questão da violência e do crime em si. Vou me limitar às seguintes questões (por mais ampla que seja cada uma delas). Do ponto de vista do realismo utópico, é viável supor que o papel da guerra poderia diminuir, e como esse processo poderia ser acelerado? O que pode ser feito para limitar a difusão da violência sexual? De que maneira podemos enfrentar a violência que se desenvolve baseada em diferenças culturais e étnicas? Esses assuntos podem parecer desconexos, mas à luz das transformações sociais já discutidas neste livro, existem algumas ligações bastante evidentes entre eles, como tentarei demonstrar.

Considero que cada uma dessas questões suscita problemas de pacificação e entendo que a pacificação seja uma parte importante de um programa de política radical, como qualquer outro dos assuntos que discuti anteriormente. Ainda que a Guerra Fria tenha sido relegada ao passado, a ameaça de conflito nuclear e outros tipos de violência militar continuarão pelo futuro indefinido; e a violência ou a ameaça de violência na vida social podem destruir ou incapacitar as vidas de milhões de pessoas.

Várias condições são necessárias aqui. Existem aspectos, e alguns muito importantes, nos quais o uso da violência é necessário para atingir fins sociais amplamente almejados. Assim, a pacificação em si pressupõe um controle dos meios de violência por parte das autoridades legítimas. Contudo, acredito que se possa assumir que *todas* as formas de violência devem ser minimizadas tanto quanto possível, sejam elas legítimas ou ilegítimas. Em outras palavras, a tendência das autoridades governantes no sentido de assegurar um monopólio dos meios de violência não deveria ser equacionada com um *recurso* cada vez maior à violência.

"Violência" foi, às vezes, definida de uma forma bastante ampla. Johan Galtung, por exemplo, defende um "conceito extensivo de violência" que se relacionaria a um amplo conjunto de condições que inibem

PARA ALÉM DA ESQUERDA E DA DIREITA 261

o desenvolvimento das oportunidades de vida dos indivíduos. Violência é qualquer barreira que impede a realização de potencial, sendo essa barreira social e não natural: "se as pessoas estão morrendo de fome quando tal coisa é objetivamente evitável, então violência está sendo cometida...".[1] Como ocorre com a ideia de Pierre Bourdieu acerca da "violência simbólica", a questão é aplicar o conceito de violência a uma grande variedade de formas de opressão que as pessoas poderiam sofrer e, portanto, relacioná-la a critérios gerais de justiça social. O problema com tais conceitos é que eles tornam constante um fenômeno já bastante difundido. Perde-se de vista aquilo que é específico à violência da forma entendida comumente – o uso da força para causar dano físico a outra pessoa. Portanto, usarei violência nesse sentido simples e convencional.

O Estado e a pacificação

A questão da pacificação tem de ser entendida em relação ao desenvolvimento a longo prazo das instituições modernas e do Estado moderno. A violência e o Estado, como os pensadores direitistas sempre tenderam a enfatizar, estão estreitamente ligados; o Estado é o veículo primordial da guerra. No entanto, com relação a seu crescimento da violência, os Estados pré-modernos diferiam de uma forma básica dos Estados-nação. No Estado pré-moderno, o centro político nunca era capaz de manter um monopólio completo dos meios de violência. O banditismo, a pirataria e as lutas entre famílias sempre foram comuns, e, na maioria dos Estados, os comandantes locais detinham uma boa parcela de poder militar independente. Além disso, o poder do centro político dependia de maneira razoavelmente imediata da ameaça de violência. Os Estados pré-modernos possuíam um caráter segmental: o centro normalmente não tinha como impor a obediência dos súditos em regiões mais periféricas, a não ser com demonstrações de força. Apesar do caráter despótico e sanguinário exibido por muitos regimes políticos pré-modernos, seu nível de poder substantivo nas relações sociais cotidianas era relativamente baixo.

---

1 GALTUNG, J. Violence and peace. In: SMOKER, P. et al. *A Reader in Peace Studies.* Oxford: Pergamon, 1990. p.11.

Como resultado de uma série de fatores, incluindo-se o aperfeiçoamento das comunicações e uma intensificação dos mecanismos de vigilância, os Estados-nação tornaram-se "poderes soberanos": a ação do governo foi capaz de conseguir um controle administrativo muito maior sobre as populações que a ele estavam submetidas que antes. Resumindo bastante uma longa história, e utilizando uma boa dose de supersimplificação, o resultado foi um processo difuso de pacificação interna, concluído na maioria dos "Estados-nação clássicos" – aqueles que se desenvolveram a partir do século XVIII na Europa e nos Estados Unidos.[2]

É claro que pacificação não significa o desaparecimento da violência do interior dos Estados; e ela é bastante coerente com a manutenção de guerras na arena internacional. Ela se refere, pelo menos neste contexto, ao monopólio mais ou menos bem-sucedido dos meios de violência por parte das autoridades políticas dentro do Estado. A pacificação interna acompanhou a formação de forças armadas profissionais, "apontadas para fora" na direção de outros Estados no sistema estatal, em vez de preocuparem-se com a manutenção da ordem social interna. O desenvolvimento convergente do capitalismo e da democracia parlamentar, juntamente com os sistemas de leis centralizadas, desempenhou um importante papel na "expulsão" da violência dos mecanismos imediatos do governo.

Embora os processos de pacificação interna tenham se mostrado muito mais difíceis de serem alcançados nas "nações-Estado" e nas sociedades ex-coloniais do que no Estado-nação clássico, eles avançaram bastante em quase todos os lugares, se comparados ao Estado pré-moderno. A guerra civil é agora uma situação especificamente incomum na maioria dos Estados por todo o mundo, em especial nas regiões economicamente adiantadas. Nas formas mais antigas de Estado, em contraste, ela era quase a norma; a contestação do poder das autoridades governantes por grupos militares rivais era frequente e quase sempre demorada.

A era da pacificação interna dos Estados foi também a época da industrialização da guerra: esta mudou suas características à medida que

---

2   Discuti essas mudanças com maiores detalhes em *The Nation-State and Violence*. Cambridge: Polity, 1987. Para uma análise importante, ver TILLY, C. *Coercion, Capital and European States AD 990-1990*. Oxford: Blackwell, 1990.

PARA ALÉM DA ESQUERDA E DA DIREITA 263

as armas se tornaram mecanizadas e passaram a ser produzidas em grandes quantidades. A industrialização da guerra destruiu o militarismo por um lado, embora o tenha sustentado por outro. Os "valores guerreiros", durante tanto tempo promovidos pelas camadas aristocráticas, entrou em um prolongado declínio. A guerra não podia mais ser vista como uma ocasião para a ostentação e o ritual. As roupas exuberantemente coloridas que, com tanta frequência, haviam sido adotadas pelos grupos guerreiros e pelos exércitos tradicionais cederam lugar a sóbrios uniformes camuflados. Sob a forma de admiração pelo valor, *esprit de corps* e disciplina militar, o militarismo sobreviveu de maneira alterada. De fato, se o "militarismo" for definido como o apoio amplo aos princípios e ideias militares na sociedade em geral – e o Estado de alerta das populações civis para apoiar a guerra *en masse* se preciso for –, o militarismo torna-se muito mais comum.

No entanto, pode-se argumentar que, com o maior desenvolvimento da industrialização da guerra, e acima de tudo com a invenção das armas nucleares, esses processos começaram a retroceder dramaticamente. Durante a Guerra Fria, a existência de arsenais nucleares em grande escala formava parte da experiência (remota) de todos – o mais ameaçador de todos os riscos de grandes consequências. Mas, ao mesmo tempo, o teorema de Clausewitz tornou-se inverso. Embora guerras menores tenham sido travadas "por procuração" em muitos lugares, um confronto nuclear era "impensável" devido a suas consequências devastadoras. Não se poderia mais recorrer à guerra quando a diplomacia fracassasse; a diplomacia passou a ter como objetivo evitar totalmente uma guerra em grande escala. Poder-se-ia dizer que, desse momento em diante, o militarismo começou a entrar em declínio.

O surgimento daquilo que Martin Shaw chama de uma "sociedade pós-militar" certamente seria de interesse para qualquer programa de política radical nos dias de hoje.[3] Uma sociedade pós-militar reage à situação global inconstante guiando-se pela Guerra Fria, mas também se baseia em tendências a longo prazo no interior das sociedades desenvolvidas. O militarismo, Shaw argumenta, tem diminuído em muitos países por todo o mundo desde o fim da Segunda Guerra Mundial. Ele foi uma consequência de uma forma de Estado que combinou a pacificação

---

3 SHAW, M. *Post-Military Society*. Cambridge: Polity, 1991.

interna com a preparação externa para a guerra. Seu pano de fundo institucional era o Estado soberano, a nação-em-armas e o recrutamento (masculino) maciço. O militarismo, na terminologia adotada neste livro, foi uma característica da modernização simples. As atuais transformações sociais, econômicas e políticas enfraquecem-no.

O militarismo nesse sentido foi caracterizado por sistemas de comando, hierárquicos e em grande escala, que se igualavam às burocracias industriais e estatais. Havia, na verdade, uma conexão direta, frequentemente comentada, entre o militarismo e o desenvolvimento inicial da democracia e do *welfare state*; os direitos de cidadania foram criados no contexto da mobilização maciça para a guerra. O militarismo entrou em declínio como resultado de diversas tendências: a autonomia inconstante, e em alguns casos decrescente, dos Estados-nação clássicos; o desaparecimento de inimigos externos visíveis; a reduzida influência do nacionalismo clássico e a ascensão dos nacionalismos de "subestado"; e a obsolescência funcional da guerra em grande escala.

Será que podemos ver esses processos, na medida em que são mantidos ou acelerados, como fundamentais para a redução do papel da violência militar na resolução de conflitos? Existe atualmente uma extensão da pacificação interna às áreas externas?

Poderíamos dizer um cauteloso sim a essas duas perguntas. Uma sociedade pós-militar não é aquela na qual a ameaça de violência militar em grande escala está afastada, especialmente levando-se em consideração as maciças diferenças econômicas no interior do sistema global. As rivalidades geopolíticas provavelmente permanecerão fortes, e a guerra destrutiva continua sendo uma possibilidade em muitas partes do mundo. Todavia, é provável que uma ordem pós-militar seja mais resistente à mobilização de massas para finalidades militares do que anteriormente. Forças armadas menores e mais "civilizadas" podem ainda exercer grande poder destrutivo. Mesmo assim, parece provável que os militares tornar-se-ão funcionalmente mais separados de outros grupos do que antes. A expectativa que afetou as vidas dos jovens durante gerações – a de seu possível, até mesmo provável, envolvimento na guerra – poderia terminar.

Não quero abordar aqui a difícil questão de como o mundo poderia policiar-se no caso de a sociedade pós-militar, em combinação com outras tendências, ajudar a reduzir as tendências à guerra em grande escala. É improvável que a pacificação em uma escala global reproduza os

PARA ALÉM DA ESQUERDA E DA DIREITA

processos envolvidos na pacificação interna dos Estados. Vou analisar apenas as implicações para as características do cosmopolitismo discutidas anteriormente. Consolidar uma sociedade pós-militar significaria generalizar a postura de que a violência deveria ter um papel cada vez menor na resolução dos problemas e tensões internacionais. O lado ativo das responsabilidades de cidadania implicaria o reconhecimento de uma obrigação de fomentar os valores pacíficos e não os bélicos, sendo esta uma parte tão fundamental da constituição política democratizada quanto qualquer outra.

Os movimentos pela paz exerceram um importante papel na produção de mudanças na consciência social – no Ocidente e no Oriente –, que contribuíram para o fim da Guerra Fria. Da mesma forma que os movimentos ecológicos, os movimentos pela paz foram, num primeiro momento, impulsionados acima de tudo pela consciência do risco de grandes consequências; por isso eles foram, em grande parte, movimentos pontuais. Eles estiveram orientados para a Guerra Fria e, com o colapso desta, desapareceram ou mudaram de forma. As mobilizações de massas que esses movimentos eram capazes de gerar periodicamente cessaram quase que por completo, e não parece provável que venham acontecer novamente, no futuro próximo. Como as pessoas se mobilizam para a paz em uma sociedade sem inimigos – mas com muitos perigos militares reais? Os movimentos pela paz tornaram-se organizações pela paz, e ainda têm muitas tarefas concretas. Elas podem buscar uma ampliação da consciência dos cidadãos e dos governos no que diz respeito aos perigos da proliferação nuclear e podem manter vivo o debate sobre o poder nuclear, em especial sobre a ligação deste com a produção política de armamentos.

Entretanto, o fator mais importante, aqui, é a relação alterada entre os movimentos de paz e os interesses dos governos em uma ordem pós-militar emergente. Os Estados sem inimigos, e caracterizados por um declínio concomitante do militarismo, encontram-se em uma situação bastante diferente dos sistemas de aliança militar e antagonismo nacional da Guerra Fria ou anteriores a ela. Embora as disputas por fronteiras ainda possam existir, e as invasões às vezes aconteçam, a maioria dos Estados não possui mais um incentivo para travar guerras ofensivas. Nessas circunstâncias, a "paz" assume conotações bastante diferentes de quando significava ausência de guerra, em um sistema de Estado-nação permanentemente preparado para o conflito. Daí os interesses de governos e organizações pela paz serem muito mais convergentes do que costumavam ser; e não há razão pela qual eles não devam trabalhar em conjunto em vez de em oposição.

Masculinidade e guerra

No que diz respeito aos valores e responsabilidades públicos, como poderíamos entender o fato de que a propagação da violência militar sempre foi um assunto decididamente masculino? As autoras feministas, com frequência, têm estabelecido conexões diretas entre masculinidade e guerra: guerrear é uma expressão concreta da agressividade masculina. As virtudes públicas que promoveriam a paz em vez da guerra, dizem elas, são aquelas caracteristicamente associadas às atividades e valores das mulheres. No entanto, expressa dessa forma, essa tese é um tanto implausível. A guerra não é uma expansão de uma agressividade generalizada, mas está associada à ascensão do Estado. Embora possa haver alguns homens que apreciam a guerra, esse não é o caso da grande maioria.[4]

Não se pode negar, é claro, que existe uma relação entre guerra, poder militar e masculinidade. É possível que os homens tenham de ser doutrinados para guerrear, mas a guerra e os militares têm feito parte do etos da masculinidade – ou das masculinidades – de maneira bastante arraigada. Isso valia especialmente para as aristocracias guerreiras: fazer a guerra era algo glorificado como o mais alto de todos os valores. Com o declínio da ética guerreira, a violência militar não era mais vista como o principal campo de provas do heroísmo, da honra e da aventura – embora alguns elementos do pensamento do Velho Conservadorismo, durante muito tempo, continuassem a considerar essa situação como reversível. A bravura permaneceu como um valor dominante nos círculos militares, especialmente no corpo de oficiais, mas a profissionalização das forças armadas separou os ideais militares da experiência concreta do resto da população masculina. "Servir" no exército tornou-se, então, parte de um etos masculino mutável de instrumento e proteção. A

---

4 ELSHTAIN, J. B. *Women and War*. New York: Basic, 1988.

masculinidade passou a estar associada a um comprometimento com o trabalho e com a "provisão" dos dependentes; assumir o papel de soldado quando convocado a fazê-lo era parte da masculinidade do domínio público.

Na sociedade pós-militar, existe um movimento de avanço e recuo entre o declínio dos ideais de masculinidade nesses diversos sentidos e a entrada das mulheres na cena pública. As mulheres têm entrado para as forças armadas em números cada vez maiores. Elas aceitaram, em sua maioria, as normas militares existentes e conquistaram a opinião pública em defesa de sua inclusão completa: isto é, elas esperam obter plenos direitos de combate ao lado dos homens. Nesse ínterim, os valores masculinos que acompanhavam o militarismo estão se desgastando ou tornando-se ambíguos, como resultado do avanço da igualdade de gêneros e do crescimento da reflexividade social. É nesse contexto que devemos examinar a ideia de uma guerra contra as mulheres, desenvolvida de forma mais audaciosa por Marilyn French. Ela interpreta essa guerra como um fenômeno a longo prazo, que data até mesmo das origens da civilização. Há uns seis mil anos, diz ela, os humanos viviam em pequenos grupos cooperativos nos quais o *status* e o poder das mulheres era equivalente, ou superior, ao dos homens. Com a formação dos primeiros Estados, as mulheres tornaram-se escravizadas e sujeitas à dominação masculina – uma situação que o advento da modernidade apenas serviu para piorar:

> Na vida pessoal e pública, na cozinha, no quarto e nos saguões do parlamento, os homens travam uma guerra incessante contra as mulheres ... Os homens começam a reprimir as fêmeas no nascimento: apenas os meios variam em cada sociedade. Eles conduzem os bebês fêmeas a serem seletivamente abortados, as garotinhas a serem negligenciadas, mal alimentadas, mutiladas genitalmente, estupradas ou molestadas ... O clima de violência contra as mulheres fere a todas as mulheres. Ser fêmea é andar pelo mundo com medo ... As mulheres têm medo em um mundo no qual quase metade da população tem a aparência do predador, na qual nenhum fator – idade, maneira de se vestir ou cor – distingue um homem que irá ferir uma mulher daquele que não irá.[5]

---

5 FRENCH, M., op. cit., 1992, p.200.

Da forma como French descreve, a guerra contra as mulheres está realmente disseminada. Essa guerra compreende todos os sistemas de discriminação patriarcal contra as mulheres e é uma expressão deles. A violência masculina, "a guerra física contra as mulheres", resulta das estruturas mais amplas de desigualdade. O maus-tratos de mulheres, o estupro e o assassinato por motivos sexuais formam uma expressão material do grande sistema de dominação. Até mesmo a violência de homens contra homens, sugere ela, é uma forma sublimada de violência que, se fosse de outra forma, teria as mulheres como seu objeto. "Quando as mulheres não estão disponíveis, os homens transformam outros homens em 'mulheres'. É assim que prisioneiros do sexo masculino estupram com regularidade outros prisioneiros do mesmo sexo, e muitos pastores e padres traem a confiança de garotinhos ou adolescentes atacando-os sexualmente."[6]

Acho que, de fato, pode-se concordar que existe uma guerra dos homens, ou de alguns homens, contra as mulheres atualmente, mas não nos moldes apresentados por French. Uma guerra é um estado de coisas excepcional, e não permanente, e não faz muito sentido, a não ser de modo metafórico, falar nela como algo que dure milhares de anos. Além disso, uma análise como essa não leva em consideração o que há de novo na situação nos dias de hoje. O patriarcalismo, de fato, existe há milênios; no entanto, as circunstâncias nas quais ele passou a ser questionado, e, em certa medida, sucumbiu, têm uma origem muito mais recente. Durante a maior parte do fluxo da história humana, o patriarcado foi aceito por ambos os sexos; os protestos coletivos de mulheres contra o domínio masculino pode ter, às vezes, acontecido, mas os registros históricos não estão repletos deles da mesma maneira que ocorre com outras formas de rebelião, como as camponesas.

Da mesma forma que ocorre com outros sistemas de poder, o patriarcado nunca foi mantido principalmente por meio do uso da violência. O poder dos homens sobre as mulheres tem durado pelo fato de ter sido legitimado com base nos papéis de gênero diferenciados, nos valores a eles associados e em uma separação sexual entre as esferas pública e privada. Em termos de legitimidade, tem sido especialmente importante a perspectiva de cisma das mulheres, que contrasta "virtude"

---

6 Ibidem, p.198.

com a mulher corrupta ou decaída. A mulher decaída nos sistemas pré-modernos de patriarcado referia-se não apenas a uma categoria de pessoas – prostitutas, concubinas, cortesãs – que ficavam fora do âmbito da vida familiar normal. Tornar-se "decaída" era uma desgraça que poderia acontecer a qualquer mulher que não se sujeitasse aos códigos da virtude e do comportamento adequados.

O patriarcado nas culturas pré-modernas era mantido pelas mulheres tanto quanto pelos homens: as mulheres decretavam suas próprias sanções contra os transgressores. Contudo, no que diz respeito ao controle dos meios de violência, isso ficava a cargo dos homens. Como último recurso, a violência era um mecanismo sancionador de poder tão significativo no patriarcado quanto em qualquer outra área. Kate Millett resumiu tudo isso muito bem: "Não estamos acostumados a associar patriarcado à força. Tão perfeitos são seus sistemas de socialização, tão completa é a aquiescência a seus valores, tão antiga e tão universal é sua permanência na sociedade humana, que ele raramente parece necessitar de uma implementação violenta". Contudo, ela acrescenta, ele ainda demonstrou "o domínio de força com o qual podia contar ... nas emergências e como um instrumento de intimidação sempre presente".[7]

Nesse ponto, entretanto, é preciso que se acrescente uma qualificação importante à perspectiva de Millett. A violência com a qual os homens policiaram o patriarcado não era dirigida principalmente às mulheres. Em muitas sociedades, incluindo as da Europa pré-moderna, as mulheres foram escravas dos homens e, sem dúvida, foram frequentemente tratadas com a violência imperturbável que a condição de uma mera posse poderia provocar. Mas o respeito, e até mesmo o amor podem ser formas muito mais poderosas de dominação do que o simples uso da força. Provavelmente, com frequência os homens trataram as mulheres ("virtuosas") com aprovação moral e estima. A violência com a qual o patriarcado se mantinha era principalmente de homens em relação a *outros homens*. Isso se mostrava particularmente verdadeiro no que diz respeito à violência organizada ou semiorganizada.

Imagens hostis de mulheres e maus-tratos físicos – como as punições impostas às feiticeiras – foram importantes mecanismos sancionadores

---

7 MILLETT, K. *Sexual Politics*. Garden City: Doubleday, 1970. p.44-5.

contra a má conduta feminina. Entretanto, a violência de homens contra homens integrava a defesa do patriarcado com a defesa de outras formas de ordem. Em muitas sociedades pré-modernas, a honra de um homem dependia diretamente da honra de sua família, que ele tinha o dever de defender não importando de onde viesse a ameaça. A reputação de uma família poderia ser maculada de várias maneiras, mas certamente isso sempre incluía a virtude de seus membros do sexo feminino. Brigas entre grupos aparentados originavam-se comumente na defesa da honra, ou em uma tentativa de comprometê-la; mas, mesmo quando as mulheres estavam diretamente envolvidas, de maneira geral eram outros homens os alvos da reação hostil.[8]

O que aconteceu nos dias de hoje é que esse sistema de violência entrou em colapso, ou está entrando em colapso, em escala mundial. Os processos de pacificação interna, na maioria dos países desenvolvidos, há muito tempo tomaram o lugar das lutas entre famílias, mas os remanescentes das bases morais do patriarcado foram remodelados nos séculos XVIII e XIX. Colocando-se a questão de forma sucinta, a legitimação do patriarcado passou a depender de uma reiteração do cisma entre a mulher virtuosa e a prostituta – estando a segunda sujeita às sanções do Estado e a primeira, protegida por estruturações morais e legais específicas da "família normal". A sexualidade masculina foi retradicionalizada e era algo que poderia ser "pressuposto", ao passo que a sexualidade feminina era, em grande parte, controlada por meio da sujeição a um olhar interrogatório: tornou-se conhecida como o "continente escuro", problematizado pelos primeiros movimentos da afirmação dos direitos das mulheres independentes.

O ingresso, em grande escala, das mulheres na força de trabalho, somado à democratização universal e à contínua transformação das formas familiares, alterou radicalmente o compromisso de "tradição na modernidade" que caracterizou a modernização simples. O patriarcado não pode mais ser defendido pela violência dirigida por alguns homens a outros. Os homens (ou, é preciso que se diga, alguns homens) voltam-se diretamente para a violência contra as mulheres como um meio de escorar os sistemas de poder patriarcal que se encontram em desintegração – e é nesse sentido que se poderia falar em uma guerra contra as

---

8 TOMASELLI, S., PORTER, R. *Rape*. Oxford: Blackwell, 1986.

PARA ALÉM DA ESQUERDA E DA DIREITA

mulheres, atualmente. Ela não é uma expressão dos sistemas patriarcais tradicionais, mas, em vez disso, uma reação à sua dissolução parcial.

Boa parte dessa violência, então, resulta de um sistema que está em decadência; resulta do fato de que o desafio das mulheres ao patriarcado foi, em parte, bem-sucedido. Esse sucesso tem provocado reações violentas; mas trouxe à luz muitas coisas que estavam ocultas e reforçou um questionamento de muito do que estava contido na tradição.[9]

Com base na perspectiva do realismo utópico, a superação da violência masculina contra as mulheres depende das mudanças estruturais que atualmente afetam o trabalho, a família e o Estado, e das possibilidades que tais mudanças criam – combinadas a uma expansão da democracia dialógica. Hoje em dia, a masculinidade e a feminilidade são identidades e complexos de comportamento no processo de reconstrução. A crescente igualdade dos gêneros é paradoxal para a comunidade social como um todo, a menos que acompanhe as mudanças estruturais que promovem a democratização e novas formas de solidariedade social – e a menos que ocorra um realinhamento emocional mútuo dos sexos. Os movimentos masculinos que se desenvolveram até agora são de diversos tipos, alguns deles buscando reafirmar as formas patriarcais da masculinidade. Contudo, até o momento, à medida que esses movimentos refletem e agem sobre a destradicionalização da masculinidade em suas diversas formas, eles podem ser uma influência importante na promoção de um realinhamento emocional. Embora sua influência, até agora, seja discreta se comparada à do movimento feminista, é coerente vê-los como o equivalente funcional dos movimentos pela paz – tentando ajudar a pôr um fim à guerra não declarada contra as mulheres.

A transformação da masculinidade e da feminilidade, ou melhor, de suas múltiplas formas, como foram herdadas do passado, dependerá fundamentalmente de em que medida uma sociedade pós-militar passa a existir, e quais as consequências que advêm do caráter mutável do trabalho, da família e dos relacionamentos sexuais. A identidade masculina esteve indubitavelmente ligada à centralidade do trabalho – enquanto emprego permanente em tempo integral – nas sociedades modernas. Ou melhor, ela esteve ligada às interseções entre trabalho, família e sexualida-

---

9 Uma das melhores discussões sobre esses tópicos pode ser encontrada em SEGAL, L. *Slow Motion*. London: Virago, 1990. cap.5.

de, visto que o comprometimento com o trabalho em tempo integral na força de trabalho assalariado não era apenas um fenômeno econômico – era também emocional. Os engajamentos dos homens na esfera pública impuseram um desvio na vida dos homens de natureza diferente daquele que é característico da experiência das mulheres. Os homens, ou muitos deles, nas diferentes categorias de classes, tornaram-se desligados das fontes emocionais de suas próprias vidas – as origens do agora celebrado fenômeno da "inexpressividade emocional masculina". Eles deixaram que as mulheres em geral administrassem essas áreas em seu papel de "especialistas do amor".

O fato de os escalões mais altos, na maioria dos domínios profissionais, ainda serem dominados pelos homens, ao mesmo tempo em que os homens continuam a ter um papel muito menor do que as mulheres no cuidado com os filhos, é com frequência considerado motivo de desespero. Ainda assim, é de surpreender que as coisas ainda não tenham mudado da forma como esperariam as pensadoras feministas? Essas mesmas pensadoras demonstraram que o patriarcado esteve profundamente arraigado durante milhares de anos; seria surpreendente se ele pudesse ser superado em algumas décadas.

As mulheres conquistaram um grande número de direitos legais que não possuíam antes, e possuem maior representação na maioria dos domínios profissionais do que costumavam ter, inclusive nos níveis mais altos. As taxas de desemprego de homens aumentaram mais que as das mulheres, e a "feminização" de algumas carreiras masculinas está colocando em discussão os antigos modelos de trabalho associados ao produtivismo. Atividades parentais iguais – com os arranjos socioeconômicos que poderiam possibilitá-las – podem ainda ser utópicas, mas apresentam agora mais do que um pequeno elemento de realidade.[10]

A violência masculina contra as mulheres poderia ser diminuída se esses desenvolvimentos progredissem e, ao mesmo tempo, novas formas de identidade sexual fossem inauguradas. Como observou Lynne Segal,

> A subversão consciente do poder dos homens ... é, em parte, obra daqueles que navegam pela rota vagarosa e aflitiva dos principais partidos

---

10 GERSHUNY, J. Change in the domestic division of labour in the UK. In: ABERCROMBIE, N., WARDE, A. *Social Change in Contemporary Britain*. Cambridge: Polity, 1992.

PARA ALÉM DA ESQUERDA E DA DIREITA   273

políticos reformistas e organizações comprometidos com a igualdade sexual. É também a obra daqueles que estão engajados nos avanços e recuos mais irregulares e radicais ao longo da rota transitória da política sexual interpessoal, à medida que feministas, lésbicas, homossexuais e homens "não sexistas" refazem e vivem suas novas versões daquilo que significa ser "mulher" ou "homem". Por fim, como as feministas sempre pregaram e praticaram, é também uma questão de subversão cultural – a obra criativa de remodelação das vidas e experiências das mulheres e a descentralização do posicionamento androcêntrico dos homens em todos os discursos existentes. Embora seja difícil de se perceber, essas rotas apresentam interseções. As lutas interpessoais para mudar os homens, as tentativas dos próprios homens de reformular suas concepções daquilo que significa ser homem sempre encontram e com frequência entram em colisão com outras relações de poder ... Não é tão difícil imaginar um mundo livre do medo de pouco trabalho para os homens e de trabalho excessivo para as mulheres ... É igualmente fácil imaginar um mundo livre dos medos da violência interpessoal, do estupro e do abuso sexual de crianças que, em suas formas mais perigosas e predominantes, são os atos violentos dos homens ...[11]

Um crítico poderia dizer que isso é fácil de imaginar, difícil de realizar: de que maneira poder-se-ia relacionar o combate à violência masculina contra as mulheres a outras formas de pacificação? Existe uma conexão evidente, como já foi mencionado, com o declínio do militarismo. A violência masculina certamente não é de todo coerente com a empresa de guerras, mas existem elementos comuns que vertem de uma para a outra. Um grande número de estupros é frequentemente cometido em tempos de guerra; de modo oposto, as atitudes de aventureirismo que podem ser encontradas entre aqueles que se alistam nas forças armadas parecem estar empiricamente ligadas a uma tendência de comportamento violento em relação às mulheres.[12]

O mais importante, provavelmente, são as potenciais conexões em sentido inverso. A criação de uma democracia das emoções, como procurei demonstrar anteriormente, apresenta implicações para as solidariedades sociais e a cidadania. A violência dos homens contra as mulheres, ou boa parte dela, pode ser entendida como uma recusa

---

11 SEGAL, op. cit., 1990, p.308, 317.
12 SCULLY, D. *Understanding Sexual Violence*. London: Unwin Hyman, 1990.

generalizada de diálogo. Não se poderia ver isso como uma teoria clausewitziana de relações interpessoais? Quando o diálogo cessa, a violência começa. Ainda assim, essa violência é (em princípio) tão arcaica no domínio pessoal quanto o teorema de Clausewitz o é no cenário público mais amplo.

Violência, diferença étnica e cultural

No momento em que escrevo estas palavras, estabeleceu-se um tênue diálogo entre os grupos antagônicos em Israel e na Bósnia; os conflitos armados na Somália, em Angola, no Afeganistão e em outros lugares parecem prontos a continuar. Voltar da violência contra as mulheres para os confrontos militares poderia parecer tão heterodoxo quanto o elo desenvolvido em relação aos processos totais de pacificação. Ainda assim, as ligações existem. A guerra na Bósnia, por exemplo, assistiu ao estupro sistemático de mulheres muçulmanas como uma forma proposital de humilhá-las – e, como as declarações dos envolvidos tornaram claro, de humilhar também seus compatriotas do sexo masculino.

Confrontos como esse na antiga Iugoslávia e em outras regiões poderiam, talvez, ser um resíduo do passado – uma forma de resolver as linhas de divisão e hostilidade. Por outro lado, e isso é mais perturbador, eles podem ser o vulto daquilo que está por vir, visto que as próprias mudanças que atuam para reduzir a possibilidade de guerras entre os Estados poderiam aumentar as chances de confrontos militares regionais – mais ainda se pensarmos que fundamentalismos de diversos tipos podem atuar no sentido de aguçar as diferenças étnicas ou culturais preexistentes.

Sob quais condições os membros de diferentes grupos étnicos ou comunidades culturais conseguem viver uns com os outros e em quais circunstâncias haveria a probabilidade de as relações entrem eles sucumbir à violência? Mais uma vez, a questão é bastante ampla, e eu discutirei apenas alguns de seus aspectos. Virtualmente não existem sociedades no mundo nas quais os diversos grupos étnicos sejam totalmente iguais uns aos outros. A divisão étnica e alguns outros tipos de diferenças, como as religiosas, também são normalmente diferenças de estratificação. As desigualdades associadas à etnicidade são, com frequência, fontes de

PARA ALÉM DA ESQUERDA E DA DIREITA 275

tensão ou de hostilidade mútua e, consequentemente, representam seu papel no incentivo a conflitos que podem conduzir a um colapso da ordem civil.

Contudo, tais desigualdades são por demais comuns para fornecerem explicações suficientes das explosões de violência. Sem querer analisar o quão comuns tais conflitos provavelmente são, ou quais são suas principais origens, quero discutir três grupos de circunstâncias relevantes para a forma pela qual eles poderiam ser inibidos ou contidos. O primeiro deles é a influência potencial da democracia dialógica; o segundo é o enfrentamento do fundamentalismo; o terceiro, o controle do que chamarei de espirais degeneradas de comunicação emocional. Todos eles se relacionam ou recorrem a ideias discutidas em outras partes deste livro.

Em termos analíticos, existe apenas um número limitado de formas nas quais culturas ou etnicidades diferentes podem coexistir. Uma delas é por meio da segmentação – por meio da separação geográfica ou fechamento cultural. No entanto, poucos grupos ou nações podem atualmente manter uma separação nítida em relação aos outros. Quase todas as pequenas comunidades que tentam se separar do mundo exterior, ou que tentam limitar seu contato com ele, acabam reabsorvidas em maior ou menor grau – como aconteceu, por exemplo, com a grande maioria das comunas da década de 1960. Os Estados que buscaram o isolamento, como fez, em certo sentido, todo o bloco soviético, ou a China, ou o Irã, não conseguiram preservá-lo a longo prazo.

Assim, enquanto "solução" para os problemas de se conviver com os conflitos de valores, a segmentação é muito menos importante do que costumava ser, com o surgimento de uma ordem cosmopolita global. Embora o afastamento total do universo social mais amplo tenha se tornado problemático, os diversos tipos de separação de grupo e a diferenciação nacional podem, sem dúvida, ser mantidos. Os grupos podem manter-se isolados, e a segregação física não perdeu todo seu significado. Nas cidades, por exemplo, os diferentes grupos étnicos frequentemente ocupam áreas distintas, tendo apenas contatos limitados uns com os outros. A separação geofísica é um dos meios pelos quais a estratificação dos grupos étnicos e subclasses se organiza. Aquelas pessoas que estão nas áreas mais pobres podem não ter a possibilidade de se deslocar, ao passo que os membros dos grupos mais afluentes raramente visitam os bairros pobres, se é que o fazem.

Entretanto, devido ao caráter diaspórico de muitas diferenciações étnicas e culturais, e à influência penetrante dos meios de comunicação de massa, as culturas segmentares agora só atuam com algum grau de harmonia em um clima cosmopolita. Quando a segmentação se esgota, e a saída se torna difícil, só restam duas opções: comunicação ou coerção e violência.

Assim, existe entre comunicação e violência uma tensão de natureza mais intensa que a existente nas fases iniciais do desenvolvimento social moderno – e isso é verdadeiro não só para as sociedades industrializadas, mas também em uma escala global. Numa situação dessas, esteja ela combinada a instituições mais democráticas ou não, a democracia dialógica torna-se um meio primordial para a contenção ou a dissolução da violência. Não seria forçado percebermos uma linha direta de ligação entre a violência masculina contra as mulheres na vida cotidiana e a violência entre os grupos subnacionais.

A diferença – quer seja diferença entre os sexos, diferença de comportamento ou personalidade, diferença étnica ou cultural – pode tornar-se um meio de hostilidade; mas pode ser, também, um meio para a criação de entendimento e solidariedade mútuos. Isso representa a "fusão de horizontes" de Gadamer, que pode ser expressa como um círculo virtuoso. Entender o ponto de vista do outro possibilita maior autocompreensão, que, por sua vez, amplia a comunicação com o outro. No caso da violência masculina contra as mulheres, está bem provado que o diálogo pode impedir o "teorema clausewitziano". Ou seja, os indivíduos violentos tornam-se menos violentos – também em outras esferas de suas vidas – quando conseguem desenvolver um círculo virtuoso de comunicação com um outro ou outros que sejam significativos.

O diálogo possui um grande poder substitutivo no que diz respeito à violência, ainda que a relação entre ambos nos contextos empíricos seja bastante complexa. A conversa pode, em muitas circunstâncias, levar à hostilidade e à possibilidade de violência, ao invés de servir para debilitá-las. Em diversas situações, a recusa de um engajamento com o outro está ligada a sistemas de poder coercitivo, como acontece com seu oposto, a ausência de voz. O avanço da democracia dialógica quase sempre depende dos processos correlatos de transformação socioeconômica. Dito isso, a democratização dialógica provavelmente será fundamental para o cosmopolitismo civil, em um mundo de diversidade

PARA ALÉM DA ESQUERDA E DA DIREITA 277

cultural regular. A diferença pode ser um meio de fusão de horizontes; entretanto, aquilo que é um círculo potencialmente virtuoso pode, em algumas circunstâncias, degenerar-se. Eu definiria uma espiral degenerada de comunicação como aquela na qual a antipatia alimenta-se de antipatia, o ódio, do ódio.

E essa observação nos traz a um círculo completo: de que outra maneira poder-se-ia explicar os eventos na Bósnia e os acontecimentos semelhantes em outros lugares? Os fundamentalismos, como já disse, estão circundados de violência em potencial. Sempre que o fundamentalismo assume o controle, seja ele religioso, étnico, nacionalista ou de gênero, as espirais degeneradas de comunicação representam uma ameaça. Aquilo que originalmente é apenas um isolacionismo, ou talvez apenas a insistência na pureza de uma tradição local, pode, se essa for a tendência das circunstâncias, transformar-se em um ciclo vicioso de animosidade e rancor. A Bósnia situa-se em uma linha de ruptura histórica que divide a Europa cristã da civilização islâmica. Ainda assim, não se pode elaborar uma explicação suficiente do conflito iugoslavo somente por meio de referências a antigas hostilidades. Estas, quando refocalizadas no presente, fornecem um contexto; uma vez que os conflitos se iniciam, e o ódio começa a se alimentar do ódio, aqueles que eram bons vizinhos podem acabar se tornando os mais amargos dos inimigos.

CAPÍTULO 10
QUESTÕES DE ATUAÇÃO E VALORES

Em conclusão, gostaria de reunir alguns dos temas do estudo como um todo. Afirmei que, hoje em dia, os programas políticos radicais devem basear-se em uma conjunção da política de vida e da política gerativa. As questões de política de vida tornaram-se proeminentes graças à influência conjunta da globalização e da destradicionalização – processos que possuem forte conotação ocidental, mas que estão afetando as sociedades em todo o mundo. Os planos de ação política precisam ser de caráter gerativo, na medida em que a reflexividade passa a ser o elo entre os dois outros grupos de influência. A política de vida está centrada no seguinte problema: como viveremos após o fim da natureza e da tradição? Tal questão é "política" no sentido amplo de que ela implica um julgamento entre diferentes afirmações de modo de vida, mas também no sentido mais restrito de que ela se impõe profundamente em áreas ortodoxas de atividade política.

Vista de uma forma abrangente, uma estrutura de política radical se desenvolve segundo uma perspectiva de realismo utópico e em relação às quatro extensas dimensões da modernidade. Combater a pobreza, absoluta ou relativa; restaurar a degradação do meio ambiente; contestar o poder arbitrário; reduzir o papel da força e da violência na vida social – são esses os contextos direcionadores do realismo utópico.

Afirmei que, seja no contexto das sociedades industrializadas ou não, a busca pela superação da pobreza significa a adoção de um modelo gerativo de igualdade. A ideia da igualdade gerativa também está intimamente ligada ao diagnóstico que apresentei sobre a crise ecológica. Não quero dizer com isso que os programas de ação projetados para reduzir as desigualdades sejam sempre compatíveis com os objetivos ecológicos. Com certeza, nem sempre o são; e o mesmo se aplica às relações entre as outras dimensões. Contudo, a crise ecológica, da forma como a interpreto aqui, é essencialmente uma crise de significado moral em um mundo que se tornou cosmopolita. "Salvar o meio ambiente" parece um objetivo razoavelmente fácil de ser formulado, mas é, na verdade, uma desculpa para o problema de como devemos lidar com a dupla desintegração da tradição e da natureza, visto que o "meio ambiente" não é mais a natureza; e as tradições precisam ser discutidas, em vez de pressupostas.

A ideia de uma ordem pós-escassez como um ideal orientador e a crítica do produtivismo surgem dessas preocupações. Um sistema pós-escassez não é aquele no qual o desenvolvimento econômico fica estagnado. Em termos simples, ele é um sistema no qual o produtivismo não mais governa. Defino produtivismo como um etos no qual o trabalho é autônomo e os mecanismos de desenvolvimento econômico substituem o crescimento individual, o objetivo de uma vida feliz e em harmonia com os outros. Esse é o contexto no qual uma avaliação crítica das instituições previdenciais nas sociedades ocidentais pode aprender com as solidariedades e éticas de vida do setor informal. Tal enfoque não nega, de forma alguma, o sofrimento daqueles que são muito pobres, ou a desmoralização que a pobreza pode causar. Ainda assim, na superação do produtivismo, os ricos têm muito que aprender com os pobres, e essa situação é um fator que suscita a possibilidade de um pacto entre estilos de vida que promova a igualdade gerativa.

O produtivismo está bem próximo ao capitalismo, e é importante perguntar até onde a estrutura da política radical mostrada aqui dá continuidade à antiga animosidade da esquerda em relação à iniciativa capitalista. O que deve ser considerado das críticas socialistas sobre o capitalismo e o que deve ser descartado?

Acredito que alguns dos ideais básicos associados ao socialismo continuam tão convincentes quanto antes, mas um embate crítico com o produtivismo deve apresentar uma abordagem que seja bem diferente do pensamento socialista. Seu principal objeto é a superação da postura compulsiva, seja em relação à autonomia do trabalho ou em outras áreas da vida social; e seu objetivo direcionador positivo é a expansão da

PARA ALÉM DA ESQUERDA E DA DIREITA 281

felicidade humana. Integrada ao conceito de igualdade gerativa, a crítica do produtivismo recorre ao conservadorismo filosófico para sugerir uma recuperação de preocupações morais suprimidas. Em termos mais concretos, ela pressupõe a criação de uma série de pactos sociais, incluindo aquele entre os afluentes e os pobres, mas também, e especialmente, o pacto entre os sexos.

A principal pergunta a ser feita e respondida aqui não é "quanta regulamentação deve haver, e quanto mercado?" e sim "de que forma a produtividade pode ser separada do produtivismo?" O capitalismo não é homogêneo, e as condições de produtividade, especialmente quando empregamos o termo em seu sentido amplo, atravessam as divisões preexistentes entre "produção socializada" e as forças de mercado. Uma ordem pós-escassez veria os mercados como sinalizadores, mas não aceitaria o teorema de que tudo tem seu preço. Seu ímpeto direcionador não seria a restrição das forças de mercado por agências centralizadas, mas o incentivo gerativo de mudança de estilo de vida.

Em tudo isso, a utopia pode parecer superar o realismo, mas não acredito que esse seja o caso. Uma ordem pós-escassez parece remota, até mesmo fantasiosa, no contexto de uma economia mundial capitalista em expansão. Entretanto, em alguns aspectos, particularmente nas sociedades industrializadas, já vivemos nessa ordem, e há poderosas influências impulsionando a situação. Não é provável que haja uma revolta geral contra o consumismo, ou que seja exigida uma parada dos processos de crescimento econômico. Mas sobram exemplos de fenômenos pós-escassez. Nos países ocidentais, dois ou três por cento da população é capaz de produzir muito mais alimento do que pode ser consumido nesses países. Atualmente, as profissões têm tanta importância para a distribuição dos bens quanto para sua produção. Os aspectos destrutivos do crescimento econômico desenfreado tornaram-se tão difusos e óbvios que nenhum Estado, ou mesmo corporação industrial pode ignorá-los. Em todos os lugares, as mulheres estão pressionando os homens para uma divisão de trabalho diferente entre o trabalho assalariado e os afazeres domésticos – a lista é enorme.

Pode parecer que um industrialismo ostensivo esteja esmagando tudo em seu caminho, principalmente quando os países do Terceiro Mundo passam a apresentar um desenvolvimento econômico bem-sucedido. Por outro lado, existe em todo o mundo uma consciência da futilidade dos métodos de desenvolvimento que se automutilam, destruindo os meios de sua própria reprodução. Movimentos que se afastam do produtivismo, como os anteriormente citados, são expressões da crise ecológica e, ao mesmo tempo, uma resposta direta a ela. De maneira semelhante, os processos democratizadores são estimulados, ainda que de formas complicadas e paradoxais, pelo surgimento da reflexividade social; e, como tentei mostrar, estão intimamente ligados à luta contra a violência.

Até agora deixei de lado a questão da atuação. De que forma a teoria deve se ligar à prática? Quando o radicalismo geralmente significava socialismo, havia uma ligação nítida entre os dois. O pensamento socialista, particularmente na versão de Marx, diagnosticou as irracionalidades da história, mas mostrou que a história forneceu os próprios meios de superá-las. Se a ideia de Marx sobre a futura sociedade sem classes nunca foi muito coerente, sua explicação sobre o papel do proletariado revolucionário era cativante; o "enigma da história" era resolvido pelas ações da classe oprimida. Especialmente em sua forma marxista, o socialismo evocou um providencialismo que possuía raízes profundas na cultura europeia. A história nos apresenta problemas, expressos na forma de contradições sociais; mas essas mesmas contradições nos garantem uma síntese ainda maior, que nos impulsiona para a frente.

Hoje temos de romper com o providencialismo, não importa como ele se apresente. Não nos serve a ideia de que o capitalismo está impregnado de socialismo. Não nos serve a ideia de que haja um agente histórico – seja o proletariado ou qualquer outro – que virá quase que automaticamente em nosso socorro. Não nos serve a ideia de que a "história" tenha qualquer direção necessária. É preciso aceitar o risco como risco, inclusive e até o mais cataclísmico dos riscos de grandes consequências; temos de aceitar que não pode haver volta do risco artificial para o risco externo.

Marx estava certo em criticar o pensamento utópico separadamente de qualquer explicação relevante das possibilidades históricas imanentes. Contudo, ele só poderia rejeitar a perspectiva utópica *in toto* baseado em uma visão teleológica e providencial do desenvolvimento social humano. A seu ver, era utópico não relacionar diretamente teoria e prática. Algumas pessoas sugeriram que a queda do socialismo significa o fim da perspectiva utópica, mas afirmo que é justamente o contrário. Uma recuperação da contingência da história e a centralidade do risco abrem espaço para o pensamento utópico contrafactual.

PARA ALÉM DA ESQUERDA E DA DIREITA

O realismo utópico, na forma como defendi neste trabalho, é a perspectiva característica de uma teoria crítica sem garantias. É "realismo" porque uma teoria tão crítica, uma política tão radical, tem de controlar processos sociais reais para sugerir ideias e estratégias vantajosas; e "utopia" porque, em um universo social cada vez mais invadido pela reflexividade social, no qual, constantemente, os futuros possíveis não são somente comparados com o presente, mas ajudam ativamente a constituí-lo, os modelos daquilo que poderia acontecer podem influir diretamente naquilo que realmente vem a acontecer. Uma perspectiva de realismo utópico reconhece que a "história" não pode simplesmente ser "controlada reflexivamente"; ainda assim, esse reconhecimento é importante para a lógica do pensamento utópico, pois não mais nos apegamos ao teorema de que um melhor entendimento da história implica maior transparência de ação e, portanto, maior controle sobre o seu curso.

Mas o radicalismo apresenta alguma ligação com as divisões ortodoxas entre a esquerda e a direita? E quais os valores que deveriam nortear uma teoria crítica da modernidade tardia? Como justificar esses valores em um mundo cosmopolita que parece, quase que por definição, ser estranho a quaisquer afirmações de valores universais?

Essas são perguntas difíceis – ou pelo menos assim parecem. Mas, talvez não sejam tão complexas ou enigmáticas quanto muitos afirmam. Abandonar o providencialismo tem suas vantagens. Se não há nenhuma direção necessária para a história, não é preciso procurar agentes privilegiados que sejam capazes de "perceber" suas potencialidades intrínsecas. Pensar de maneira radical não é necessariamente pensar "de maneira progressista" e não está necessariamente associado a estar na "vanguarda" da mudança. Os movimentos sociais exercem um papel significativo na política radical, não só por aquilo que tentam conseguir, mas por expressarem dramaticamente o que poderia, de outra forma, passar despercebido. Ainda assim, nesse sentido, seria errado dar muita importância aos movimentos sociais ou aos grupos de autoajuda enquanto veiculadores de programas radicais. A verdade é que nenhum grupo possui um monopólio sobre o pensamento ou a ação radicais em um universo social pós-tradicional. A tese de que a história é construída sobretudo pelos despossuídos – a versão socialista da dialética entre senhor e escravo – é sedutora, mas falsa.

Muitas das ideias discutidas neste livro, por exemplo, são relevantes para as atividades de partidos que atuam dentro dos domínios normais da política nacional. Existem áreas a serem ocupadas aqui, desde a democratização da democracia e a promoção de solidariedades sociais até a maneira de lidar com a violência. É provável que partidos diferentes se instalem nessas áreas, mas há muitas oportunidades para que os partidos da esquerda renovem suas doutrinas – principalmente quando se defrontam com os partidos neoliberais e não com os conservadores mais ao centro e os liberais.

Podemos nos perguntar de que maneira superar, mesmo que parcialmente, as divisões entre a esquerda e a direita, em uma época na qual as pessoas que abertamente se denominam neofascistas estão de volta às ruas? Na verdade, não estaríamos agora voltando para uma era anterior, na qual as emoções atávicas novamente venham à tona e um progressivismo renovado deva novamente lutar contra o racismo e o sentimento reacionário?

Acredito que não. As lutas em questão são muito reais, e é provável que sejam de importância decisiva para o futuro. Mas elas não devem ser interpretadas simplesmente como marcas de uma regressão. Pelo contrário, elas podem ser analisadas com base nas ideias que desenvolvi nos capítulos anteriores. O neofascismo não é o fascismo em sua versão original, por mais que as pessoas que o defendem olhem nostalgicamente para o passado. É um tipo de fundamentalismo, incrementado com o potencial para a violência.

Não há dúvidas de que a diferença entre a esquerda e a direita – que, de toda forma, foi contestada desde o início – continuará a existir nos contextos práticos da política partidária. Aqui, seu sentido primordial, pelo menos em muitas sociedades, difere daquilo que costumava ser, visto que a direita neoliberal passou a defender o domínio dos mercados, enquanto a esquerda apoia maior previdência e provisão públicas: muitos outros partidos, como sabemos, têm um pé na direita e outro na esquerda, ligando-se, às vezes, a movimentos sociais.

Mas será que a distinção entre esquerda e direita mantém algum sentido fundamental ao ser retirada do ambiente mundano da política ortodoxa? Sim, mas apenas em um plano bastante geral. No todo, a direita aceita melhor a existência de desigualdades do que a esquerda, e está mais propensa a apoiar os poderosos do que os desprovidos de poder. Esse contraste é real e continua sendo importante. Mas seria difícil levá-lo muito longe, ou fazer dele um princípio dominante. Na verdade, nenhum conservador, hoje em dia, defende a desigualdade e a hierarquia

PARA ALÉM DA ESQUERDA E DA DIREITA

à maneira do Velho Conservadorismo. Os neoliberais aceitam a importância da desigualdade e, até certo ponto, a veem como um princípio motivador da eficiência econômica. Mas essa posição baseia-se, principalmente, em uma teoria da flexibilidade necessária dos mercados de trabalho, e não em uma justificativa da desigualdade *per se*. Certamente, não é uma justificativa "em princípio" da pobreza – embora, talvez seja, às vezes, ideologicamente usada como tal. Além disso, os neoliberais atacaram as formas tradicionais de privilégio com mais ênfase do que os socialistas dos últimos tempos; e essas formas de privilégio frequentemente incluíram modalidades de poder arraigado. Os conservadores que criticam os neoliberais geralmente o fazem por considerarem os modelos de livre mercado produtores de uma sociedade excessivamente dividida; eles querem menos desigualdade e não mais.

Será que podemos realmente dizer que estão surgindo determinados princípios éticos mais ou menos universais que tendem a unir todas as perspectivas fora dos domínios dos diversos fundamentalismos? Acredito que sim, principalmente porque tal conclusão desafia a sabedoria convencional do momento. Um mundo dominado pelas influências da globalização e da reflexividade social pode parecer um mundo de fragmentação e contextualidade sem esperança. Esta é a visão do pós-modernismo; e não é difícil entender por que muitos de seus defensores foram tão atraídos por Nietzsche. Não existem muitas verdades sobre como é o mundo, e sobre como deveria ser uma vida decente? E, se há muitas verdades – tantas quantos são os contextos humanos de ação –, no fim tudo não depende de poder? Será que talvez devêssemos apenas saudar Nietzsche e seguir nossos caminhos de maneira independente, deixando que o mundo todo apodreça da forma que quiser?

Deve-se acrescentar, além disso, que o princípio orientador de nossa época é a dúvida metódica, que tem suas origens intelectuais na filosofia cartesiana. O princípio de que tudo é passível de revisão, de que não podemos ter certeza nem mesmo das ideias que nos são mais caras, tornou-se agora a principal característica da própria ciência, e esta, afinal de contas, deveria produzir certezas para nós. Afinal, o ceticismo universal não é o mesmo que niilismo? Ele parece declarar que nada é sagrado – e é contra essa ideia que o fundamentalismo se posiciona em boa parte da vida social moderna. Talvez os fundamentalistas tenham, afinal de contas, feito alguma coisa certa.

Mas essa é exatamente a questão. Uma perspectiva nietzschiana é, por vezes, enaltecida atualmente por permitir esse reconhecimento do "outro" – esse cosmopolitismo necessário – que torna possível um mundo multinacional. Isso não acontece. Na verdade, ela conduz exatamente a um mundo de múltiplos fundamentalismos; e esse mundo está arriscado a se desintegrar em razão do conflito de visões de mundo opostas. A dúvida metódica não é o mesmo que o ceticismo empírico. Ao contrário, representa o caminho do diálogo, da justificação discursiva e da convivência com o outro. Também não é, de forma alguma, o mesmo que niilismo, pois traz consigo a necessidade de justificar argumentos (e ações) com razões, às quais os outros podem reagir.

Os valores universais que estão surgindo hoje em dia – e que são os mecanismos direcionadores das formas de política radical discutidas nas páginas anteriores – expressam esse cosmopolitismo global e dele derivam. Estamos agora em um mundo no qual existem *muitos outros*: mas também no qual não *existem* outros. Os riscos de grande consequência, os "males" em potencial da modernidade, entre os quais deve ser incluído o conflito violento dos fundamentalismos, revelam o aspecto negativo desses valores; mas eles podem ser adequados, como já afirmei anteriormente, sob um signo positivo.

Imprevisibilidade, incerteza artificial, fragmentação: estas formam apenas um lado da moeda da ordem globalizante. No outro lado, estão os valores compartilhados que advêm de uma situação de interdependência global, organizada pela aceitação cosmopolita da diferença. Um mundo sem outros é um mundo no qual – por uma questão de princípio – todos nós partilhamos de interesses comuns, da mesma forma que defrontamos com riscos comuns. Empiricamente, são possíveis muitos cenários desastrosos – a ascensão de novos totalitarismos, a desintegração dos ecossistemas mundiais, uma sociedade de afluentes encastelada, em luta permanente com a maioria empobrecida. Mas há correntes opostas a esses cenários na realidade, assim como há forças que se contrapõem ao niilismo moral. Uma ética de uma sociedade pós-tradicional globalizante implica o reconhecimento da santidade da vida humana e o direito universal à felicidade e à autorrealização – ligado à obrigação de promover a solidariedade cosmopolita e a uma postura de respeito perante ações e seres não humanos, atuais e futuros. Longe de vermos o desaparecimento de valores universais, talvez esta seja a primeira vez na história da humanidade em que esses valores apresentam um verdadeiro ponto de apoio.

ÍNDICE REMISSIVO

aborto, 247-8
ação a distância, 13
ação, autonomia de, 106-7
acidentes, 173
    rodoviários, 176
acordo de esforços, 221-2
administração científica, 203
afluência, 107
    modelo gerativo de igualdade, 185-6,
    189-90, 192-3; modelos gerativos de
    igualdade, 186-8
    (ver também riqueza)
África, países da, 112, 121
água (envenenamento), 130
AIDS, 252
Alcoólicos Anônimos, 138
Alemanha, 33-4, 40-1
ambientalismo, 230-3, 231, 235
ambientes de risco global, 114-120
American Association of Retired Persons,
    214
América Latina, 112, 168
Ancien Régime, 34, 42, 63
Anistia Internacional, 116
anorexia, 97

antropologia, 101-2
"aproximações", 40
aposentadoria, 192-5, 214
aquecimento global, 12, 93, 114, 231, 249
aristocracia, 35-6, 125
Aristóteles, 206
armas, 115, 119, 263, 265
armas nucleares, 115, 263, 265
assistência social, 175
associação, 142
atuação, 29, 279; valores e, 279-86
autoajuda, 25, 102, 183, 222, 283
    democratização e, 139, 141, 146
autoentendimento, 28
autoidentidade, 144, 211, 213
autointeresse, 181
autorrealização, 189, 206, 218-9, 286
autoconfiança, 183, 185
autonomia, 15, 80-1, 109, 113, 124, 162,
    183, 216
    de ação, 106-7; de trabalho, 202-5, 280;
    democracia dialógica, 24-6, 136-9, 145-7,
    149-51; responsabilidade e, 27-9; soli-
    dariedade e, 22, 25-6, 28, 130, 144-7; de
    trabalho, 221-2

autoridade, 14
    burocrática, 15, 140; na família, 47,
    113, 137; moral, 47
auxílio estrangeiro, 183

Banco Mundial, 188
Beck, Ulrich, 139, 146, 234
Bell, Daniel, 43, 49
Beveridge, W. H., 157-8
biosfera, 226, 230, 237
Bismarck, Otto von, 194-5
Bloom, Allan, 43
Bobbio, Norberto, 110, 133
Böhm-Bawerk, Eugen, 71
Bonald, Louis de, 34-5
Bookchin, Murray, 225-7, 238
Bósnia, 274
Bourdieu, Pierre, 261
Brandt, Relatórios, 180-1
brigas entre famílias, 269-70
bulimia, 97
Burke, Edmund, 10, 35-6, 39, 188, 228
burocracia, 15, 140

camada de ozônio (desgaste), 93, 124, 231
Campanella, Tommaso, 67
capitalismo, 108, 144, 190
    conservadorismo e, 10, 18-22, 34,
    44-6, 50-6; economia pós-escassez, 20,
    117-8, 286; globalização, 95, 99-100,
    102-5; modernização, 53, 95, 99-100;
    socialismo e, 10, 18-22, 68-71, 81-5;
    teorias de democratização, 122-3
casamento, 13-5, 98, 107, 113, 136-7, 177,
    196
Castro, Fidel, 78
catolicismo, 31
centralização, 140, 143
Chernobil, desastre de, 250
China, 78, 103
cidadania, 137
    direitos de, 264; cidadania econômica, 88
ciência, 111, 147, 237, 252; engenharia
    genética, 241-8

cives, 148, 150
classe, 26
    análise (problemas previdenciais), 158-
    64; luta de, 65, 87; relações de, 103-4,
    107; subclasse, 47, 164-9 (ver também
    aristocracia)
classe média, 161, 170
classe trabalhadora, 69, 76, 83, 85, 88, 99,
    108, 163, 170; proletarização ativa, 155
Clausewitz, Karl von, 260, 263, 274
Clube de Roma, 114, 230
coerção,136, 276
coletivismo, 21, 52
competição, 10, 20, 46
competição econômica global, 88
comprometimento, 22, 113, 219
Comuna de Paris, 74
comunicação, 128, 136
    cosmopolita, 100, 146, 150, 276; habi-
    lidades de, 137; violência e, 28, 276
comunicação global, 95
comunismo, 36, 45, 48, 57
    de Durkheim, 66-8, 218, 220; socialis-
    mo e, 66-8, 72, 78, 82; soviético, 10,
    16, 71, 77, 103; teorias de democrati-
    zação, 122-6, 128-9
Condorcet, Marquês de, 131
confiança, 26, 52, 146-7, 219
confiança ativa, 22, 150, 177
    democracias dialógicas, 24-5, 133-42,
    145-51; papel da, 108-13
conflito iugoslavo, 277
confronto iugoslavo, 274
conhecimento, 12, 18, 39-40, 106
    local, 79, 98, 141; tácito, 45, 57, 80;
    técnico, 95, 111-2, 176
conservadorismo, 10, 16-9, 31
    caracterização do, 37, 47; mudança so-
    cial 37-8, 60, 52-6; neoconservadoris-
    mo, 37-8, 60; neoliberalismo e, 40-3,
    60-1; tradição e, 47, 52, 56-61; velho
    conservadorismo, 32, 33-7, 44-50,
    125-6 (ver também Nova Direita)

PARA ALÉM DA ESQUERDA E DA DIREITA

conservadorismo filosófico, 19-21, 37-40, 54, 57, 59-61, 182, 199, 228, 241, 257, 281
consumismo, 190, 192, 201, 281
consumo, 67, 187, 190
"controle comunitário", 210
controle/limitação de danos, 12, 182
cooperação social, 85
cooperativas de trabalhadores, 82-3
coordenação espontânea, 44
corpo (pessoalidade), 256
corporativismo, 50, 86, 160
cosmopolitismo, 14, 29, 99, 142, 150, 276, 286; cultural, 14, 59, 130
crescimento econômico, 42, 104, 108, 186, 280
crescimento populacional, 184, 186, 230, 234-5
crime, 260
crise ecológica (fontes), 183
Crosland, Anthony, 84-91
Cuba, 78
cuidados preventivos, 208-10
cultura, 96-7
neoconservadorismo e, 42-3
"cultura comum", 54

democracia, 20, 34, 38, 41, 45-6, 99
democratização da, 24, 150, 284; dialógica, 24, 26-7, 117, 119, 130-42, 146-50, 271, 275-6; emocional, 25, 215, 273; popularidade da, 121-2; representativa, 34, 74, 141; socialismo e, 66, 72-5
democracia burguesa, 72-3
democracia cristã, 31-2
democracia industrial, 87
democracia liberal, 18, 20, 40, 72, 74, 110, 122-34, 141
democracia parlamentar, 262
democracia representativa, 129
dependência previdencial, 26
desastres, 250-3
descentralização, 81, 109, 140, 226

desemprego, 26, 69, 83, 107-8, 272
welfare state e, 153-8, 162, 164-8; previdência social e, 208-14
desertificação, 93, 114, 231
desindustrialização, 96
destradicionalização, 15, 22, 106, 118, 163, 279
confiança ativa, 22, 108-13, 136; conservadorismo, 52-4, 58-9; modernização, 271; modernização e, 53, 99-101, 193, 233-5; previdência positiva, 197-8, 199-201; teorias de democratização, 127, 134
"desligamento", 24, 110
Deus, 9, 34, 173
dever, 29, 145-6
Dewey, John, 148
diálogo, 130-1
na teoria da democratização, 28-9; violência e, 28, 274-7
diferença cultural (violência), 274-7
diferença étnica (problemas de violência), 274-7
dilemas morais, 20, 203
direitos
de cidadania, 72-3, 83, 87-9
direitos burgueses, 83-4
direitos democráticos, 116-7
direitos humanos, 11
direitos legais, 83-4, 87-8, 272
direitos políticos, 83, 88
direitos sociais, 83-88
distribuição de renda, 26, 86, 89, 114-5, 151-2, 179
distúrbios alimentares, 97-8
dívida (internacional), 180
divisão de trabalho
internacional, 13; sexual, 192-4, 201-2, 216-7, 228-9, 281-2
domínio da lei, 124
"dupla discriminação", 106
Durkheim, Émile, 35, 68, 88, 142
comunismo de, 67-8, 189, 218, 220
Dworkin, Ronald, 247

ecologia, 11-2, 19-20, 25-8, 55, 108, 114, 118, 224, 280
economia mista, 71
economia paralela, 202
economias asiáticas, 104-5
economias sob comando, 45
ecossistemas, 13, 114, 117-8, 230
ecotoxicidade, 255-6
eficiência burocrática, 81
eficiência de Pareto, 103
eficiência econômica, 81, 169, 285
egoísmo, 46, 144, 180, 219
Ekins, Paul, 180
emancipação, 20-1, 64, 68, 106, 174-5, 182-5, 206
Embree, John, 102
emprego
cooperativas de trabalhadores, 82-3; mulheres, 89-90, 106-7, 183, 201-3, 212-4; pleno, 85, 87, 90, 158-60; política de vida e, 108; problemas previdenciais, 158-164; produtivismo/ produtividade, 200-5; sindicatos, 107-8, 142 (ver também desemprego; mercado de trabalho; trabalho)

engajamentos reflexivos, 182
Engels, Friedrich, 76
engenharia genética, 241-8
Escola de Frankfurt, 77
Escola de Virgínia, 45
"espaço discursivo", 24, 110, 138
Estado, 23-4
"fracasso do Estado", 175; associação civil, 146-150; pacificação e, 261-5; sociedade civil e, 133
estado da natureza, 34
Estados Unidos, 32-3; "excepcionalismo", 41; Guerra Fria, 116, 249, 258, 263, 265; neoconservadorismo, 40-3; população idosa, 193-5, 214; Revolução, 66; subclasse, 165-7
estados-nação, 18, 51, 127, 141, 143, 160-1, 163, 169, 218, 261-2, 265

estratégias de prevenção primária, 178
estratégias de prevenção secundária, 178
estratégias de prevenção terciária, 178
etnicidade, 14, 97, 274
etnocentrismo, 43
eu autotélico, 219-221
eurocentrismo, 66
evolucionismo, 57, 151
Ewald, François, 174
excepcionalismo, 32
"exército de reserva industrial", 69
expressão (e saída), 46

família, 13, 17, 22, 202
autoridade na, 47, 113, 137; "desintegração", 51, 90; direitos de propriedade, 46-7, 49-50; parentesco, 23, 107, 163; relações pais–filhos, 112, 137, 164, 197 (ver também casamento; patriarcado)
fascismo, 36, 48, 122, 150, 228, 284
felicidade, 189, 191, 206, 218, 220, 223, 286
feminilidade, 100, 184, 217, 271
feminismo, 11, 25, 47, 100, 107, 202, 271
feudalismo, 36
filosofia cartesiana, 285
Fischer, Claude, 239
fontes estruturais (welfare state), 153-8
força de trabalho, 69
forças de mercado, 45-6
Forster, E. M., 122
França, 33-4, 66, 72, 228
French, Marilyn, 116, 267-8
Freyer, Hans, 40-1
Friedman, Milton, 44
Friedman, Rose, 44
Fukuyama, Francis, 18, 125-6
fundamentalismo, 19, 51, 133, 148
de gênero, 14, 28, 60; religioso, 14, 59, 100-1, 277; sociedade pós-tradicional, 14, 17-8, 100-2, 285-6; violência e, 14, 20-21, 28, 142-3, 150, 274, 277, 284-6
Future of Socialism, The (Crosland), 83

PARA ALÉM DA ESQUERDA E DA DIREITA 291

Gadamer, Hans-Georg, 39-40
Galbraith, J. K., 161, 165-6
Galtung, Johan, 260
gases do efeito-estufa, 114
Gay, Peter, 67
Gehlen, Arnold, 40-1
gênero, 26, 159
  fundamentalismo de, 14, 28, 60; papéis (divisão sexual de trabalho), 192-
  4, 202-3, 216-7 (ver também homens;
  mulheres)
gêneros alimentícios (disponibilidade
  de), 253-5
Gilder, George, 47
Glazer, Nathan, 211
globalização, 16, 160, 285
  impacto da, 12-6, 54, 59-60, 95, 104-
  5; modernização e, 79, 95-101, 104-6,
  169, 233-6; teorias de democratização,
  129
Goldsmith, Edward, 227-8
Goodin, Robert E., 157, 232-3, 240
governo, 23-5, 162
  impostos, 132, 161-2, 197-8; intervenção do, 42, 44-6 (ver também Estado)
Grã-Bretanha, 33, 48, 50, 167
Grameen Bank, 183
Grande Depressão, 156
Gray, John, 54-6, 229
guerra, 27, 115-6, 119-20, 143, 155-8,
  259-65
  masculinidade e, 266-74 (ver também
  armas)
Guerra Fria, 115-6, 258, 260-5

Habermas, Jürgen, 131, 133
Hale, Matthew, 154
Hayek, F. A., 44-6, 63, 71, 80-1
Hegel, G. W. F., 35, 65, 124
Held, David, 136, 141, 150
Hewitt, Patricia, 159
hierarquia das necessidades, 189
história, 9-11, 30
  socialismo e, 65-72

homens
  masculinidade, 100, 184, 197, 217,
  266-74 (ver também casamento; família; gênero; patriarcado)

identidade sexual, 272
igualdade, 66-9
  crescimento econômico e, 104-6; modelo gerativo, 208, 279-81
Iluminismo, 12-3, 34, 65, 67, 76, 93-4,
  173, 176, 226
imperialismo capitalista, 78
impostos, 132, 161-2, 197-8, 205
incerteza, 12-6
incerteza artificial, 12, 109, 140-1, 208
  ambientes de risco global, 114-20;
  globalização, 11-6, 54, 233-5, 286;
  modernização, 93, 97-9, 236, 242-4,
  252-3, 258; sistemas previdenciais e, 26-7,
  173-9
individualismo, 17, 21, 46, 50-1, 85; econômico, 37, 44, 125
individualismo liberal, 16-8
individualismo moral, 49-50
industrialismo, 116-8
industrialização, 119-20
integridade, 183
interdependência, 21
interesse pessoal, 44, 125
investimento, 104-5

Japão, 204
Jonas, Hans, 29
Jordan, Bill, 213
julgamentos de valor, 29
justiça social, 46, 64, 261
juventude (desemprego), 215-6

Kant, Immanuel, 127
Kautsky, Karl, 71
keynesianismo, 16, 48, 53, 71, 77, 81,
  88, 156
Kristol, Irving, 41
Kruschev, Nikita, 77

292 ANTHONY GIDDENS

Lal, Deepak, 231
Lange, Oskar, 71
Latouche, Serge, 190-5, 207, 209, 211
Le Grand, Julian, 157
lealdade, 37, 56, 214
Lenin, V. I., 66, 226
Leste Europeu, 79, 122-3, 127
Letwin, Shirley, 49-51
Lévi-Strauss, Claude, 211
Lewis, Oscar, 168
liberais de Manchester, 33
liberalismo, 17-8, 42-3, 124-5 (ver também neoliberalismo)
liberalismo *laissez-faire*, 50-1
liberdade de expressão, 124
Limits to Growth, The, 230
Lipietz, Alain, 227
Locke, John, 95
losango estrutural, 192-8
Lovejoy, A. D., 234

Maistre, Joseph de, 34-5
Manifesto Comunista, 227
Mao Tsé-tung, 78
Marcuse, Herbert, 77
Marshall, T. H., 73-4, 83-4, 87-9, 151
Marx, Karl, 9, 20, 30, 35-6, 49, 65-6, 68-70, 72-8, 83-5, 88, 94-5, 163, 207, 225-6, 282
marxismo, 77-8, 84-5, 88, 117, 123, 225-6, 282
marxismo humanista, 77
Marxismo soviético (Marcuse), 77
masculinidade, 100, 184, 197, 216-7
guerra e, 266-74
Maslow, Abraham, 189
meio ambiente, 221, 223
crise ecológica (fontes), 183; pessoalidade e, 253-8; poluição, 93-5, 114, 119, 178, 210, 221, 235-6, 255-6 (ver também ecologia; movimento verde; natureza; questões ecológicas)
meios de violência, 20

mercado,
como dispositivo sinalizador, 71; forças de, 17-9, 42-3, 50-2, 68-9; neoliberalismo, 44-7, 50-2
mercado de trabalho, 107-8, 156, 184, 197-8, 202-3, 284-5
aposentadoria do, 192-5, 208-10, 211-2, 214-5; conflito social e, 214-7; modelo gerativo, 223-4; problemas previdenciais, 158-64 (ver também desemprego; emprego; pleno emprego; trabalho)
Merchant, Carolyn, 225
militarismo, 262-6, 273
Miller, David, 130, 132
Millett, Kate, 269
Mises, Ludwig von, 53, 71, 79, 81
Mishima, Yukio, 102
Mississippi, enchentes do, 251
modelo cibernético, 16, 20, 23, 70, 140
limites do, 79, 83
modelo científico (saúde pública), 253-7
modelo gerativo de igualdade, 217-24, 279-81
modelo hierárquico, 46, 49-50, 82
modernidade, 13, 19-20, 199-202, 279
questões ecológicas, 225-58
modernização, 181-2
reflexiva, 53, 61, 79, 95-102, 110, 163, 170, 182, 234, 256; simples, 53, 79-81, 95-102, 110-11, 132, 169, 182, 264, 270;
monopólio, 70, 105
More, Thomas, 67
movimento trabalhista, 107-8, 159-60, 213-4
movimento verde, 11, 19-20, 55, 228
política de vida, 257-8
movimentos sociais, 11, 102, 254-5, 283-4
democratização e, 138-40, 141-2, 146-7
mudança demográfica, 90, 193-4,
"mudança Gestalt", 76, 188-90, 192
mudança social, 140, 169-70
confiança ativa e, 108-13; conservadorismo e, 52-6

PARA ALÉM DA ESQUERDA E DA DIREITA   293

mulheres,
emprego, 89-90, 107, 184, 201-2,
212-4; feminilidade, 100, 184, 217;
feminismo, 11, 25, 47, 100, 107, 202;
posição das, 107-8, 184; violência
contra, 28, 60, 177, 266-74, 276 (ver
também casamento; família;
gênero)
Murray, Charles, 166

nacional-socialismo, 41, 228
nacionalismo, 13, 47, 97, 99, 148-50, 264
nacionalização, 85-6, 90
Nações Unidas, 141
Naess, Arne, 226, 231-2
National Institution on Ageing, 194
natureza, 14, 19, 59-60, 65, 101, 106,
117-9, 288
pensando sobre, 230-6; vivendo em/
com, 236-41
neoconservadorismo, 37, 40-3, 61, 190
neofascismo, 150, 284
neoliberalismo, 16-19, 21-7, 32, 37, 103,
129, 160, 162, 204, 233, 282-6; conservadorismo e, 48-52, 54
New Deal, 33
Nietzsche, Friedrich, 125, 285
Norte e Sul, relações entre, 224
Nova Direita, 31-2, 37, 44-8, 50-6, 79,
90, 149
núcleos familiares, 197

Oakeshott, Michael, 39-41, 45, 54, 58,
80, 148, 150
objetivação, 20, 36, 46, 134
obrigação, 22
Offe, Claus, 154
oligopólio, 70, 105
ordem social pós-tradicional,13-16, 99-
102, 135, 201, 219, 216
organização (nas democracias dialógicas),
140-1
Osborn, H. Fairfield, 23

pacificação,27, 143, 260
Estado e, 261-6
pais-filhos, relações, 112-3
parentesco, 22-3, 27-8, 134-5, 145, 164
participação, 73, 85, 129-30
Partido Trabalhista, 83
patriarcado, 47, 58-60, 89, 135, 159, 177,
185, 202, 211, 217, 268, 272
paz/movimentos pela paz, 11, 25-6, 264-6
pensionistas, 192-6, 214-5
perícia/peritos, 139, 147-8, 150, 176
pessoalidade, meio ambiente e, 235-6,
253-7
philosophes, 67
planejamento econômico, 70-2, 79-83
Plano Meidner, 82
Platão, 67
pleno emprego, 216
pluralismo, 29, 129
pobreza, 20, 24, 85, 89, 155-7
absoluta, 114-5; global, 25, 104-5,
114-5, 180-192; modelo gerativo, 208,
279; política de vida e, 106-8, 182,
211; privação, 179; relativa, 114-5, 164-
9; subclasse, 164-9, 175, 188; valores
de vida e, 186-7
poder, 206-7
Pol Pot, regime de, 75
polarização econômica, 114, 116-7
política,
de segundas chances, 196, 211, 213;
gerativa, 23-4, 109-10, 129, 173-198
relações conversacionais, 40
política de vida, 23, 182, 194-7, 279; advento da, 106-8; questões ecológicas e,
225-58
política gerativa (previdência positiva)
desenvolvimento alternativo, 186-192;
pobreza global, 180-6; sistemas previdenciais, 173-9
política partidária, 127, 129, 131-3, 284
políticas ortodoxas, 16, 121-3, 127, 134,
284
poluição, 93, 95, 119, 178, 210, 236, 255

pós-fordismo, 15
pós-modernismo, 18, 99, 257, 285
praxis, 42
previdência positiva, 258
previdência
  dependência, 47, 49, 89, 162, 164-9, 188, 193-6, 215, 220; direitos, 83; futuro da, 169-71; positiva (política gerativa), 173-98; problemas da, 158-64
previdência positiva, 27
  política gerativa e, 173-98 (pobreza/valores de vida); sociedade pós-escassez, 208-14
privatização, 26, 49
produção enxuta, 205
produção flexível, 15
produtividade, 109, 200, 203-4, 210, 221, 280-1
produtivismo, 160, 186, 189-93, 200-5, 217, 258, 272, 280-2
programas de auxílio, 184-9
programas de desenvolvimento, 186-9
progressivismo, 9, 34, 42, 63, 284
Projeto Genoma, 241-3, 246-7
proletarização ativa, 154-5
proletarização passiva, 154-5
propriedade, 46, 49, 71, 124
protestantismo, 32-3, 101, 201
providencialismo, 30, 281-3
puritanismo, 43, 201

questões ecológicas, 225, 228-30, 257-9
  meio ambiente e pessoalidade, 253-7; natureza (papel da), 230-41; reprodução, 241-8; risco de grande consequência, 253

raça
  subclasse e, 165-9 (ver também diferença étnica; etnicidade; etnocentrismo)
racionalismo, 38-9, 54
radicalismo político
  conservadorismo e, 31-2, 60-1; estrutura de, 19-28; socialismo e, 9-11

realidade social, 15
realismo utópico, 29-30, 117-8, 122, 199, 223, 260, 271, 279, 282-3
reciprocidade, 21
recursos (do *welfare state*), 90
recursos não renováveis, 230-1
redistribuição, 26, 68, 86, 152, 170, 179, 189-90
reflexividade social, 15-6, 21, 23-4, 105, 111-3, 160, 208, 267, 282-3, 285-6
  modernização, 132; modernização e, 53, 101-2, 112, 169; teorias de democratização, 139-41
regimes militares, 116, 121
regionalização, 105, 163
"relacionamento inteligente", 148, 150
relacionamento pais-filhos, 137, 164, 197, 213-17
relacionamentos puros, 135-7
relações Norte-Sul, 180-1, 186
relativismo de valor, 29-30, 125-7
relativismo moral, 43, 125
religião, 13, 31-3, 43, 60, 100-1, 201, 207, 237-8
renda, distribuição de, 170
reprodução, 236, 241-8
responsabilidade, 141, 147, 185, 221
  coletiva, 29, 144; individual, 27, 29, 144
responsabilidade mútua, 221
Revolução Americana, 66, 72
Revolução Francesa, 34, 72, 228
Revolução Industrial, 99
revoluções sociais, 93-5
  consequências estruturais, 103-6; incerteza artificial, 114, 120; modernização, 95-102; mudança social, 108-13; política de vida, 106-8
riqueza, 160, 203, 207, 210
  distribuição de, 26, 86, 114, 151-2, 169-70 (ver também afluência)
risco, 218, 236
  administração de, 156-7, 192-3, 206; ambiental (global), 114-20; ambiental (pessoalidade), 253-7; cuidados

preventivos, 208-10 (ver também incerteza artificial)
risco artificial, 12, 18, 19, 159, 170, 174, 199, 208, 221, 241, 282
riscos de grande consequência, 93-4, 174, 240, 282, 286
globais, 114-120
Robbins, Lionel, 71
Rorty, Richard, 40
Rousseau, Jean-Jacques, 34, 131

saída (e expressão), 46
salários, 197
saúde pública, 175-6, 184
saúde, assistência à, 32
Schumpeter, J. A., 64
Scruton, Roger, 37-8, 56
Segal, Lynne, 272
segmentação cultural, 145
segregação geográfica, 27, 99, 144, 275-6
segundas chances, 196, 211-3
segurança social, 90
seguridade, 138-9, 175-9
seguridade social, 27, 155-7, 174-5, 193-4; pensões, 192-4, 214
seguro social, 156, 169-71
Seldon, Arthur, 46
self
corpo e, 253-6
sem-teto, andarilhos (estudo italiano), 206-8
setor informal, 202-4
Seventh Generation Fund, 182
sexualidade, 98-9, 112, 136-9, 196-7, 209, 270-2
Shaw, Martin, 263
Sheldrake, Rupert, 232, 237
sindicalismo, 50
sindicatos, 107-8, 159
sistema de partido único, 121-2
sistema mundial, 12, 96
sistemas abstratos, 111, 113, 146-7, 150
sistemas ecossociais, 239
sistemas globais, 236

soberania, 262, 264
soberania popular, 34
social-democracia, 82
socialismo, 21, 26, 36, 42, 46, 52, 70, 169-70, 259
conservadorismo/neoliberalismo, 16-19; democracia e, 72-5; democratização, 122-4, 127-9, 133-4; *welfare state* e, 83-91; história e, 65-72; modelo cibernético, 16, 23, 70, 79-83; política de vida e, 225-6, 232-3; radicalismo político, 10-2; reformista, 10; revolucionário, 75-9, 121; teoria da atuação, 280-2, 283
socialismo (afastando-se do radicalismo), 63-4
socialismo de mercado, 82
socialismo reformista, 73-5, 83-6
socialismo utópico, 68
socialismo; modelo cibernético, 140
socialização, 69, 81, 88, 122
sociedade, 33-6, 50
sociedade burguesa, 34, 36, 40, 49, 72-3, 122, 124-6
sociedade civil, 21, 54, 74, 134, 154
sociedade pós-escassez, 20, 117-8, 199, 202-5, 217, 220-1, 224, 280-1
sociedade pós-militar, 263-7, 271
sociedade pós-tradicional, 135
sociedades pré-modernas, 69, 261-2, 269-70
solidariedade social, 200, 206
solidariedades sociais, 18, 21, 50, 104, 271-3, 284
danificadas, 21-33; problemas das, 142-3
subclasse, 47, 164-9, 175, 188
"subpolíticas", 138, 146-7
Swaan, Abraham de, 155

taylorismo, 203
techne, 42
"tecnoepidemias", 93
tecnologia, 15, 111, 124, 139, 147, 181; reprodutiva, 241-8

tecnologia de informação, 15
teoria da escolha pública, 45
teoria das relações internacionais, 141
teoria niveladora, 123
teoria política (problema da violência), 259-77
teoria verde de valor, 232-3, 240
teorias conspiradoras, 103-4
teorias de democratização, 280-3
    concepções de democracia, 130-4; democracias dialógicas, 134-42; visão alternativa, 127-8
Terceira Via (socialismo de mercado), 82-3
Terceiro Mundo, 78, 97, 123, 166, 169, 179-81, 187, 190, 192, 222, 281
thatcherismo, 48-50
Tocqueville, Alexis de, 143-4
tolerância mútua, 136-7
tomada de decisões, 14, 81, 204
tomada de decisões de baixo para cima, 15, 81, 204
Tönnies, Ferdinand, 142
trabalho
    problemas de previdência, 158-64 (ver também desemprego; emprego; mercado de trabalho; pleno emprego)
tradição, 12-3
    conservadorismo e, 34-40, 44, 56-61; sociedade pós-tradicional, 13-17, 95, 98-110, 201, 219, 286 (ver também destradicionalização)
tradição local, 200
tributação, 90
trocas culturais (diaspóricas), 96, 100, 168-9, 276
Trotsky, Leon, 77

União Soviética, 57, 79, 82-3, 124
    comunismo, 10, 16, 71, 77, 79, 103; Guerra Fria, 115-6, 249, 258, 260, 263, 265

valores
    atuação e, 29-30, 279-286; conflito de, 27; universais, 29, 257, 283, 285-6
valores de vida, 186
velhice, 192-5, 214-5
velho conservadorismo, 32-7, 40, 44-50, 121-2, 125-6, 228, 285
verdade, 147
verdade revelada, 34, 58
verdade ritual, 14, 58
verdades morais, 34
vícios, 201
Vico, Giambattista, 148
vida pessoal, 25, 134-8
vigilância, 20, 262
    controle de informação, 117, 120
violência, 14, 22, 142-3, 178, 279, 281-6
    contra mulheres, 28, 60, 177; meios de, 116-20; papel da, 27-8 (ver também guerra)
violência, problema da, 259-62
    diferença étnica/cultural, 274-7; masculinidade e guerra, 266-74
"violência simbólica", 261
Volksgeist, 36

Webb, Sidney, 73
Weber, Max, 15, 71, 122, 125-6, 129, 140, 200-1, 217, 222
welfare state, 31-2, 41, 46-7, 53, 57, 103-4
    repensando o, 26-7; socialismo e, 17, 83-91; contradições do, 153-71; fontes estruturais, 153-8; futuro da previdência, 169-71; problemas de previdência, 158-64; subclasse, 164-9
Werner, David, 184
Where There Is No Doctor (Werner), 184
Wilson, William Junius, 166
Wittegenstein, Ludwig, 39

LEITURAS AFINS

• Assentamentos rurais
L. Medeiros, M. V. Barbosa, M. P. Franco, N. Esterci e S. Leite (orgs.)

• Cinema operário na República de Weimar, O
Ilma Esperança

• Consequências da modernidade, As
Anthony Giddens

• Cultura histórica em debate
Zélia Lopes da Silva (org.)

• Democracia e socialismo
Alberto Aggio

• Direita e esquerda
Norberto Bobbio

• Ernst Bloch – Filosofia da práxis e utopia concreta
Arno Münster

• Espírito da revolução, O
Louis-Antoine de Saint-Just

• Estudos sobre Hegel
Norberto Bobbio

• Imagens de Ordem
Romualdo Dias

• Liberalismo e socialismo
Gabriel Cohn et al.

• Liberalismo e sociedade moderna
Richard Bellamy

- Longo século XX, O
Giovanni Arrighi

- Lutas e sonhos
Alcindo Fernandes Gonçalves

- Modernização e pobreza
Manuel Correia de Andrade

- Poder e secularização
Giacomo Marramao

- Preço da riqueza, O
Elmar Altvater

- Rosa Luxemburg: dilemas da ação revolucionária
Isabel Maria 3

- Transformação da intimidade, A
Anthony Giddens

- Ventos do mar
Maria Lucia C. Gitahy

SOBRE O LIVRO

Coleção: Biblioteca Básica
Formato: 14 x 21 cm
Mancha: 25 x 44 paicas
Tipologia: Goudy Old Style 12/14
Papel: off-white 80 g/m² (MIOLO)
Cartão Supremo 250 g/m² (CAPA)
Matriz: Laserfilm
Impressão: DAG
Tiragem: 2.000
1ª *edição:* 1996
3ª *reimpressão:* 2011

EQUIPE DE REALIZAÇÃO

Produção Gráfica
Edson Francisco dos Santos (ASSISTENTE)

Edição de Texto
Fábio Gonçalves (ASSISTENTE EDITORIAL)
Maria Cristina Miranda Bekesas (PREPARAÇÃO DE ORIGINAL)
Ada Santos Seles e
Vera Luciana M. R. da Silva (REVISÃO)
Kalima Editores (ATUALIZAÇÃO ORTOGRÁFICA)

Editoração Eletrônica
Lourdes Guacira da Silva Simonelli (SUPERVISÃO)
Sueli de Paula Leite e
Duclera G. Pires de Almeida (DIAGRAMAÇÃO)

Projeto Visual
Lourdes Guacira da Silva Simonelli

Impressão e acabamento